日本とフィンランドの出会いとつながり

100年にわたる関係史

ユハ・サウナワーラ
鈴木 大路郎
●編

大学教育出版

はじめに

　航空便の接続が向上し、新たなコミュニケーション技術が発達したことで、「距離」というものの捉え方は急速に変化した。距離を埋めるのにかかる時間は短くなり、その方法もさまざまになった。とはいえ、フィンランドと日本には、それでも地理的には大きな隔たりがある。日本の大衆文化がフィンランドの若者の間で流行したり、フィンランドデザインが日本で人気を博したり、両国を行き来する旅行者の数が増えたりといった現象には、今日の技術的発展が少なからず寄与している。しかしながら、そういった技術的側面だけでは、両国の間に育まれた緊密な政治的関係や、フィンランド人と日本人の間にあるといわれている共通点を説明することはできない。

　本書は、フィン日外交関係樹立100周年を記念して編纂されたものである。しかし、100周年を迎える2019年に向けたこの共同プロジェクトは、政治的関係を論じるためだけのものではない。我々の目的はむしろ、フィンランドと日本を結ぶ事象や人びとを、さまざまな側面から紹介することにある。本書の出発点となったのは、2016年9月、オウル大学と北海道大学ヨーロッパオフィスが共催したシンポジウム "Interaction, Influence & Entanglement: 100 Years of Finnish–Japanese Relations and Beyond" である。同シンポジウムで集中的に取り扱われたテーマを基盤とし、本書は両国の間の相互作用や影響、関わり合いやつながりといったことを中心に議論している。本書とこのシンポジウムはいずれも、両国の歴史や、両者の間によく見られる状況、未来への展望に着目した長期的考察を共通して扱っている。

　本書の背景や目的は、グローバリゼーション、国同士の相互依存関係、国際的・トランスナショナルな事象群の間に見られる関係、または文化同士の邂逅といったテーマと結び付いている。フィンランドと日本、フィンランド人と日本人、またフィンランド文化と日本文化は、そういった広範囲にわたる事象を検証するケーススタディを行う上で、豊富な研究材料となる。同時に本書は、フィンランドと日本、さらに両者を結ぶ現象や人びとを、非常に具体的かつ分かりやす

い視点で考察する。

　本書執筆の初期段階から一貫して、筆者たちの目的は、最新の情報を分かりやすい形で提供すること、つまり、誰にでも読め、複雑な事象を読み解くために必要な知識を提供する本を作ることだった。出版言語にフィンランド語と日本語を選んだことも、この目的のためである。昨今の学術書は英語での出版を好む傾向があるが、我々はそれぞれの母国語両方で本書を出版することを希望した。

　本を作ることは、常に多くの選択を伴う。本書の場合、最も重要かつ難しかったのは、参加する執筆者と扱う題材を選ぶことだった。むろん、フィン日関係に関わるすべての研究を本書で網羅することはできない。本来論じられるべき数々の興味深い事象（フィンランドでの日本食人気、日本でのネウボラに関する広い関心、交換留学や研究者の行き来の活発化、フィンランドと日本の人びとをつなぐソーシャルメディア、スポーツ・運動に関する共同の取り組み）、関係する組織（交流協会や文化協会、商工会議所や各企業）、またフィンランドと日本の関係に個人的に貢献した人びとすべてについては、本書では詳しく紹介しきれないことは断っておかねばならない。上述のテーマの中には、単に研究している者がいないため取り扱えなかったものもある。

　本書は、一般的な年代順構成になっておらず、すべての年または年代に等しく紙面を割いているわけでもない。しかしながら、各章が多様なテーマを論じており、各時代における重要な事象・活動を幅広く説明する内容となっている。

　フィンランドにおける日本史研究の先駆けであるオラヴィ・K・フェルトによる序章では、フィンランド人と日本人の最初の出会いが描かれている。アダム・ラクスマンの日本遠征から日フィン国交樹立までの100年以上にわたる期間には、アドルフ・エリク・ノルデンショルドが北東航路の開拓後に日本に滞在したり（1879年）、フィンランドが日本で宣教活動を始めたり、フィンランド語で初めて日本に関する書籍が出版されたりしたが、今回は詳しくは論じられていない。その代わり、稲葉千晴による第1章では、フィンランドの独立が1919年春に承認されるまでの展開や、初期のフィン日外交関係が論じられている。続くパウリ・ヘイッキラによる第2章では、その後の歴史に焦点を当て、外交関係の発展や、第二次世界大戦中の危機について解説し、読者を戦後の時代へと導いていく。

はじめに iii

　1936年の在ヘルシンキ日本公使館の開設、1944年9月のフィン日国交断絶、1952年8月の総領事館の開設、そして1957年3月のフィン日国交正常化決定（日ソ国交正常化から数か月後のこと）といった出来事は、フィン日関係がいかに国際政治情勢によって影響されてきたかを物語っている。しかし、こういった出来事からだけでは、戦後のフィン日関係発展の全体像をつかむことはできない。例えば、在ヘルシンキ日本公使館が1962年に大使館へと格上げされたというような出来事は、取りも直さず正史として記録されるが、それと同時期の1960年代初頭に、日本の自動車産業がヨーロッパの実験市場としてフィンランドを選んだという出来事について、深く分析できるようになるには2010年代まで待たなくてはならない。

　ラウラ・イパッティによる第3章では、フィンランドの広報外交の角度からフィン日関係を論じている。この研究では、1960～70年代のイメージ政策から、2000～10年代の国家ブランディングに至るまで、幅広い観点からフィンランドと日本の関係を解説している。この長期間を対象とする考察では、1990年代に起こった国家間の枠組みの変化についても触れられている。フィン日関係については、今日ではEUと日本の関係から検証することもできる。そういった観点から、バート・ガンズの第4章では、大きな期待をかけられていたEU日関係が、期待どおりには発展しなかった理由を明らかにする。さらにエルヤ・ケットゥネンの第5章では、自由貿易と企業立地の観点から、フィン日関係を国際的な文脈で分析する。フィンランドと日本の商業・経済関係を広く研究してきたユハ・サヒによる第6章では、2国間の直接投資に焦点を当てる。

　ユハ・サウナワーラによる第7章、島本マヤ子による第8章では、異なる政策やモデルがフィンランドと日本の間で移転した事例を解説する。第7章で扱っているのは地域開発モデルだが、フィンランドと日本の大学間の協力関係についても触れている。一方第8章は、日本でも広く知られているフィンランドのオンカロ核廃棄物処理場について論じられている。

　本書の第2部は、政治・経済分野から焦点を移し、文化や芸術、言語、教育に関する事象や人びとを取り扱う。ミカ・メルヴィオによる第9章、カイサ・ブロネル－バウエルによる第10章で論じられるのは、視覚芸術や建築、美的価値観、芸術と社会の関係性である。両章ともフィンランドと日本の比較研究を行っ

ているが、同時に、さまざまな国籍を持つ人びとが互いにどういった影響を与え合ったかという点にも光を当てる。

　リトバ・ラルバの第11章、小川誉子美の第12章では、地理的に遠く離れた国同士の関係を発展させた人びとの貢献について語られている。それぞれの章で、マルタ・ケラヴオリとその日本の友人について異なる視点から語られる一方、各章とも外国の言語、文化、歴史が草の根レベルでどのように他国に紹介され、理解されていったかというプロセスを描いている。チェン・イン・シェンの第13章、ナインドルフ会田真理矢の第14章の核心をなすのは音楽、ダンス、楽器演奏に関する体験である。日本とフィンランドのつながりを考えるにあたって、タンゴやカンテレといったものは、真っ先に思い浮かぶものではないかもしれないが、異文化同士の適応性や統合性を検証する上で優れた媒体となる。セイヤ・ヤラギンの第15章では、日本におけるフィンランド人宣教師の活動や、キリスト教幼稚園について取り上げられている。

　リーサ－マリア・リヒトによる第16章、リーッカ・ランシサルミによる第17章では、言語の持つ役割、多言語使用の活発化、言語によって生じるつながりや疎外、言語を通した自己理解の構築といった事柄が論じられている。フィンランド語も日本語も、外国語としては習得が難しいものと考えられているが、グローバル化や国際化の進展、移動手段の向上によって、こういった言語を使い始める人びとが新たに現れ始めている。

　言語習得のトピックは、次世代の若者の教育に関する問題にも結び付いていく。国際学力調査（PISA）の結果が良好だったフィンランドは、2000年代においてその教育システムが日本でも広く関心を集め、フィンランド式の教員養成法は日本でもよく話題に上っている。植松希世子・永田忠道による第18章では、このテーマに関して、両国における現在・未来の教師育成、またグローバル教育を実践する手段について論じている。さらに本書の最後では、フィン日関係が将来どのように発展していくかを予測している。2016～18年まで在任するユッカ・シウコサーリ元駐日フィンランド大使と、日本フィンランド協会理事長の早川治子氏は、両国の間にある課題、可能性、将来の趨勢を予測するにうってつけの人物である。

　編者として、本書の企画に協力・貢献してくださったさまざまな国の研究者に

お礼を申し上げたい。同時に、本書を出版する上で不可欠であった方たちの貢献についても述べておかねばならない。まず、本書の重要性を信じて多大なご支援をいただいた各出版社、大学教育出版と Edita 社にお礼を申し上げる。また本書の出版にあたり経済的支援をいただいた北海道大学、一般社団法人日本フィンランド協会理事長の早川治子氏、スカンジナビア・ニッポン ササカワ財団にも謝意を表する。2 言語で出版するにあたり多くの翻訳作業を要したが、編者からすべての翻訳者にお礼を申し上げる（株式会社イーシープロ：序章、第 3、4、5、6、7、10、11、13、16 章；古市真由美：第 15、17 章；鈴木大路郎：第 2、9 章；鈴木大路郎およびユハ・サウナワーラ：シウコサーリ大使による結びの言葉）。加えて、2016 年 9 月のシンポジウムで積極的に議論に参加してくださったすべての研究者にお礼を申し上げる。最後に、本書中の文章すべてを編集・推敲してくれた鈴木大路郎（日本語版）とラウラ・イパッティ（フィンランド語版）に個人的にお礼を申し上げる。

2018 年 9 月 26 日

札幌にて、ユハ・サウナワーラ

日本とフィンランドの出会いとつながり
―― 100 年にわたる関係史 ――

目　次

はじめに……………………………………………………ユハ・サウナワーラ…i

序章　ラクスマン親子の物語 ………………………… オラヴィ・K・フェルト…1

第1部　政治的・経済的なつながり

第1章　日本によるフィンランドの独立承認、1919年5月…… 稲葉 千晴…7
　　　はじめに──フィンランドの独立100周年と日本──　7
　　1. 日露戦争と最初の日本・フィンランド協力　8
　　2. 第一次世界大戦と日本外交　9
　　3. パリ講和会議と日本のフィンランド独立承認の経過　12
　　4. 日本のフィンランドに対する特別な関心　14
　　5. 日本・フィンランド国交樹立と日本の対応　17

第2章　遠方の友──第二次世界大戦における日本とフィンランドの
　　　外交関係とパブリックイメージ── …………… パウリ・ヘイッキラ…22
　　1. 平和から戦争へ　23
　　2. 遠方の友　26
　　3. 第二次世界大戦における世界規模同盟　30
　　4. 微かだが良好な関係　34

第3章　フィンランド・ブランド──日本におけるフィンランドの
　　　イメージ創造── ……………………………………… ラウラ・イパッティ…39
　　1.「フィンランドを知ってもらう」から国家ブランディングまで　39
　　2. ムーミン一家・デザイン・イメージ政策　41
　　3. 貿易振興・自然保護・北欧諸国間の協力　43
　　4. デジタル外交・フィンたん・フィンランドブーム　46

第4章　EUと日本の関係 ── 失望から実現へ？ ── … バート・ガンズ…55
はじめに　*55*
1. 類似点と高い期待　*56*
2. 連携の不振と失望　*58*
3. 変化の兆し ── EUと日本間のEPA、そしてSPA ──　*60*
4. EU日パートナーシップは実現へ向かうのか？　*63*

第5章　日本・フィンランド間の貿易 ── 自由貿易協定と企業立地 ──
　………………………………………………………………… エルヤ・ケットゥネン…*67*
はじめに　*67*
1. 日本・フィンランド間の貿易　*69*
2. 日本・フィンランド間の貿易障壁　*71*
3. EUと日本のFTA交渉　*73*
4. FTAの影響　*76*

第6章　成長の経路 ── 2000年代までの日本・フィンランド間の
　　　　外国直接投資 ── …………………………………… ユハ・サヒ…*81*
はじめに　*81*
1. 1960年以降にFDIを妨げた政府規制の撤廃　*82*
2. 販売および駐在活動への直接投資　*84*
3. 産業活動への直接投資　*87*
おわりに　*90*

第7章　北方開発 ── 北海道の地域開発政策モデルとしての
　　　　フィンランドとオウル地方 ── ………………… ユハ・サウナワーラ…*97*
1. 両地域間で新たなつながりが形成された歴史的背景　*98*
2. オウル現象の研究　*99*
3. 北海道における産業クラスター構築を促進する試み　*102*
4. 現状　*103*

第8章 日本の核燃料サイクルにおけるディレンマ ── フィンランドの
　　　核ごみ最終処理場と比較して ── ……………… 島本 マヤ子…108
　はじめに　108
　1. オンカロ最終処理プロジェクト　109
　2. 最終処理場はどのように決定されたのか　110
　3. フィンランド原子力協定の歴史　111
　4. 原則決定、サイト選定、国会の承認　112
　5. 日本ではなぜ核燃料サイクル？　114
　6. 日本のエネルギー政策のコアとして　115
　7. 最終処理場の選定が緊急課題　117
　8. 原子力発電環境整備機構（NUMO）の提案　118
　おわりに　119

第2部　文化との出会い

第9章　日本とフィンランドの視覚芸術の社会的意義と近代国家の確立
　　　……………………………………………… ミカ・メルヴィオ…125
　1. 江戸社会から近代国家への変容期における視覚表現の変化　126
　2. フィンランドにおける視覚芸術の予期せぬ成功　132
　3. 日本とフィンランドの芸術 ── その違いと類似性 ──　137

第10章　建築と超越 ── フィンランドと日本における
　　　ミニマリズム建築の比較 ── ……… カイサ・ブロネル‐バウエル…141
　1. ミニマリズムの源　141
　2. フィンランドにおけるミニマリズムのルーツ　142
　3. 日本におけるミニマリズムのルーツ　145
　4. フィンランド建築におけるミニマリズム　147
　5. 日本建築におけるミニマリズム　150
　6. 建築と超越　153

第11章　ヘルシンキの母と3人の日本人の息子
　　　　——マルタ・ケラヴオリの若き友人—— ……… リトバ・ラルバ…157
　はじめに　157
　1．大正時代（1912〜26年）の子どもたち　162
　2．関係の構築　164
　おわりに　167

第12章　日本におけるフィンランドの紹介
　　　　——戦後20年間の活動の内容と意義—— ……… 小川 誉子美…171
　はじめに　171
　1．フィンランドを紹介した人びとと著作物　171
　2．活動の対外的・国内的背景　181

第13章　親密な音色 —— 日本におけるフィンランドのカンテレの受容 ——
　　　　………………………………………………チェン・イン・シェン…185
　1．日本におけるカンテレ音楽の状況　186
　2．音色へのあこがれ　189
　3．包み込むような一体感と（スピリチュアルな）自己　192

第14章　フィンランドと日本のタンゴブームから垣間見る
　　　　両国共通の歴史的・社会的背景　……… ナインドルフ 会田 真理矢…197
　1．フィンランドのタンゴ　198
　2．日本のタンゴ　199
　3．タンゴ人気の歴史的・社会的要因　200
　4．歌詞の重要性　202
　5．内的感情　203
　6．リミナリティー —— 日常からの逃避 ——　204
　おわりに　206

第15章 文化的もつれの物語―― 日本のキリスト教幼稚園における
　　　　日本とフィンランドの出会い―― ……………… セイヤ・ヤラギン…210
　1. プロテスタントの伝道―― 世界的な運動と各地の形式――　211
　2. 日本における幼児教育　212
　3. 日本におけるフィンランド人と幼児教育　214
　4. 文化的・宗教的伝統　217
　5. 人格教育　221
　おわりに　223

第16章 在日フィンランド人の談話に見る言語の意義と社会参加
　　　　………………………………………… リーサ-マリア・リヒト…228
　1. 変化する移住環境に見る在日フィンランド人　229
　2. 社会参加と言語の重要性　230
　3. 子どもの家庭教育言語と社会参加　234
　おわりに　237

第17章 日本語話者とフィンランド語話者の現在と未来
　　　　………………………………………… リーッカ・ランシサルミ…240
　1. 学校における外国語学習　241
　2. 学校の外での語学力　243
　3. フィンランドにおける外国語としての日本語と学習の動機付け要因　245
　4. 言葉ができるのは誰？ 未来の日本語話者とフィンランド語話者　247

第18章 高等教育機関は「グローバルな問題」に対応する教員養成を実現できて
　　　　いるか―― 日本とフィンランドにおける教員養成の比較調査研究――
　　　　………………………………………… 植松 希世子・永田 忠道…256
　1. 高等教育の国際化と教員養成プログラムの潮流　256
　2. 奇跡の背景にあるフィンランドの教師の存在　257
　3. 日本の教育とグローバルな取り組み　261
　4. グローバルな指向戦略とグローバルな視点の概念　263

5. 主要な方法論としての比較事例研究　*265*
  6. 類似の知見と異なる見解 —— 予備調査結果 ——　*266*
  7. 現在と未来との対話
    —— 双方の状況に対するクリティカル・リフレクション ——　*268*

おわりに……………………………………………………………*273*
　日本とフィンランド
　　—— 2019 年から 2119 年へ ——　………………… ユッカ・シウコサーリ…*273*

　日フィン関係とその将来 ………………………………………… 早川 治子…*276*

執筆者紹介 ……………………………………………………………*279*

序　章
ラクスマン親子の物語

オラヴィ・K・フェルト

　現在参照できる記録によると、日本を初めて訪れたフィンランド人は、トゥルク出身の見習い船員ダニエル・アンジェリウス（Daniel Angelius）だった。それは 1703 年のことであり、当時彼は 1602 年に設立されたオランダ東インド会社が所有するエレメット号で働いていた。実はそれ以前の 1647 年には、スウェーデンの海軍士官候補生だったヨーハン・オーロフソン・ベリエンシェーナが日本を訪れていた。彼はその後、1660 年に海軍大将としてフィンランド領オーランド諸島に異動し、その地域の海路管理の任務を帯びることになる。

　さて、日本人と広く交流を持った最初のフィンランド人は、サヴォンリンナ出身の自然科学者・鉱物学者のエリク・ラクスマンだった。ラクスマンは、ポルヴォーのギムナジウム（中等教育機関）在籍中に植物学に興味を持ち、さらに学びを深めるため 1757 年にトゥルク大学に進学した。しかし、当時は貧しかったため、その 2 年後に聖職者になることを決意し、そのころ聖職者には教義の知識が深く求められなかったロシアに移ることにした。その後 1762 年に彼は牧師に任命され、さらに 1764 年には中央シベリア・バルナウルのドイツ人教区の牧師に任じられ、それと同時にサンクトペテルブルクにあるロシア科学アカデミーの駐在員としての職務も請け負うことになった。こうして彼は、自身が抱いてきた学問の夢を、東シベリアで自然環境調査を行う形で実現させることとなった。ラクスマンの博物学コレクションは徐々に評価されるようになり、その結果、1770 年にサンクトペテルブルクのロシア科学アカデミーに会員として認められ、同時に化学・経済学の教授に任命された。すでにその前年にはスウェーデン王立科学

アカデミーの外国人会員にも選ばれており、その後、ロシア政府お抱えの鉱物学者としても働いた。

このような事の次第にもかかわらず、ラクスマンはサンクトペテルブルクでの生活に満足せず、1780年に中国国境付近のネルチンスク鉱山で名誉鉱山顧問官の職に就いた。こうして彼は再びシベリアでの調査に戻ることとなったが、まもなく不正行為の告発によってシベリアを去ることを余儀なくされた。その後疑惑は晴れ、ラクスマンは1784年に帝国内閣の鉱物学外交員としてイルクーツクに拠点を置いて働き始めた。1782年にはイルクーツク市内に博物館を設立し、またロシア人の友人とともにガラス工場を経営し、中国と商取引を始めた。ラクスマンの科学的な研究業績としては、水銀の凍結点を発見したことや、世界で初めて計器を使用して詳細な天気の記録を行ったことが挙げられる。

日本に興味を持っていたラクスマンは、当時住んでいたイルクーツクにおいて、ロシア沿岸沖で難破した日本船乗組員の居留地について知った。居留地には日本語学校や船乗りの学校があった。1789年、アリューシャン列島で難破した商船神昌丸の船頭だった大黒屋光太夫と船員がこの居留地にたどり着いた。鎖国状態の日本では、海外に出た者は死罪になったため、実際のところ彼らが日本に戻れる見込みはなかった。当時長崎において厳しい条件のもと交易が認められていた国は朝鮮、中国、オランダだけであった。

ラクスマンは光太夫を訪れ、日本語を教えてくれるよう、また詳細な日本地図の作製を手伝ってくれるよう頼み込んだ。ラクスマンの目的は、光太夫と船員を日本へ帰し、同時に日露通商を始めることだった。1790年、彼はこの計画について提案書を書き上げ、新しい日本地図を同封してサンクトペテルブルクのロシア科学アカデミーに送った。翌年、ラクスマンは光太夫とその仲間2名をサンクトペテルブルクに連れて行き、女帝エカチェリーナ2世に謁見した。そこでラクスマンは、難破した船員たちを祖国へ帰すという名目で、日本に使節団を送ることを進言した。ロシアは1785年から日本との関係構築を画策していたため、エカチェリーナ2世はラクスマンの提案に興味を示し、詳細な計画を立てるよう命じた。その後、計画はエカチェリーナ2世に承認され、1791年9月24日、使節団の派遣が発表された。

ラクスマンの希望に基づき、彼の息子の一人、アダム・ラクスマン中尉がこの

使節団に加わり、交渉を主導するよう命を受け、それと同時に物理学、天文学、地理学の各種観測も実施することになった。エリク・ラクスマンは、日本への渡航経験があるスウェーデン人植物学者カール・ペーテル・ツンベルクから助言を受け、日本人学者の中川淳庵と桂川甫周に手紙を書き、それら2通の書簡を日本に持って行かせた。使節団は1792年9月24日にエカチェリーナ号で日本に向け出発し、10月9日に北海道の根室に到着した。その後使節団は函館と松前も訪問し、そこでアダムは交渉の際に父の書簡を幕府代表者に渡した。アダムとともに使節団員となった者には、1778年にも北海道に渡ったことがある商人や、ロシア人の日本語通訳者がいた。通訳者の存在は、日本語がすでにロシアで学ばれていることを日本人に示し、その結果、日本人の方もロシア語を学ぶようになった。

　冬になると、アダムは暇なときに根室の港の氷上でスケートをして人びとの注目を集めた。日本人はそういったアダムの姿や、当時珍しかったスケート靴など、彼の訪問に関するあらゆることを絵に描いて残した。日本人は使節団を非常に丁寧にもてなし、アダムには日本刀3本と米100俵が贈られた。彼の方からは、鏡2枚、拳銃2丁、ガラスの皿1枚、温度計2本が贈られた。一方で交渉の結果として、8月の初めにアダムは、交渉をさらに継続するためにロシア船1隻の長崎入港を認める許可証（信牌）を受け取った。この信牌はアダムの名義で発行されたが、2つに分けられており、1つは日本側、もう1つはアダム側が持つためのものであった。信牌には日本でのキリスト教布教を禁ずる旨も書かれていた。その後ロシア人は難破した日本人を解放したが、後に幕府は彼らの見たこと、経験したことを詳しく聴取した。アダムは交渉の成果と、実施した科学観測の結果に非常に満足した。使節団は1793年8月22日に帰路につき、9月19日にロシアに帰着した。

　エカチェリーナ2世も使節団の成果に満足した。アダムは大尉に昇進し、エカチェリーナ2世から家紋に日本刀を追加する権利を与えられた。エリクの方は集議官に任命され、第4位の階級である聖ウラジーミル勲章を授与された。エリク・ラクスマンが計画し、その子アダム・ラクスマンが主導した日本と関係を築こうという試みは、1685年にポルトガルが同種の試みに失敗して以来、初めてヨーロッパ人が行ったものであった。2年後にエリクが率いる新たな使節団が計

画されたが、1796年にエリクとエカチェリーナ2世両方が亡くなったため、実行されることはなかった。

第1部

政治的・経済的なつながり

第 1 章

日本によるフィンランドの独立承認、1919年5月

稲葉 千晴

はじめに —— フィンランドの独立100周年と日本 ——

　2017年は、フィンランドが独立して100周年にあたる。フィンランドは100年以上もロシアの支配下に置かれており、当初は広範な自治が認められ、フィンランド民族主義も芽生えた。19世紀末からロシア帝国によって自治権が侵害されるようになると、民族主義の高揚とも相まって、独立の意識が芽生えてきた。ロシアが第一次世界大戦で敗北して1917年にロシア十月革命が起きると、レーニンの民族自決の原則に助けられ、同年12月に独立を達成した。とはいえフィンランドは独立後も苦難の道をたどる。18年1月には、政権奪取に向けた右派と左派の対立によって内戦が引き起こされた。ドイツの支援を受けたブルジョア勢力は労農勢力を打倒して政権を握り、ドイツの公爵を国王とする立憲王政を打ち立てようとした。ところがドイツの第一次世界大戦での敗北によって、フィンランドはドイツ系の国王を冠する立憲王政を断念する。その結果、18年12月にフィンランドは共和制を礎とする政体を築き上げた。1919年1月にパリで開催された第一次世界大戦の講和会議では、諸外国から独立の承認を得るため、外務大臣を同地に送り込み、ロビー活動を行っていた[1]。

　日本は、1914年に第一次世界大戦が始まると、日英同盟に基づくイギリスの要請に従って、ドイツの保有する東アジアの租借地や東太平洋の植民地を占領した。ヨーロッパ戦線への軍隊の派遣には消極的だったが、兵站物資の供給など協商側への後方支援には積極的に関わっている。第一次世界大戦が終結すると、戦

勝国の主要な一員としてパリ講和会議に招かれた。5大国の一角として西園寺公望を代表とする全権団を送り込んだが、一見無関心に見えるほど会議では沈黙を貫いた。ヨーロッパの戦後構想には関心を示さない一方で、アジアの問題では戦争中に獲得した利権の確保に執着し、自国の帝国主義的な進出を他の列強に認めさせている。

こうした流れからすると、パリ講和会議で議論された欧州新独立国の承認問題にも、日本はほとんど関心を示さなかったことが容易に予想されよう。ところが外務省外交史料館に所蔵されている「各国分離合併関係雑件」のファイルを開くと、ヨーロッパの新独立国の中でも、フィンランド関係の文書は他の国と比べて格段に多い。特に「芬蘭之獨立問題」を読むと、予測に反して日本が独立フィンランドに対して、少なからざる関心を示していたことが見て取れる[2]。日本の対フィンランド政策の新たな一面が垣間見られよう。本章では、フィンランドの独立後、日本がどのようにして独立を承認したのかを追っていくことにする。

1. 日露戦争と最初の日本・フィンランド協力

1904年2月に日露戦争が勃発すると、駐ロシア日本公使館付陸軍武官の明石元二郎大佐は、新たに開設される駐スウェーデン臨時日本公使館の陸軍武官として2月19日にストックホルムに到着した。明石は、ロシアから亡命してきたフィンランド立憲主義抵抗派のグループと連絡を取り、ジャーナリストのコンニ・シリアクスと接触した。当初の明石は、ロシアに関する情報を収集するため、フィンランド人から協力を引き出すことを狙っていた。ところがフィンランド側は、情報収集だけでなく、日本がロシア帝国の圧政に苦しんでいる諸民族やロシア人の抵抗勢力に対して支援できないかと申し入れる。自力では強大なロシア帝国に対抗できないフィンランドは、被支配民族や革命派を糾合して対ロシア統一戦線の構築を目指した。シリアクスは1904年10月にパリで会議を開いて、ロシア抵抗勢力の大同団結を明石にアピールした。日本陸軍は1904年夏に満州へ上陸したが、ロシア軍の抵抗が激しくて苦戦を強いられていた。明石からロシア後方攪乱の提案を受け、陸軍参謀本部も抵抗勢力に若干の資金を支払うことを承諾した。

1905年1月にサンクトペテルブルクで「血の日曜日」事件が起き、ロシア第

一革命が燎原の火のように燃え広がった。ロシア帝国各地で混乱が生じ、革命勢力は帝政の打倒を訴え、諸民族は自治の拡大を求める。一方で3月に日本陸軍は奉天会戦に勝利するが、戦力が限界に達したため戦争継続を断念した。参謀本部は戦争終結の糸口を探し始め、ロシアとの講和を有利に進めるため、明石に後方攪乱の加速を命じて、多額の資金を送金する。明石は秘密裏にスイスで多量の武器を購入し、フィンランド人にロシアへ武器を運ぶ輸送船まで買い与えた。シリアクスはロシア各地で武装蜂起を計画して、ロシア革命勢力や諸民族の抵抗派に資金を配布する。しかし蜂起計画の準備がずさんで革命派勢力のペテルブルクでの武器受け取りが失敗し、9月には武器輸送船もボスニア湾で座礁した。明石とシリアクスが苦心して準備した武装蜂起計画は水泡に帰してしまった。

同年9月5日に日本とロシアが講和条約を締結すると、陸軍参謀本部はロシアにおける謀略活動の中止を決定し、明石に対して反ロシア抵抗運動へのこれ以上資金提供を止めさせた。そして日本による謀略の痕跡を消すため、明石を日本に召還する。ロシアとの戦争の終わりによって、日本はフィンランドを含めた抵抗勢力との関係を清算することとなった。唯一の成果は、フィンランド北部で陸揚げに成功した数百丁のライフルと弾丸を、1918年に起きたフィンランド内戦で白衛軍側が利用したことであろうか[3]。とにかく、日露戦争中の日本とフィンランドの機密協力関係は、正史に刻まれることなく忘れ去られた。

2. 第一次世界大戦と日本外交

1904～05年の日露戦争において、日本はロシアに勝利した。1905年9月のポーツマス講和条約によって、韓国の保護国化と南満州のロシア利権の引き継ぎをロシアから承認された。日本は1905年12月に北京で「日清間満州ニ関スル条約」を締結し、南満州のロシア利権を日本が引き継ぐことを清国に認めさせた。もし中国側がそれを認めないのであれば、日本軍による南満州の占領を継続すると脅した結果である。日本は中国大陸に進出する橋頭保を打ち立てたことになる。1906年には南満州鉄道株式会社を設立して、官民挙げて利権確保に動く。さらに列強も正面から反対しなかったため、韓国の植民地化を進め、1910年に韓国併合を達成した。

1914年7月に第一次世界大戦が勃発すると、日本は日英同盟を締結していたことから、イギリスの求めに応じ、連合国（協商国）側に立って参戦した。同年10月までにはドイツが中国から租借していた膠州湾を占領し、赤道以北のドイツ領南洋諸島も無血で手中に収めた。1915年1月には袁世凱政権に対して対華二十一ケ条要求をつきつける。占領した膠州湾を中国に返還せずに、日本がドイツ利権を引き続き利用する、くわえて南満州の租借地や満州鉄道の利用期限を99年間延長する、日本の顧問団を受け入れるという内容を含んでいた。もちろん中国側は要求の受け入れに難色を示した。日本も顧問団の件を撤回するなど妥協案を示したため、5月に中国側は最終的に要求を受け入れた。パリ講和会議でも日本が中国のドイツ利権を引き続き利用することが了承されたが、1919年5月4日それに対して北京大学の学生らによる反日街頭デモが発生した。この五四運動に端を発して反日運動が中国全土に拡大した結果、6月末に中国政府はベルサイユ条約の調印を拒否する。日本を含めた列強による領土の蚕食に反対して、中国において民族主義が覚醒した[4]。

　日露戦争後の日本にとって最大の脅威は、ロシアが1905年革命の混乱から立ち直ったのちに対日攻勢を強めるのではないかという点にあった。一方でポーツマス講和によって南満州の利権を獲得した日本は、利権を中国に返還せずに自ら継続して確保するため、北満州の利権を有するロシアとの協力関係を模索していた。1907年には第一次日露協約を結び、外蒙古をロシアの、韓国を日本の利権範囲であることを相互に承認した。ロシアが実質上日本の韓国併合を認めたことになる。1910年に結んだ第二次協約では、アメリカの介入を排して満州の利権を日本・ロシア両国で保持することを確認した。1912年の第三次協約では、内蒙古西部をロシア、内蒙古東部を日本の勢力範囲とすることを取り決め、1916年の第四次協約では、第一次世界大戦における日露同盟といえるほどの蜜月関係を築き上げる。日本にとってロシアが脅威ではない時代が訪れた[5]。

　1917年11月のロシア十月革命によって、日本は東アジア政策を大幅に転換することを余儀なくされた。革命とその後の内戦による混乱が拡大して国内の治安が悪化し、ロシア極東に住み着いていた日本人居留民の身に危険が迫った。1918年1月以降、海軍は居留民保護を名目にしてウラジオストクに巡洋艦を派遣し、4月には陸戦隊まで上陸させている。一方日本陸軍指導部は、混乱に乗じて満州

北部やシベリアへの領土的野心を有しており、軍事介入のチャンスを狙っていた。5月に本国に送還途中のチェコ軍団がシベリア中部で窮地に陥ると、それを救出するためイギリス・アメリカ・フランス・日本での共同出兵の話が持ち上がった。日本は4国間の合意を無視して7万人以上を派兵し、バイカル湖以東の各地で革命に干渉した。陸軍は、反革命勢力を支援し東部シベリアを支配下に置こうと画策し、西シベリアにまで触手を伸ばしている。だが、1919年になると軍事占領に対してパルチザン活動が活発化し、反革命勢力の弱体化もあって陸軍は苦境に立たされる[6]。

1918年11月に第一次世界大戦が終結すると、翌年1月に戦後の新たな国際秩序と平和構築に向けてパリで講和会議が開かれた。大戦を勝利に導いた連合国の主要メンバーであるイギリス・アメリカ・フランス・イタリア・日本が、会議を主導することが決まった。だが冒頭に述べたとおり、日本全権代表の西園寺公望は首脳会談にほとんど出席することはなく、会議の運営はアメリカのW・ウィルソン大統領、イギリスのD・ロイド・ジョージ首相、フランスのG・クレマンソー首相、イタリアのV・E・オルランド首相の4首脳会談に委ねられた。ただし実務協議は各種の委員会と5国外相会談で進められた。次席代表の牧野伸顕前外相と珍田捨巳前駐アメリカ公使は、国際連盟の設立、新独立国の承認、国境変更などヨーロッパの戦後構想に関わる議論に口をはさむことはなかった。当時の国際会議のスタイルでは、少人数でジョークを交じえながら濃密な議論をするのが通例だったが、他の参加者から「静かで、感情を表面に出さず、用心深い」と揶揄されるほど、日本代表は会議では沈黙を貫いた。ところが膠州湾の利権をドイツから引き継ぐなど自らの利害に関係のある議題では、原稿を用意してそれを棒読みして自らの主張を押し通す[7]。その一見身勝手な態度が欧米の外交団からは不興を買ったようである。だが日本全権代表団は講和会議の内容に関して逐一電報で東京に報告するなど、日本側は会議に非常な関心を有していた[8]。ただし根回しをして会議の席では議論せず合意を得るだけというスタイルに慣れていた日本代表団は、根回しなしで議論を始める欧米の会議スタイルに驚いたのだろう。語学能力の弱さも相まって、議論の内容を理解するだけで精一杯で、議論に参加できなかったというのが実情である。

第一次世界大戦の結果、オーストリア・ハンガリー帝国、ドイツ帝国、ロシア

帝国が崩壊して、多くの新独立国が誕生した。1917年12月にフィンランド、翌年2月にエストニアとリトアニア、10月にチェコスロヴァキア、11月にポーランド、ハンガリー、ラトヴィア、12月にユーゴスラヴィアが独立している。パリ講和会議ではこうした国々の独立承認が5国外相会談で討議された。同会談で独立承認の合意がなされると、日本代表団は東京と密接な連絡を取り合って遅滞なく承認手続きを進めている。

3. パリ講和会議と日本のフィンランド独立承認の経過

パリ講和会議において日本がフィンランドの独立承認に関わり始めるのは、1919年5月3日の5国外相会談（イタリア代表欠席）で同問題が討議されてからである。そこではフィンランドに関して以下の説明がなされた。すなわち独立宣言ののち一時期は連合国側にとって好ましからざる親ドイツ政権が生まれたが、ドイツ敗北後に信頼すべき共和政体が樹立された。共産主義革命の西進を食い止め反革命勢力を支援するためにも、速やかに同国の独立を承認すべきだ。フランスはすでに同年3月に独立を承認済みだ、というのである。会談では以下の3点が決議された。

① アメリカとイギリスは別個に速やかに独立と「事実上 (de facto)」の政府を承認する。
② イギリス・アメリカ・フランス3国は正式な外交代表をヘルシンキに派遣し、講和会議で決められたフィンランド・ロシア国境をフィンランド政府に受け入れるよう勧告する。
③ 日本もイギリス・アメリカ・フランスと足並みをそろえるため、①と②の決定を本国に通知し、速やかに独立承認の手続きを始める[9]。

イギリスとアメリカの動きは素早い。5月3日イギリス政府はフィンランド共和国の独立と条件なしに現政府を承認し、6日に下院に通知した[10]。アメリカ政府も5月7日に独立と事実上の政府を承認する[11]。ところが日本の手続きは遅々として進まない。5月3日の5国外相会談に関する長文電報がパリから打電されたのが5月6日なのに対して、東京の本省で受電したのは5月12日である[12]。電報はヨーロッパから日本に24時間以内に届くはずである。たぶんパリでは講

和会議に関する報告の電文作成に手間取り、東京では電報の暗号解読作業に時間がかかって、担当課に届くのが遅れたのだろう。全権代表団も電報の本省到着遅延を予見し、5月6日に日本政府が至急承認手続きを始めるよう再度短文の電報を打っている[13]。

日本の承認手続きが遅れていることに、アメリカ側およびフィンランド側はいらだっており、催促してきた。ローランド・モリス在日アメリカ大使は、アメリカ政府がフィンランド独立と同国政府を事実上承認したと東京で直接内田康哉外相に通知している[14]。パリで独立承認問題を見守っていたフィンランド外相ルドルフ・ホルスティも、5月15日に松井慶四郎在フランス大使を訪れ、イギリス・アメリカ政府の承認が完了したと告げ、日本政府による早急な承認を要請した[15]。

日本側も無為に時間を浪費していたわけではない。パリから電報を受け取ると、政務局が主管となり承認手続きを始め、5月14日に原敬首相に対して閣議開催を打診する[16]。ちなみに政務局とは外務省の中で経済以外のすべての外交問題に対応する部署であり、フィンランドの独立および各国の独立承認に関する閣議付属文書も作成した[17]。16日の閣議においてフィンランドの独立と事実上の政府が承認された[18]。5月19日に政務局はパリの松井大使に対して日本政府の承認手続きが完了した旨を報告し、パリにいるフィンランド外務大臣へ速やかに通告するように連絡した。また同報告を日置益在スウェーデン公使にも転電し、ストックホルムのフィンランド外交代表にも通告するよう命じている[19]。実際に松井がホルスティ外相に通告文を送付したのは5月23日である[20]。5月3日の5国外相会談での取り決めどおり、日本によるフィンランドの独立と「事実上」の政府承認の手続きが5月23日に終了した。

5大国の独立承認が完了したことで、ホルスティが胸をなでおろした様子がうかがえよう。翌24日、ホルスティは答礼の目的で日本大使館の松井を訪れた。すでにイギリス・アメリカ・フランス・イタリアがヘルシンキに領事館を置き外交官を派遣していることに鑑み、日本からも外交官を派遣されるよう外相は要請した。さらにフィンランド政府は近々日本に代理公使（中国とタイ兼務）を派遣する意向を示している[21]。ただし日本側はすぐに外交官を派遣できないと先方に伝えるよう、政務局は松井に指示した[22]。とにかく、日本とフィンランドの

間の外交関係が始まった。

　フィンランド側は、日本による「事実上」の政府承認では満足していない。1920年1月に日本に着任したグスターフ・ラムステット在日代理公使は、4月に「法律上 (de jure)」の政府を承認してほしい旨の依頼状を外務省に提出してきた[23]。だが日本側は容易には応じない。19年5月の5国外相会談の合意に基づいて日本は「事実上」の政府を承認した。もしフィンランド側が日本に「法律上」の政府承認を求めるのならば、5か国外相会談に諮ったらどうだろうか。その場合日本全権団は前向きに検討する、と回答した[24]。しかしすでにパリ講和会議は終了しており、5か国が集まって合意する場所がない。あまりに無責任な応対であろう。

　フィンランド側はあきらめない。1919年5月にイギリス・フランス・イタリアが「法律上」の政府を承認しており、アメリカも翌年1月に「法律上」の承認を済ませて領事館をヘルシンキに設置した、と説明する[25]。日本側が回答を保留していると、同年1月10日にラムステットは内田外相を直接訪れ、「法律上」の政府承認を再考するよう願い出た。返答に窮した政務局は、石井菊次郎在フランス大使に意見を求める。石井はフランス外務省と相談し、すでにフィンランドが国際連盟への加盟を認められているため、「法律上」の政府承認には何も問題がないという答えを引き出した[26]。政務局はすぐさまラムステットにフィンランド政府からの正式な承認依頼状の提出を要請する。ラムステットがそれを提出すると政務局は関係書類を準備して閣議に諮り、1月27日に「法律上」の承認を閣議決定させた[27]。2月3日、外務省はラムステットに対して日本政府がフィンランドの「法律上」の政府を承認した旨を通牒した。『官報』においても同件が告示されている[28]。1921年2月3日に日本は正式にフィンランド政府を承認したことになる。

4. 日本のフィンランドに対する特別な関心

　フィンランドの独立および政府の承認に関して、日本側は独自の考えを有しておらず、イギリス・アメリカ・フランスの政策を追認するだけだった。フィンランドに関心を示した形跡すらない。ところが「芬蘭ノ獨立問題」を精読すると、

第1章　日本によるフィンランドの独立承認、1919年5月　15

日本が同国に対して隠れた意図を持っていたことが理解できる。最も注目すべき文書は、外務省政務局が1919年3月に作成した新独立国に日本外交団を派遣する案である（便宜上、片仮名を平仮名に変換済み）。

　一、芬蘭に関しては同国が露都地方の情勢を察知するに最も利便多く其首都ヘルシングフォールスの如きストックホルムに比し二三日早く露都情報に接するを得る上今や同国は事実上独立の形態を成せる次第に付実は公使館の代表官を駐派するの必要あるも差向此際至急ヘルシングフォールスに総領事館若は領事館を設置すること最も機宜に適するの措置と謂ふへし
　二、以下略

　政務局は、ロシア革命後のロシア情勢を観察するため、ストックホルムの日本公使館よりも旧都ペテルブルクに近い、新独立国フィンランドの首都ヘルシンキ（スウェーデン語ではヘルシンフォルス）に総領事館あるいは領事館を設置することを計画した。実は政務局は、ロシア南部を観察するためキエフあるいはオデッサにも日本の外交代表部を設置することを計画した。ただし同文書の欄外に以下の3つの書き込みがなされている。

　　「之は予算の関係上不可能」
　　「其人を得ざれば格段の効なかりし」
　　要記帳　一時的に外交官又は領事官を派遣することは可能但公使館又は領事館を八年度内に新設することは不可能なり[29]

　対ロシア情報収集を目的とした政務局の積極的な姿勢に対して、2つの点から省内で反対意見が示された。すなわち、第1に会計課から新たに予算を計上するほどの重要案件かという点に疑問が呈された。第2に周辺の国々におけるロシア情報の収集には、明石大佐が日露戦争中に苦労したように、卓越した語学能力と信頼できる人脈が必要となる。単に外交代表部を新独立国に設置しただけでは、十分に情報を集めることはできない、と部内からも異論が出された。結局のちに見るように、在スウェーデン日本公使館の分館をヘルシンキに設置して、ロシア語のできる外交官を1名だけ派遣することで落ち着いた。

　フィンランドに注目したのは外務省だけではない。駐ロシア海軍武官の七田今

朝一中佐は、ロシア革命の際に首都ペテルブルクからストックホルムに移って武官の職務を続けていた。彼は1919年6月にフィンランドとエストニアを訪れ、次の報告書を東京の海軍軍令部に打電している。

　6月14日ストックホルム発芬蘭及エストランドに於て主として首相外相及海陸軍当局者並地方有力者等と会見し又エストランド、ナルヴァに於てはエストランド軍及露國北方軍司令部を訪問しレヴェルより乗船、7月1日帰着す
見分事項概要
一、芬蘭政体問題は未解決なるも共和政体となること疑を容れす、現政府は社会党員を除ける聯立内閣なれ共議会には社会党員多数を占め政府に反対しつつあり、閣員中瑞典党員は在芬蘭瑞典人の為芬蘭人と同権を主張し容れられさりし結果内閣動揺せしことあり、現に外相の更迭は其原因此処に存す、本同権問題は内政上一難関たるへし
二、芬蘭独立問題に関する一般人民の意向は列強の承認に依り多年来の宿望を達し得たりとて欣喜し假令将来確定せらるへき露國政府之を承認せさるか如きことあるも再び既往の如き屈辱的歴史を繰返すに忍ひす如何なる犠牲を拂ふも独立を確保するの希望を有す加之国民の多くは此好機会を逸せす更に進んで東隣地の併合、婆羅的海の永世局外中立及露統治上の特権を獲得すへしと主張し同時に芬蘭の将来を安泰ならしむる為波蘭は勿論、婆羅的沿岸三洲、南高架索及裏海の東方ダッタン種族を独立せしめ以て旧露國を分離劣弱ならしめんと企図しつつあり
　而して此種族の独立は一に日本の援助に待たざるへからすとなし、是等諸民族が日本民族と共に同種族の関係上東西相應呼し以て本民族の世界征服を主張し意気極めて豪なり、本件は帝國の発展上大いに留意すへき緊要の事なりと信す

7月2日午后4時[30]

日露戦争で勝利し、第一次世界大戦末期にはロシアと同盟といえるほど良好な関係を築いたとはいえ、日本はロシアの脅威を忘れることがなかった。そのため単にフィンランドでロシア情報を収集するだけでなく、新たに独立した同国の意向に日本側も応えるべきだと七田中佐は海軍上層部に訴えた。すなわち、その意向とはロシア情勢と密接に関係している。十月革命に際してＶ・Ｉ・レーニンは諸民族のロシアからの独立を認めたが、共産主義の旗の下で民族の枠組みを超え

た労農国家の樹立を狙っていた。ロシアと国境を接する新独立国にとっては、再び大国に支配されるという悪夢が現実となる恐れも出てきた。しかし一度独立を勝ち取った民族が再度ロシアの軍門に下るなど我慢できない。こうした脅威は、ポーランド、エストニア、ラトヴィア、リトアニアといった新独立国と共有されている。南カフカスのグルジア（現 ジョージア）・アルメニア・アゼルバイジャンやカスピ海東側の中央アジア諸民族も、独立を模索している。それらの諸民族を糾合してロシアを弱体化させるのが、フィンランドの独立を確保できる唯一の道だというのである。日本も強大なロシアが弱体化することを願っており、フィンランドと利害が一致する。しかもフィンランドは、日本と同じウラル・アルタイ語族の同胞である。フィンランドが中心となって進める反ロシア諸民族の連合運動に、日本も支援を検討しなければならない、と七田は強調している。

ちなみにウラル・アルタイ語族というのは、ウラル語族（フィンランド語、エストニア語、ハンガリー語など）とアルタイ語族（トルコ語、モンゴル語、韓国語、日本語など）には言語に共通性があるという19世紀にヨーロッパで生まれた仮説である。現在言語学者の間では共通性が否定されているが、戦間期の日本では広く信じられていた。七田が新独立国の中でも特にフィンランドとエストニアを訪れたのには、同じ語族の仲間だという理由があろう。

七田の主張は、日露戦争中の明石工作につながる。明石大佐によって記された『落花流水』を七田が精読し[31]、その成功談を革命後のロシアでも再現したいと考えていたのは明白である。ヨーロッパ・ロシアにおける謀略で、シベリアに出兵中の日本軍の戦況を好転させられれば、ロシア駐在の陸海軍武官の貢献度は高まる。七田の期待の大きさが電文ににじみ出ている。

5. 日本・フィンランド国交樹立と日本の対応

1919年5月3日に開かれたパリ講和会議の5国外相会談（イタリア欠席）において、フィンランドの独立問題が討議された。フランスはすでに3月に独立承認済みであり、イギリス・アメリカ両国は別個に承認の国内手続きに入ることが決められた。だが牧野次席代表は腹案を持っておらず、イギリス・アメリカ・フランスに促されて独立を追認して本国で手続きを始めると約束した。だが手続き

が遅れ、フィンランド側から催促を受ける。やっと閣議を経て5月23日にフィンランド側に独立と「事実上」の政府を承認したと文書をもって通達し、国内向けには『官報』でそれを広告した。とにかく1919年5月23日をもって日本とフィンランドの間に国交が樹立された。

フィンランド側は「事実上」の政府承認では満足せず、「法律上」の政府承認を求めてラムステット代理公使を日本に派遣した。公使の粘り強い交渉の結果、やっと1921年2月3日をもって日本による「法律上」の政府承認が達成された。だが、イギリス・アメリカ・フランス・イタリア伊がすでに1920年には外交使節をヘルシンキに派遣しているのに対し、日本の在フィンランド領事館設置の動きは鈍い。1921年3月に特命全権公使がフィンランドに派遣されたことになっているが[32]、実際には駐在せず、在スウェーデン日本公使が兼任した。ロシア情勢の監視のため早急にヘルシンキへ外交拠点を築くという外務省政務局の計画は、店晒しにされていたことになる。ボリシェヴィキの革命政権を承認していないため、日本はロシア国内で情報収集もできていない。継続して外交団を駐在させていないのに、七田駐ロシア海軍武官が求めるフィンランドを拠点とした対ロシア謀略活動などできるはずもなかろう。

1921年から1936年までフィンランド駐箚の日本公使は、在スウェーデン公使が兼任しており、ヘルシンキには代理公使館という名の分館が置かれて外交官1名が駐在しているだけだった。最初に駐在したのは1921年の二瓶兵二であり、永井清、郡司知麿、石井康、市河彦太郎と続く[33]。彼らは外務省の中でロシア語の専門家だった。そういう意味では1919年に政務局が計画したように、1921年10月以降ヘルシンキに対ソ連情報収集の拠点が築かれている[34]。

1936年11月26日、やっと酒匂秀一が兼任ではない在フィンランド日本公使に任命された[35]。これにあわせて、翌年9月、6人目のロシア専門家として杉原千畝がヘルシンキに派遣された[36]。杉原が積極的に対ソ関連情報を収集していたこと、およびそれにフィンランド側が好意的に協力していたことは、フィンランド側の研究および同国の国立公文書館の国家警察文書から判明している[37]。杉原の活動の延長上で、第二次世界大戦中には日本とフィンランドの陸軍間で密かに対ソ情報協力が行われた[38]。

これまでの研究では、日本がフィンランドの独立にあまり関心を持っておら

ず、単にパリ講和会議におけるイギリス・アメリカ・フランスとの合意に基づいて同国の独立を承認したと考えられてきた。しかし、ソ連の脅威が徐々に増してくるにしたがって、日本は対ソ情報収集に力を入れ始めた。1936年11月25日に日独防共協定が結ばれると、すぐさま日本はフィンランドにも兼任ではない公使を派遣して、杉原千畝を送り込むなど、情報収集体制を大幅に強化した。さらに第二次世界大戦が始まると、日本とフィンランドは枢軸側として、外交だけでなく軍事面でも結び付きを強めていく。日本はロシアをはさんで反対側に位置するフィンランドに、その独立前から安全保障面で関心を有していた。

注・文献

1) 百瀬宏「1917-18年のフィンランド―独立と内戦」『歴史学研究（特集ロシア周辺の革命2）』410（歴史学研究会、1974年7月）、15-25；百瀬宏『北欧現代史』（山川出版、1980）；デイヴィット・カービー『フィンランドの歴史』東眞理子・小林洋子・西川美樹訳（明石書店、2008）；石野裕子『物語フィンランドの歴史：北欧先進国「バルト海の乙女」の800年』（中公新書、2017）; Jukka-Pekka Pietiäinen, "Suomen ulkopolitiikan alku". *Itsenäistymisen vuodet 1917-1919: 3. Katse tulevaisuuteen*, (Valtion painatuskeskus-kustannus, Helsinki, 1992), 372-76.
2) 「芬蘭之獨立問題」『各国分離合併関係雑件』第3巻（1.4.3.5）外務省外交史料館蔵（以下、「独立問題」と略）．ちなみに「芬蘭」はフィンランドのこと．
3) 稲葉千晴『明石工作：謀略の日露戦争』（丸善ライブラリー、1995）．
4) 趙景達『近代朝鮮と日本』（岩波新書、2012）、164-256；川島真『近代国家への模索：シリーズ中国近現代史2』（岩波新書、2010）、142-169．
5) エドワルド・バールイシェフ『日露同盟の時代 1914〜1917年：「例外的な友好」の真相』（花書院、2007）、20-43．
6) 原暉之『シベリア出兵：革命と干渉 1917-1922』（筑摩書房、1989）、69-125．
7) Margaret MacMillan, *Peacemakers: Six Months that Changed the World*. (London: John Murray, 2001), No.6372/12986.
8) 『日本外交文書：巴里講和会議経過概要』外務省、1971.
9) 1919年5月6日付松井慶四郎在仏大使より内田康哉外相宛講第880号：「独立問題」．「講」とはパリ講和会議報告電報の略．
10) 5月8日付長井松三在英代理大使より内田宛公電第202号、203号：「独立問題」．
11) 5月11日付石井菊次郎在米大使より内田宛公電第352号：「独立問題」．
12) 5月6日付松井より内田宛講第880号：「独立問題」．
13) 5月6日付松井より内田宛講第881号：「独立問題」．

14) Roland S. Morris to Uchida, Dispatch No.245 on 13.05.1919:「独立問題」.
15) 5月15日付松井より内田宛講第1005号:「独立問題」.
16) 5月14日付内田より原敬首相宛「芬蘭ノ独立及事実上ノ政府承認問題ニ関シ閣議請求ノ件」:「独立問題」.
17) 大正8年5月調「芬蘭独立ノ由来及国際関係変遷ノ梗概」:「独立問題」.
18) 5月16日付閣議決定:「独立問題」.
19) 5月19日付内田より松井宛講第390号:「独立問題」.
20) Keishiro Matsui to Rudolf Holsti, Ministre des Affaires Etrangeres de la Finlande, informer, Ambassade Imperiale du Japon, Paris, 23 Mai 1919, *Eri valtioiden tunnustus: Japani*（1.C.20）, Ulkoasiainministeriön arkisto, Helsinki（以下 UMA と略）. 6月2日付内田より在米大使, 在英代理大使, 在支大使, 在浦潮政務部長宛電信（案）. 6月3日付政務局官報掲載案「帝国政府ノ芬蘭国及芬蘭政府承認ノ件」:「独立問題」.『官報』第2049号（1919（大正8）年6月4日）, 70（彙報, 官庁事項）.『国交再開・政府承認』国際法事例研究会編（慶応通信, 1988）, 71-72. Pietiäinen, 前掲, 376.
21) Holsti to Matsui, lettre, Legation de Finlande, Paris, 24 Mai 1919, 1.C.20., UMA.
22) 7月3日付内田より松井宛講459号:「独立問題」.
23) Gustaf John Ramstedt to Uchida, Dispatch on 11.04.1920:「独立問題」.
24) Uchida to Ramstedt, Dispatch on 05.05.1920:「独立問題」.
25) Ramstedt to Uchida, Dispatch on 20.08.1920:「独立問題」.
26) 1921年1月12日付内田より石井駐仏大使宛公電第30号, 1月14日付石井より内田宛公電第48号:「独立問題」.
27) Ramstedt to Uchida, Dispatch on 20.01.1921, 1921（大正10）年1月27日閣議決定「芬蘭国政府を法律上ノ政府トシテ承認ノ件」, 参考（甲）「芬蘭独立ノ由来並其ノ対外関係」,（乙）「芬蘭政府承認問題ニ対スル帝国政府ノ措置」:「独立問題」.
28) Uchida to Ramstedt, Dispatch on 03.02.1921:「独立問題」.『官報』第2553号（1921（大正10）年2月7日）, 145（告示）.
29) 1919（大正8）年3月付政務局による「芬蘭, 南露, 波蘭『チエック, スローヴァツク』等ノ諸国ニ帝国代表者差遣ニ関スル案」:「独立問題」. ちなみに「露都」はモスクワのこと.
30) 1919（大正8）年7月3日付ストックホルム七田中佐より軍令部次長宛㊙電報第122号:「独立問題」. ちなみに「瑞典」はスウェーデン,「婆羅的海」はバルト海,「波蘭」はポーランド,「南高架索」は南コーカサス,「裏海」はカスピ海のこと.
31) Akashi Motojiro, *Rakka ryusui: Colonel Akashi's report on his secret cooperation with the Russian revolutionary parties during the Russo-Japanese War 1904-05*, trans. C.Inaba, ed. A.Kujala & O.K.Fält（Helsinki: Finnish historical Society, 1988）.
32)『国交再開・政府承認』71.
33) 1923年3月20日付二瓶兵二芬蘭出張公使館一等書記官より内田外相宛公第6号, 1925年

4月20日付永井清在芬蘭公使館三等書記官より幣原喜重郎外相宛普通公第28号『各国内政関係雑纂：芬蘭国ノ部』(1-6-3-2_46)、1927年2月21日付郡司知麿公使館一等通訳官より幣原宛普通公信第17号、1931年7月31日石井康公使館三等書記官より幣原宛普通公信第59号『諸外国内政関係雑纂／芬蘭国ノ部』第1巻 (A-6-0-0-1_11_001)、1935年4月30日付市河彦太郎公使館二等書記官より廣田弘毅外相宛普通第47号『日本ニ関スル外国新聞記事関係雑纂（雑誌ヲ含ム）』第1巻 (A-3-5-0-9_001) 外交史料館蔵．

34） 1921年10月13日政務局作成「公使館設置及外交官派遣ノ件」「大戦ノ結果欧州諸国ニ公使館及領事館新設ノ件」『在外帝国公館設置雑件』第1巻 (6-1-2-72_001) 外交史料館蔵．

35） 1936年11月26日付閣議決定案『各国駐箚帝国大公使任免関係雑纂：芬蘭国ノ部』(M2-1-0-13_33)、外交史料館蔵．

36） Shuichi Sakoh to V.Voinmaa, Letter of appointment: Chiune Sugihara on 16.09.1937 (6. 60C), UMA.

37） Йохан Бекман, "Чиунэ Сугихара и японская разведка в Финляндии в 30-е годы",

«Хрустальной ночи»: еврейская община Кёнигсберга, преследо-вание и спасение евреев Европы // Материалы 8-й Международной конфе-ренции «Уроки Холокоста и современная Россия», ред. И.А. Альтмана, Ю. Царуски и К. Фефермана (Москва, 2014), 208. Urho Raekallio's memo about Sugihara on 01.02.1939, and Sugihara to Raekallio, letter on 28.01.1939, "Muiden maiden vakoilu Suomessa: Japanin vakoilu Suomessa" VALPO II, XXIII M1, Kansallisarkisto, Helsinki.

38） Chiharu Inaba, "Japanese Intelligence Operations in Scandinavia during World War II: Cryptographic cooperation with the Finns and Onodera's activities in Sweden". *Scandinavian Journal of History* Vol.33, Issue 2, 2008, 123-125.

第 2 章

遠方の友
—— 第二次世界大戦における日本とフィンランドの
外交関係とパブリックイメージ ——

パウリ・ヘイッキラ

　第一次世界大戦後から第二次世界大戦開始までの戦間期におけるフィン日関係を見ると、その関係は安定化する一方、互いに徐々に距離をとっていたという印象が否めない。第二次世界大戦中、両国は名目上は味方同士だったが、実情ははるかに複雑だった。本章では、1939～45年のフィン日外交関係について、フィンランド各紙の日本についての報道ぶりを基に論じる。しかしながら、フィンランドにおける日本に対するイメージは戦前の10年間で形成されているため、戦前期から観察していくことにしたい。以下では、フィンランドと日本の2国間の関係と、戦時中の国家連合の中で各々が帯びていた役割に焦点を当てていく。

　分析対象とする新聞記事は3つに分類される。1つ目はフィンランド最大の日刊新聞であった Helsingin Sanomat 紙の記事である。この新聞は政党からの影響は受けておらず、一般大衆の世論を反映しているもので、バックナンバーはパイヴァレヒティ博物館（Päivälehti Museum）のアーカイブにデジタル化されて所蔵されている。2つ目は Ajan Suunta 紙に掲載された日本関係の記事である。本紙はフィンランドの政党である愛国人民連盟（Isänmaallinen kansanliike）を支持したことでも知られている[1]。フィンランド右派勢力は、日本のことをソ連に対抗する同志になり得る勢力とかねてから捉えていたが、本章では第二次世界大戦中も Ajan Suunta 紙でこういった傾向が続いていたか検証する。愛国人民連盟はフィンランド国会にも代表を送りこんでおり、政党としては、コーポラティズムの経済システムを支持するなどファシズム的特徴を有していた。しかし、この政党は数千の支持者を擁していたさらに急進的なグループとも異なっ

ていた。そういったグループの声を代弁していたファシズム支持の小規模新聞4紙、Kustaa Vaasa（グスタフ1世）紙、Uusi Eurooppa（新ヨーロッパ）紙、Vapaa Suomi（フィンランド解放）紙、Kansallissosialisti（国家社会主義者）紙の記事が、ここでいう3つ目の分類にあたる[2]。こういった新聞を通して、本章では反主流の右翼的急進思想が、国際関係とその中の日本の立ち位置をどう捉えていたかを考察する。

1. 平和から戦争へ

第一次世界大戦後、日本とフィンランドが外交関係を始めるにあたっては問題が山積していた。フィンランドはあらゆる方面で予算削減を試みており、遠く離れた東京の公使館は予算削減項目の中でも最上位だった。グスターフ・ラムステット公使すら1923年にはフィンランドに呼び戻されたほどである。しかし彼が東京に戻ってからは、フィンランドと日本の間に不可欠な貿易協定を結び、その地位を守った。一方日本はというと、1925年にソ連と外交関係を確立したため、その小さな隣国であるフィンランドに公使を派遣することには疑義がはさまれたが、そこでもラムステットのコネクションが役立ち、日本の公使をヘルシンキに置くことが決まった[3]。

ラムステットは1930年まで東京に駐在し、後任にはゲオルグ・ヴィンケルマン（George Winckelman）が選ばれた。彼の在任期間中の日本の外交は、満州事変や1933年2月の国際連盟脱退といった強硬姿勢が顕著であった。一方でフィンランドは国際連盟と協調を続けていた。ヴィンケルマンはフィンランドの政策を日本に説明しようと努めており、ソ連の脅威に対抗するため、日本がフィンランドを支援してくれる望みも残されていた。一方、1933年にヴィンケルマンの後を引き継いだフーゴ・ヴァルヴァンネ（Hugo Valvanne）は、日本の覇権主義に同調した。なお、ヴァルヴァンネの肩書きは公使から大使へと格上げされた[4]。

大きな問題はあったものの、フィンランドと日本の外交関係は1930年代には進展した。日本は1936年に酒匂秀一特命全権公使をヘルシンキに送りこんだ。文化方面では、日本フィンランド協会が1932年に創設され、その3年後にフィンランドでも同様の協会が立ち上がった[5]。両国ともに関わりのある出来事とい

えば 1940 年のオリンピックである。もともとこの大会は東京での開催が 1936 年に決まっていたが、日本は中国と交戦状態にあったため、1938 年、日本は開催権を返上することを決定した。その後、代替地としてヘルシンキは喜んでその責務を引き受けたが、ヨーロッパに戦火が広がったため結局大会は中止され、ヘルシンキでオリンピックが開催されたのは最終的に 1952 年のことだった[6]。

ヴァルヴァンネに代わり、1939 年 10 月にはベテラン外交官で元外務大臣でもあるカール・グスターフ・イードマン（Karl Gustaf Idman）が着任した。彼が任命されたことから、フィンランド外務省が駐日大使を重要なポストと見ていたことがよく分かる。イードマンは 1922 年、オーランド諸島の帰属問題に関わっており、その際日本の外交官たちとも面識を得ており、その後、第二次世界大戦中の外務大臣・東郷茂徳らとも知り合った。そういった古くからの知己や経験のおかげで、彼は外交官たちの間ですぐにうまく立ち回るようになり、それは 1939 年 11 月の終わりに冬戦争が勃発した際にも役立った。当時、世界の関心がフィンランドに注がれていたことも、彼にとって重要な人脈を構築する上で助けとなった[7]。

冬戦争の最中には、フィンランドは日本の皇室からも見舞いの言葉を受けた。しかし、日本政府としては、ヨーロッパの戦争からは距離を置き、ソ連と和平関係を維持することが表向きの希望だった。1930 年代を通して、日本とソ連の間では外蒙古における軍事紛争が続いていたが、その後宣戦布告もなしに戦闘が始まり、数千人の死者を出した。はじめは 1938 年夏にウラジオストクにほど近い張鼓峰で、その 1 年後には外蒙古と満州の間にあるノモンハンで衝突が起こった。そういった状況においては、日本市民のフィンランドに対する私的な寄付すらも、ソ連を刺激したくない政府からは許可されなかった[8]。

フィンランドの現状を日本で広く認識してもらうため、イードマンはインタビューを受けたり、イベントを主催したり参加したりと活動した。彼の報告によると、日本の各紙はフィンランドの抵抗運動に好意的だったが、外国の支援なしにうまくいく可能性については疑問を呈した。フィンランドの状況は、当時はより広範な国際政治の文脈で論じられていた。フィンランドの状況は、日本も当時中国で戦っていた共産主義の欺瞞を暴き出したが、攻撃にさらされていたフィンランドを支援すると約束した西洋諸国も結局何もできなかった[9]。

フィンランドと日本の関係は、冬戦争の終結後、回復までに時間がかかった。最終的には、1941年にソ連とフィンランドの間で継続戦争が勃発したため、貿易の復興や通貨調整緩和を目指す計画は頓挫した[10]。短い休戦期間とその後の継続戦争の最中は、日本とフィンランドの間の通信には時間がかかった。日本からのイードマンの報告は大幅に遅れてフィンランドに届いていたため、本国の情報を得るためには、恥を忍びつつドイツ大使といった他の外交官にすがったり、外国の報道を頼ったりするほかなかった。そういった本国との微かなつながりも、ドイツがバルバロッサ作戦を開始しソ連へ侵攻を始めた後はいっそう乏しくなり、真珠湾攻撃の後は完全に途絶した。イードマンは報告書を書き続けたが、それがヘルシンキに届いたのは、東京でフィンランド領事館が再開してからのことだった[11]。

　フィンランドの公使館員となったのは文官だけではなく、アウノ・カイラ（Auno Kaila）大佐やラウリ・ライネ（Lauri Laine）大尉（後に少佐に昇進）といった軍人も含まれていた。彼らは1940年に東京へ招かれ、日本軍に冬戦争に関する情報を提供した。状況が複雑になってくると、彼らの本国帰還が検討されたが、結局帰還が不可能になったため、2人は1941年9月に駐在武官としてフィンランド公使館に身を置くこととなった[12]。日本は1932年2月に中国北東部に傀儡国家である満州国を建国したが、フィンランドは満州国を承認した11番目の国となった。フィンランド外務省ではこの傀儡国家とどのような関係を結ぶか議論されていたものの、イードマンは満州国の代表に非公式にしか面会することができなかった。正式な国家承認の後、イードマンとライネは満州国の首都新京を視察し、満州で工業化が進んでいることや日本が行政に強く介入していることを本国に報告した[13]。

　日本は1940年3月に同様の独立政府を南京に打ち立てたが、満州国と違って国際的には承認されなかった。1941年9月、イードマンは外務省に南京政府を承認しないよう進言したが、これは連合国を刺激しないよう配慮してのことだった。翌年、日本側は承認を求めてイードマンに接近したが、結局後押しを得られずあきらめた。一方南京政府と共通点を持っていたにもかかわらず、国際的に承認を得た満州国はきわめて例外的存在であり、フィンランドの国際関係にとって害とはならなかった。しかし、南京政府を認めてしまえば、中国における日本の

主権をフィンランドが認めてしまうことになるため、外務省としてそれは避けたかったのだった[14]。

2. 遠方の友

日露戦争を終結させた1905年の対馬沖海戦以来、フィンランドは概して日本に対して好意的な印象を抱いていたが、それは満州で紛争が起こるまでのことだった。西洋諸国は日本の中国における侵略政策を非難し、日本は国際連盟を1933年に脱退した。1940年代初頭は、日本をソ連に対抗する潜在的同盟国と捉えていたのは右派の人びとだけだった[15]。ファシズム支持の新聞はこの路線を継続し、継続戦争の間も日本の社会や文化について報道し続けた。こういった報道記事は単に日本の文化を紹介する目的ではなく、そういった文化が、日本を勝利に導く要件なのだとこじつけられていた[16]。

Helsingin Sanomat紙は日本関連の記事をさらに多く掲載しており、地図で場所を図示しながら、日本の軍隊や歴史、経済に関してたびたび報道した[17]。記事はきわめて中立的内容で、肯定的にも否定的にも描写されなかった。1つだけ例外的な記事があり、その中では日本の発展とフィンランドの状況が対比され、連帯意識が醸されていた。さらに、真珠湾攻撃直後に掲載された社説では、日本の攻撃能力が褒めそやされていた[18]。しかし、こういった記事で日本が取り上げられていたのは、ヨーロッパのニュースが不足していたためだったり、ドイツの劣勢から注目をそらすためだったり、果てはページを適当に埋めるためだったりという印象は避けられない。

Itsenäinen Suomi（独立国家フィンランド）は1942年2月号で全頁を挙げた日本特集を行ったが、その日本に対する関心は正真正銘の本物だった。日本関連の記事は1944年初頭まで掲載され続けたが、ヘルシンキの日本公使館が自らニュースレターを発行するようになってからは途絶えた。フィンランド最大の雑誌Suomen Kuvalehtiの1942年発行号の表紙すべてにはフィンランド兵士が描かれていたが、一度だけ日本を宣伝するポスターを掲載した。この号では、パン製造会社の広告が掲載されたが、それは日本の勝利に言及したもので、それによると、日本は当時占領したばかりのジャワ島からあらゆる食材を調達できたとい

う[19]。政治的文脈だけでなく、日本に対する肯定的イメージは大衆文化においても顕在していた。

イードマンは、日本におけるフィンランドのイメージについて、またそういったイメージ向上のためにジャパンタイムズといった英字新聞に寄稿する自身の取り組みについて、定期的に報告している。彼はそういった新聞に対し、記事の訂正や質問に回答するといったことも行っていた。1941年8月には、地方新聞がフィンランドの発展を繰り返し大きく取り上げており、フィンランドに好意的な姿勢を示していると、イードマンは本国に嬉々として報告した[20]。

日本のフィンランドに対する関心は、冬戦争以降徐々に衰えていき、真珠湾攻撃の後はほとんど失われていた。ところが、1942年12月のフィンランド独立記念日は多大な注目を集めた。新聞ではフィンランド特集が組まれ、珍しいことにラジオ番組でも報道された。フィンランド公使館は日フィン協会とパーティーを

写真2-1　1942年11月 継続戦争の最中、フィンランドの森で薪を割る桑木務（左、第11、12章参照）と昌谷忠（右）

共催したが、日本外務省は費用を負担すると言い張った[21]。ヘルシンキに駐在していた昌谷忠特命全権大使も、真珠湾攻撃を記念する行事を12月の初めに開催し、ヨハン・ヴィルヘルム・ランゲル（Johan Wilhelm Rangell）首相をはじめとするフィンランドの上層部の政治家も参加した。会の最中には真珠湾での戦闘映像が上映され、それを見て、少なくとも主催者側は「万歳」と叫んだのだった。ほかにもフィンランドから参加者がいたかは不明だが、その噂はワシントンにも届き、大戦におけるフィンランドの中立性について疑問が呈された[22]。

日本にいたイードマン同様、昌谷もヘルシンキで日本に対する関心を喚起するよう努めた。2月11日の紀元節に彼が主催した記念式典はマスコミにも大きく注目された。公式の外交関係業務以外でも、昌谷はフィンランド各地を訪れ、地域の文化行事に参加した。任期の終わりには、フィンランドから受けた温かいもてなしに対する返礼として、ヘルシンキ市に対し、公使館の前に菩提樹の木を贈呈した[23]。

フィンランドにとって、ソ連の脅威に対抗するための同盟国を見つけることはきわめて重要だった。継続戦争数か月前の1941年4月、日本は北方の安全を確保するためにソ連と中立条約を結んだが、フィンランドはそれに落胆した。冬戦争の頃から、日本はフィンランドとの同盟締結に消極的だったことにイードマンは気付いていた[24]。イードマンは中立条約の裏に怪しい気配を感じていたが、結局日本はソ連という唯一の脅威を取り除いて満足しているのだと結論付けた[25]。

継続戦争が勃発してからは、イードマンは日本がソ連を攻撃する兆候はないかと特に注意を払っていたが、最終的にはそれが希望的観測にすぎないという結論に至った。日本はソ連との安定した関係を固持したが、これはフィンランドにとっては不利益になるとイードマンは推測した。ソ連と良好な関係を持っているということはつまり、日本の新聞はソ連の敗北、言い換えるとフィンランドの勝利を第1面では報道できないだろうと考えたのだった[26]。しかし、個人的に対談する分には著名人たちの反応はその限りではなかったとイードマンは報告しており、元駐ヘルシンキ公使の杉下裕次郎などはフィンランドの奮戦を称賛していたとのことだった[27]。

フィンランドのファシズム支持者はそういった情勢をさらに熱心に期待していた。ドイツとソ連の戦争が日本の未来を左右すると思っていたからである。彼

らには、日本の煮え切らない態度が理解できなかった。戦争が続くにつれ、日本に対する期待は無言の要求へと変わっていった。ソ連を打ち破ることは、イギリスおよびアメリカとの戦争を日本が勝ち残る上で必要条件であるといわれた[28]。一方 Ajan Suunta 紙は現実的な見方をしており、そういった淡い希望にすがることはなかった。日本が参戦すれば、アメリカの注意が大西洋から太平洋方面に向き、ドイツに対する圧力が減ずる効果があると報じるにとどまった[29]。

　真珠湾攻撃直前の時期には Helsingin Sanomat 紙も、ソ連と日本の間に衝突があればフィンランドに有利に働くと考えていた。真珠湾攻撃が起こると、同紙はこの出来事を「枢軸国にとって励まし、また軍事的救援となる」と評した。Helsingin Sanomat 紙は、ソ連にも影響があるだろうと控えめに期待を表したものの、それがどういった影響か明言することは避けた。数週間後、同紙はより明確な分析を掲載し、連合国がソ連に圧力をかけ、日本に宣戦布告させるだろうと予想した。ところがすぐにこの筋書きは現実的でないことが分かり、日ソ中立条約がそれを阻んでいるのだと同紙は報じた[30]。ソ連に対して他国が抗戦してくれるという淡い希望は一月のうちに潰えたのだった。

　共同戦線を張る望みは薄くなったが、フィンランドは日本との協力体制から諜報関係で多大な恩恵を受けた。1939年の夏、日本はソ連の暗号をノモンハンで解読し、それは日本に駐在していたフィンランドの武官にも共有された。ソ連は継続戦争でも同じ暗号を使用していたため、フィンランドは敵の通信を容易に理解することができたのだった[31]。

　ファシズム支持の新聞は時折、日本とフィンランドとの間に共通点を見いだそうと試みたが、振り返ってみると、やや必死であからさまなきらいがあった。よくあるやり方は、日本人にまつわる事実が西洋の研究によって歪曲されていると書き立てることだった。こういった思想を支持する者は、フィンランドと日本に共通する言語的・民族的特徴が、2国間同盟の基盤になるとも主張した。アルタイ語族やツラニズムに関する学説は、現在の研究によると、当時は廃れていたにもかかわらず、こういった主張がよくなされていた[32]。人種的な類似性に関する飛躍した主張も見られた。ヨーロッパ的な顔立ちのアイヌが日本人の起源であるとし、その特徴はいまだに日本人の権力者階級によく見られるというのだ。そのため日本人はヨーロッパ人に近い存在であり、ヨーロッパ人のように相当の愛

国心を持っていると主張した。興味深いことに、フィンランド人と日本の人種的なつながりについては日本側も想像を巡らせており、冬戦争の最中には、フィンランド人は「ヨーロッパ化された黄色人種」ともてはやされた[33]。

Ajan Suunta紙は戦時中に結ばれる協力関係は終戦後も続くと予想していた[34]。同紙の日本に対する賛辞には、日本が持つ神秘さに対する奇妙なあこがれもない交ぜになっていた。同紙は、日本を軍事や政治的駆け引きの達人というだけではなく、「自身のもくろみを隠すのが非常にうまい」と評した。こういった性格が、日本を勝利に導くと同紙は考えていたのだった[35]。

小規模のファシズム支持新聞が日本に注目し始めたのは、ナチス・ドイツと条約を結んでからのことだった。国際社会に対して貢献を求める国際連盟に反して、1940年9月の日本・ドイツ・イタリア三国同盟と1941年11月に改訂された防共協定には、他国と協調して国力を強めるという点で、自国の利益を最重視するという国際主義的精神が反映されていた。日本がファシズム国家の戦争計画に加わったことで、その影響は全世界に及ぶようになった。ファシズム国家連合に属する各国家が、それぞれの大陸を支配する世界が生まれようとしていた[36]。

3. 第二次世界大戦における世界規模同盟

1941年秋の間、Ajan Suunta紙は東アジア情勢にだいぶ注目していた。同紙は、日本の領土拡張には正当性があり、平和的関係を構築しようとするその心意気には偽りがないと考えていた。西洋諸国に屈せず、東アジアを先導する国家になろうとする日本の姿勢を同紙は称賛した[37]。Helsingin Sanomat紙も、「交渉には応じ、対立の激化を避けることを望む」という日本の主張を信用した。両紙ともに、真珠湾攻撃直後は日本に対し同じ見解を持っていたのだった[38]。

日本とドイツの間には、協力の機会はわずかしかなかった。1939年までは、ドイツはアジアにおけるパートナーとして、第一次世界大戦後に租借地を奪い取っていった日本よりも、中国を好んでいた。ドイツと日本が締結した条約は両者を団結させることを目指したものではなく、両国の協力をはっきりと制限するものだった。スターリングラード（現 ボルコグラード）攻防戦の後は、両国に実質的な協力の機会はなかった[39]。

フィンランドのファシズム支持者にとって、これらの条約において有利なのはどちらか明らかだった。真珠湾攻撃後、Kansallissosialisti 紙はドイツがアメリカに宣戦布告したと第1面で報じる一方、日本の宣戦布告は次のページに追いやられた[40]。Helsingin Sanomat 紙などの一般的な日刊紙は、日本の軍事・外交関係の動向を第1面で報道した[41]。共同の軍事行動は実現しなかったが、フィンランドのファシズム支持者は、両国の戦争には共通した性質があることや、ヨーロッパとアジアそれぞれにおいて両国が国家の解放を目指しているといった点を強調し、2つの戦域におけるイデオロギー的なつながりをつくり出したのだった[42]。対照的に Helsingin Sanomat 紙は、日本がイギリス領インドに対する攻撃を継続するとは考えていなかったが、一方、オーストラリアが増加した日本の人口が入植するにはうってつけと考えていた[43]。同紙では、ベルリン駐在の通信員エーロ・ペタヤニエミ（Eero Petäjäniemi）のみ、日本も「ヨーロッパと同じ志」を持っているかもしれない、または防共協定に基づき共同で戦うかもしれない、と述べていた。ペタヤニエミの記事には彼の置かれた環境が間違いなく影響していたが、一月後には彼も、遠く離れた地で別の戦争を戦う日本を、ドイツやイタリアが支援する可能性に疑問を抱き始めた[44]。

　日本とドイツの関係を研究するジョナサン・エーデルマン（Jonathan R. Adelman）によると、日本とドイツは共同戦線を張ることよりも、互いの腹を探り合い、連合国を破った後の来るべき最終決戦を予見していたとのことである[45]。ドイツ皇帝ヴィルヘルム2世が掲げた黄禍論的な論調は、フィンランド紙にはほとんど見られなかった。しかし、スウェーデン人研究者ルトゲル・エッセン（Rütger Essén）が1943年初めに講義でフィンランドを訪れた際には、聴衆からこういった思想について質問を受けた。エッセンは、中国や日本は単に「アジアの人びとのためのアジア、ヨーロッパの人びとのためヨーロッパ」を構築することを目指しているため、黄禍論は問題にならないと請け合った[46]。Ajan Suunta 紙も人種脅威論は気にかけず、日本が勝利したのは、単にイギリスが日本の精神力と組織力に劣っていたからだと解説した[47]。

　日本はソ連とは交戦していなかったので、フィンランドのファシズム派は、日本は共通の敵であるイギリスの方と戦っているのだと強調した。イギリスは1941年12月にフィンランドに宣戦布告していたからである。このように、太平

洋戦争は帝国間の戦争として報道され、日本は東アジアにとってより正当かつ適切な支配者であると考えられていた。例えば、日本は短期間で優れた教育や生産活動を行っていると報じられた[48]。Ajan Suunta 紙は、シンガポールの陥落が、イギリス帝国の分裂と転落が近づいていることの証左であると報じた[49]。

フィンランドはアメリカとの関係は固守しており、これが原因でアメリカに対する口撃は検閲の対象となって禁止されたようである。フィンランド紙では、アメリカが日本の敵として言及されるのは稀だった。しかし、日本公使館はスウェーデン語新聞が繰り返しアメリカのニュースを報道すること自体に不満を漏らした。真珠湾攻撃の数日後、イードマンをはじめとする外交官は、アメリカ攻略の新たな拠点を得たことを祝う祭典に日本から招待された。しかしながらイードマンは、フィンランドはアメリカと戦争状態にないことを理由に、フィンランド代表として公式に挨拶することは避けた。このささやかな意思表示は、両国の置かれた状況の違いを表していた[50]。

ドイツと日本の間にははっきりとした共通点があったが、奇妙なことに、そういった共通点が互いを遠ざけた。両国とも外国に対して反感を抱いており、どちらも国際協調を軽視した権威主義的政治システムを有していた[51]。イードマンは時折、日本の外国嫌いについて語っている。外国人は基本的にスパイと疑われ、そういった気運は戦時中高まる一方だった。一般市民による中傷は珍しくなく、時には暴力沙汰に及ぶこともあった。フィンランドでは、国民性を定義する上で人種という概念に言及することはあまりなかったが、イードマンはフィンランド人と日本人の違いを説明する上で躊躇なくそれを持ち出した。彼は、両者の違いを説明する上で物理的な距離にも触れ、「ヨーロッパは遥か遠くにあり、そこに存在する多くの国々にアジアの人びとはほとんど関心がない。国の名前すらも知らないのだ」と述べている[52]。ヘルシンキに駐在している日本の外交官も、フィンランド人には日本の言語や文化に対する関心が乏しいことを嘆いており、フィンランドにおける日本の肯定的イメージは、昔の良い思い出や表面的な情報の上に成り立っているにすぎないと感じていた[53]。

1931年以降、日本がアジア大陸への拡張を開始すると、新たな政治的思想が発達し、1940年の大東亜共栄圏という構想にまで発展した。これは、西洋の帝国主義からの解放を目指す、日本を盟主としたアジア国家群を示す標語である。

オランダとフランスがドイツに降伏すると、それらの植民地はたやすく日本に占領された。それによって、日本の対外政策イデオロギーも、自給自足の経済圏を構築する方向へと変化していった[54]。

併合された領土の行政を担当する省として、古い部局を併合した大東亜省が1940年に設置された。この省の統治下では、占領地は占領前にも劣る取り扱いを受けた[55]。イードマンは元外交官が多数この省に所属していることに着目し、この省は単に、各国の公使館が閉鎖された当時、そういった外交官を政府の職にとどめておくための口実としてつくられたにすぎないと述べている[56]。

大東亜省に関心を持った唯一の新聞 Kansallissosialisti 紙は、大東亜共栄圏構想について記事を掲載した。同紙はこの構想における「抑圧された国々を解放する」という点を強調し、そういった国々はこの新たな枠組みにおいて生活状況を向上させることができるのだと論じた[57]。Vapaa Suomi 紙は東アジアにおいて日本が帯びる役割を、「白人の責務」をもじって「黄色人種の責務」と形容した。東アジアは西洋の帝国主義にいいようにされてきたが、「太平洋およびインド洋沿岸のアジア諸国に張り巡らされた蜘蛛の糸を日本の刃が断ち切るときなのだ」と述べ、日本は征服者ではなく、外国勢力を追放する者なのだと説明した。日本がこの役目を成し遂げれば、「蹂躙された哀れな中国は平和と自由を享受し、日本が残した遺産によって存続できる。アジア解放の時が来たのだ」と書き立てた[58]。極東に関連する枝葉の話題についてですら、ファシズム支持者同士の意見は根本的に相違しており、それはナチス・ドイツが唱える新ヨーロッパの構想に対してはより顕著だった。

Ajan Suunta 紙は、日本の大きな目標は、東アジアにおける西洋の支配を 覆 (くつがえ) すことだと報じた。同紙は、日本の効率的な食糧生産や、社会の向上に向けた日本の新たなもくろみについても報じた。同紙は、経済や安全の向上を図ったことで、植民地において日本に同調する声が高まっていたと言う。こういったニュースは終戦まで度々続き、新たな国家機構を打ち立て古い国境を廃止する大東亜共栄圏という構想を人びとが信用することとなった[59]。しかし、Ajan Suunta 紙が大東亜共栄圏について社説で論じたのは一度きりだった。その当時、日本の軍事的征服は、東アジアに新たな秩序をもたらすのみならず、その地域における盟主国としての日本の立場を強めるものとして報じられた。同紙は

日本の動向に新たな思想があるとは考えておらず、単に古くからの帝国主義と比較していたのだった[60]。

4. 微かだが良好な関係

太平洋戦争の戦況が日本に不利に傾いてくると、ファシズム支持新聞は日本の撤退は戦略的作戦で、次の最終攻撃に向けて戦力を結集させるためだと論じた[61]。1942～43年の夏から冬にかけ、ヨーロッパ東方戦線で続いたスターリングラード攻防戦の後は、Ajan Suunta紙でも東アジア関連の記事は減り、月に一度ほどになった[62]。1941年には比較的頻繁に日本について言及していたHelsingin Sanomat紙にも同様の傾向が見られた。日本に関連する記事数は、真珠湾攻撃後の数か月は2倍に跳ね上がったが、その後は1年のうちに以前の水準まで徐々に減っていき、その後2年間も減少する一方だった。

継続戦争に終止符を打ったモスクワ講和条約に基づき、フィンランドは1944年9月22日に日本との国交断絶を余儀なくされた。ところが日本外務省のフィンランドに対する友好的姿勢は変わらず、日本の新聞は、フィンランドがこの決断を強要されたのだと報じた。日本におけるフィンランドの権益は、スウェーデンがフィンランドの保護者という立場で引き継ぎ、東京駐在のフィンランド公使館員はソ連経由で本国に帰還した。渡航は年末になるまで許可されず、実際に渡航が行われたのは1945年3月だった。フィンランドの船員や宣教師は、終戦まで日本の占領地にとどまった。公使館の建物は1945年3月の空爆で破壊された。その後フィンランドと日本の外交関係は1952年の春に回復した。日本がサンフランシスコ平和条約に調印し占領地を放棄して間もなくのことだった[63]。

1930年代以降、日本とフィンランドの関係は、両国の状況や目的の違いが浮き上がるにつれて変化していった。両国とも共通の隣国であるソ連に対し不信感を抱いていたが、地理的距離のため、それは両国のつながりを強めることにはならなかった。世界大戦中は、外交関係もパブリックイメージも良好だったが、互いに距離があった。Helsingin Sanomat紙といった主流メディアは、日本を否定的に論じることはほとんどなかったが、肯定的に描写することも差し控えた。小規模のファシズム支持新聞は例外で、日本が大東亜共栄圏において新生ヨーロッ

パのパートナーとなる、という理想的な新世界の姿を夢見た。しかしこの理想は、日本とドイツの間の関係が薄かったことを踏まえると、やや整合性に欠けていた。日本が自身に期待されていた役割を果たせなかったことは、フィンランドのファシズム支持者にも批判された。このように日本がさまざまに描写される中でも、Ajan Suunta 紙は、両国がソ連に対して共同戦線を張るという古い理想にすがっていたのだった。

注・文献

1) Mikko Uola, *Sinimusta veljeskunta. Isänmaallinen kansanliike 1932-1944* (Helsinki: Otava, 1982).
2) Erkki Teikari, *Suomen oikeistoradikaalinen lehdistö vuosina 1930-1944* (Tampere: Tampereen yliopiston tiedotustutkimuksen laitos, 1973); Henrik Ekberg, *Führerns trogna följeslagare. Den finländska nazismen 1932-1944* (Helsinki: Schildts, 1991).
3) Hiroshi Momose, "Japan's Relations with Finland 1919-1944 as Reflected by Japanese Source Materials", 『スラヴ研究 (*Slavic Studies*)』17, 1973, erit. 17; Olavi Fält, "Japanin ja Suomen suhteet kansainvälisen politiikan ristiaallokossa 1935-1985". Tuija Kinnunen-Härmälä (toim.) *Suomalais-Japanilaisia suhteita 1935-1985. Lähetystyötä, politiikkaa, kulttuurivaihtoa* (Helsinki: Finnish-Japanese Society, 1985), 36; Jukka Nevakivi, *Ulkoasiainhallinnon historia 1918-1956.* (Helsinki: Ulkoasiainministeriö, 1988), 67; Harry Halén, *Biliktu Bakshi – The Knowable Teacher. G.J. Ramstedt's Career as a Scholar* (Helsinki: Finno-Ugrian Society, 1998), 211-271.
4) Olavi Fält, *Eksotismista realismiin. Perinteinen Japanin-kuva Suomessa 1930-luvun murroksessa [From Exoticism to Realism. The Traditional Image of Japan in Finland in the Transition Years of the 1930's]* (Rovaniemi: Pohjois-Suomen Historiallinen Yhdistys, 1982), 108-116, 145-148, 155-171; Momose, 1973, 18.
5) Momose, 1973, 4; Fält, 1982, 161, 250 など; Fält, 1985, 37-38.
6) Helge Nygrén, *Olympiatuli joka sammui sodan tuuliin. XII olympiadin unelmakisat Helsingissä* (Helsinki: Suomen urheilumuseosäätiö, 1991).
7) Juha Sahi, *Salasähkeitä Tokiosta. Suomen Tokion-lähetystön toiminta ja suomalais-japanilaiset suhteet lähetystön perspektiivistä toisen maailmansodan aikana* (Pro gradu, General History, University of Tampere, 2008), 27-28; Momose, 1973, 15.
8) Momose, 1973, 2, 25-28; Fält, 1985, 39-40; Sahi, 2008, 38-44.
9) Sahi, 2008, 46-55.
10) UM 5 C 15, Idman's report no.22, 13.6.1941; Tornator ajanut karille Japanin vesillä.

Helsingin Sanomat（HS）31.1.1942, 3; Sahi, 2008, 61-62.
11）例として UM 5 C 15, Idman's report no.24, 25.6.1940; Sahi, 2008, 78.
12）例として UM 5 C 15, Idman's report no.32, 23.8.1941; Halén, 1998, 265; Sahi, 2008, 70-71.
13）UM 5 C 15, Idman's reports no.26, 14.7.1941; no.29, 4.8.1941; Sahi, 80-88.
14）Sahi, 2008, 13, 81-82, 90.
15）Fält, 1982.
16）Japanin satavuotissuunnitelma. *Kustaa Vaasa* 1941:7/8; Pyhä Tsushima. *Uusi Eurooppa*, 1944:2; Idän sodan taustaa. *Ajan Suunta*, 24.1.1942.
17）例として Raimo Raevuori, Japanin keisarillinen laivasto. HS, 14.12.1941, 8+11; Japanin huolto turvattu. HS, 24.12.1941, 11; Raimo Raevuori, Japanin lentovoimat. HS, 6.1.1942, 4+9; Domei, Japanin STT. HS, 26.1.1942, 4; Japanilaisia tapoja. HS, 30.1.1942, 4+6; Japanilaiset suuryhtymät. HS, 18.2.1942, 4.
18）Sota Tyynellä merellä. HS, 9.12.1941, 4.
19）*Suomen Kuvalehti*, 1942:17 (25.4.1942).
20）UM 5 C 15, Idman's reports no.17, 5.5.1941; no.22, 13.6.1941; no.24, 27.6.1941; no.28, 22.7.1941; no.31, 20.8.1941.
21）Momose, 1973, 33; Fält, 1985, 42; Sahi, 2008, 98-100.
22）Japanin lähettiläällä vastaanotto. HS, 9.12.1942, 6.
23）例として Japanin vuosipäivän vietto Helsingissä. HS, 12.2.1942, 6; Mininsteri Sakaya vierailulla Pohjois-Karjalassa. HS, 4.8.1942, 8; Diplomaatteja mottimetsässä. HS, 18.12.1942, 4+8; Min. Sakaya luovuttanut lahjoittamansa lehmukset Helsingin kaupungille. HS, 6.11.1943, 6; Japanin kansallispäivän. HS, 12.2.1944, 7.
24）UM 5 C 15, Idman's report no.34, 20.8.1940.
25）例として UM 5 C 15, Idman's reports no.14, 21.4.1941; no.15, 28.4.1941; Beasley, 1987, 221; Adelman, 2007, 48-49, 70-73, 78.
26）UM 5 C 15, Idman's reports report no.28, 22.7.1941; no.22, 21.12.1942.
27）UM 5 C 15, Idman's report no.24, 27.6.1941; Suomea juhlitaan Japanissa. *Ajan Suunta*, 14.12.1942.
28）Japanin laajentuminen. *Kustaa Vaasa*, 1941, 7/8; Japanin satavuotissuunnitelma. *Kustaa Vaasa*, 1941:7/8; Japani ja Eurooppa. *Uusi Eurooppa*, 1944, 1.
29）Japani ratkaisun edessä. *Ajan Suunta*, 18.10.1941; Suur-Japani. *Ajan Suunta*, 11.2.1942. The exception Elokuun puolivälissä Japani hyökkää Venäjälle? *Ajan Suunta*, 1.8.1942.
30）Sodan uhka Tyynellä merellä. HS, 3.12.1941, 4; Churchill Washingtonissa. HS, 24.12.1941, 11; Vuosi laajenevaa maailmansotaa. HS, 31.12.1941, 4; Japani ja Venäjä eivät joutune sotaan. HS, 3.1.1942, 8.

31) Olavi Fält, "The Influence of Finnish-Japanese Cooperation during the Russo-Japanese War on Relations between Finland and Japan in 1917-1944", Olavi Fält, Antti Kujala (eds.), *Rakka ryuusui. Colonel Akashi's Report on his Secret Cooperation with the Russian Revolutionary Parties during the Russo-Japanese War* (Helsinki: SHS, 1988).
32) Juha Janhunen, "Proto-Uralic―what, where, and when?", Jussi Ylikoski (eds.), The Quasquicentennial of the Finno-Ugrian Society (Helsinki: FUS), 57-78; Momose, 1973, 2-3.
33) Todellinen Japani. *Uusi Eurooppa*, 1942:18; Momose, 1973, 2.
34) Suur-Japani. *Ajan Suunta*, 11.2.1942.
35) Japani iskee. *Ajan Suunta*, 15.11.1943.
36) Berliini-Rooma-Tokio luo perustan uudelle henkiselle ja taloudelliselle elämälle. *Kansallissosialisti*, 1941:11; Berliinin kongressi 1941. *Kansallissosialisti*, 1942, 4; Saksan, Italian ja Japanin kolmiliitolla on suuri yleismaailmallinen merkitys. *Vapaa Suomi*, 1940:17; Antikomintern. *Vapaa Suomi*, 1941, 39/40.
37) Japani ratkaisun edessä. *Ajan Suunta*, 18.10.1941; Idässä jännittyy. *Ajan Suunta*, 3.12.1941; Menestyksellinen alku. *Ajan Suunta*, 10.12.1941.
38) Sodan uhka Tyynellä merellä. HS, 3.12.1941, 4; Sota Tyynellä merellä. HS, 9.12.1941, 4.
39) Jonathan R. Adelman, "German-Japanese relations, 1941-1945", Jonathan R. Adelman (ed.), *Hitler and his allies in World War II* (Abingdon: Routledge, 2007).
40) Saksa sotatilassa Amerikan kanssa. *Kansallissosialisti*, 1941, 48; Japani julistanut sodan Yhdysvalloille ja Englannille. *Kansallissosialisti*, 1941, 48.
41) Japani julistanut sodan Yhdysvalloille ja Englannille. HS, 8.12.1941, 1.
42) Sotilassopimus ilmaus akselivaltojen kohtalonyhteydestä. *Kansallissosialisti*, 1942, 15; Ratkaiseva tekijä. *Ajan Suunta*, 15.8.1942.
43) Taistelu Singaporesta. HS, 16.1.1942, 4; Tyynen meren uusi tilanne. HS, 6.2.1942, 4.
44) E.P.: Kolmiliiton konferenssi Berliinissä. HS, 16.12.1941, 9; Itä-Aasian ja Europan yhteistyö läheisemmäksi. HS, 2.2.1942, 5; Uusi sotilassopimus lisää kolmiliiton iskuvoimaa. HS, 20.1.1942, 9.
45) Adelman, 2007, 45-46.
46) Bolshevismin pyrkimykset. *Uusi Eurooppa*, 1943, 4.
47) Australian esimerkki opettaa. *Ajan Suunta*, 13.5.1942.
48) "Kauko-idän imperiumin" loppu. *Vapaa Suomi*, 1942, 11; Todellinen Japani. *Uusi Eurooppa*, 1942:18; Englanti ja Amerikka polvilleen. *Uusi Eurooppa*, 1943, 45; Englannin imperiumin hajaantumisoireet. *Kansallissosialisti*, 1942, 13.
49) Sortunut kulmakivi. *Ajan Suunta*, 12.2.1942.
50) Momose, 1973, 32-33; Sahi, 2008, 91.

51) Adelman, 2007, 44-46, 52-56.
52) UM 5 C 15. Idman's reports no.16, 1.9.1942; no.28, 22.7.1941; no.8, 26.6.1943.
53) Momose, 1973, 5.
54) W.G. Beasley, *Japanese Imperialism 1894-1945* (Oxford: Clarendon Press, 1987), 201 -249; Akira Iriye, *Japan and the wider world. From the mid-nineteenth century to the present* (London: Longman, 1997), 76-79; Adelman, 2007, 62.
55) Mark Peattie, "The Japanese colonial empire, 1895-1945", Peter Duus (ed.), *The Cambridge History of Japan. Volume 6. The Twentieth Century* (Cambridge: Cambridge University Press, 1988), 244-252; Beasley, 1987, 236-241.
56) UM 5 C 15, Idman's report no.4, 23.2.1942.
57) Suur-Itäaasian ministeriön perustamista. *Kansallissosialisti*, 1942, 94; Suur-Itäaasian maatalous järjestetään. *Kansallissosialisti*, 1942, 97; Itä-Aasian kansat saavat niille kuuluvan elintilan. *Kansallissosialisti*, 1942, 98; Suur-Itä-Aasian synty ja lujitus. *Kansallissosialisti*, 1943, 72; Maataloudellinen jälleenrakennus Suur-itäaasiassa. *Kansallissosialisti*, 1944, 10.
58) "Kun kansainväliset hämähäkinverkot revitään rikki". *Vapaa Suomi*, 1942, 16; Japani suojelee uskontoja. *Vapaa Suomi*, 1942, 22; Kumpi on syyllinen sodan alkamiseen. *Vapaa Suomi*, 1942, 40.
59) Aasia aasialaisille. *Ajan Suunta*, 31.12.1941; Elintarvike- ja kansanhuoltokysymysten selvittely. *Ajan Suunta*, 1.2.1941; "Eläköön Suur-Itäaasia! *Ajan Suunta*, 27.10.1942; Valtavaa rakennustyötä vallatussa imperiumissa. *Ajan Suunta*, 8.2.1943; Myötätunto Japania kohtaan. *Ajan Suunta*, 26.8.1943; Liikenteen laajentaminen Itä-Aasiassa. *Ajan Suunta*, 22.9.1943; Japani rakentaa. *Ajan Suunta*, 25.11.1943; Suur-Itäaasia oppinut luottamaan itseensä. *Ajan Suunta*, 22.8.1944.
60) Kiina sodassa. *Ajan Suunta*, 12.1.1943.
61) Japanin aseet vapautuvat uusiin iskuihin. *Uusi Eurooppa*, 1943, 12; Tojon äskeinen puhe. *Vapaa Suomi*, 1943:5.
62) 例として Japania vastaan käytävässä sodassa. *Ajan Suunta*, 22.2.1944; Merivoitto Japanille. *Ajan Suunta*, 21.6.1944.
63) Nevakivi, 1988, 243; Sahi, 2008, 118-121.

第3章

フィンランド・ブランド
―― 日本におけるフィンランドのイメージ創造[1] ――

ラウラ・イパッティ

1.「フィンランドを知ってもらう」から国家ブランディングまで

　日本におけるフィンランドのイメージを決めるものは何か。この問いに対する答えは、研究のやり方によって異なるだろう。日本でフィンランドがどのように捉えられているか知る方法の一つは、フィンランドの広報外交史を見ることである[2]。広報外交とは、外国の一般市民にフィンランドを紹介する取り組みを指す。

　イメージ戦略を進めるにあたり、フィンランドは外国の事例に倣ってきた。イギリスは1934年からブリティッシュ・カウンシルを通して、自身の文化とイメージを諸外国に宣伝してきた。北欧では特に、デンマーク文化協会（Dansk Kulturinstitut、1940年設立）、スウェーデン文化交流協会（Svenska institutet、1945年設立）といった団体が同様の役割を担ってきた[3]。フィンランドでも、第二次世界大戦後に「フィンランド文化交流協会」なるものを設立する計画があったが、結局実現しなかった[4]。しかしながら、政治的、経済的なもくろみのもと、また国家としてのアイデンティティを確立するため、フィンランドという国、またその国民に関する情報は、国外のフィンランド人ネットワークによって、1世紀以上にわたり拡散されてきた。フィンランドがロシア領の大公国であった時代の末期には、ロシアの同化政策（ロシア化）に抵抗し、独立するための支援を募るため、フィンランドに関する情報がヨーロッパに広められた。フィンランドの国際的なイメージ形成戦略は徐々に日本にも広まっていき、1918

年にフィンランド外務省が誕生し、その1年後にフィンランド初の代理公使である言語学者G. J. ラムステットが東京に着任すると、「フィンランドを知ってもらう」ための政策がスタートした。フィンランドの対外向け宣伝活動はフィンランド外務省（MFA）広報局が担当しており、フィンランド大使館ネットワークの拡大に伴い、かつてないほど拡大した。フィンランドのイメージ形成が体系的な手法で本格化したのは第二次世界大戦後の冷戦時代のことだった。冷戦中、フィンランドは自国が中立であることを外国に示すよう努めており、イメージ政策もその手段として企画された[5]。

本章では、フィンランドの日本におけるイメージの発展を、フィンランドの広報外交の長い歴史の一部として検証する。1960～70年代のイメージ政策から、2000～10年代の対外的なフィンランドのイメージ構築（国家ブランディング[6]）まで、10年ごとに事例を紹介し、世界に向けたフィンランドの公式談話や放送に見られる特徴を探っていく。これによって、現在日本において「フィンランド」と結び付いている特徴の多くが、過去数十年にわたってフィンランドが自国をプロモーションするために利用したイメージの一部であったことが見えてくる。

国家イメージに関する先行研究では、ナショナル・アイデンティティがどう形成され、それが外国に対してどう表現されるかという問題は、「想像の共同体」（imagined community）と「イメージの共同体」（imaged community）という概念を通して研究されることが多かった[7]。前者は、王国または宗教的共同体が時代の流れに伴い衰退する中、そこに住む人びとのアイデンティティ形成のプロセスとして国民国家が出現する内的な現象、後者は、その国の単一性を象徴する特質を選択し、国益を増進するため、それを外国にアピールする外的なプロセスを意味する。これらの用語を用いて、本章では外務省内部、さらにはフィンランド社会がイメージした「フィンランドらしさ」が、各時代において日本に向けどのようにアピールされたかを見ていく。

1920年代、独立して間もないフィンランドは、自身が世界に十分に認知されていないと考え、自国の情報として、サウナ、ジャン・シベリウス、ラップランドの風景、生き生きとした文化的生活、そして民主主義国家といった特徴を世界に向けて発信した。日本でのフィンランドに関する情報の拡散は、遠方であるこ

とと資金の乏しさから難題であった。本国から離れた地域の領事館は、フィンランドの宣伝活動予算からほんのわずかしか配分されなかった。それでもラムステットは、自身の言語運用能力と持ち前の主体性によって日本でフィンランド情報を拡散していった。日本のメディアも「小国について知ることの重要性」という記事を掲載した。当時フィンランドは、「文明的」と評される北欧諸国の一つと捉えられており、日本人は特に、フィンランドにおける女性の社会的役割、義勇軍、労働環境、農業、また冬への適応といった話題について関心を寄せていた。フィンランドの在外公館は記者に情報を提供し、貴賓にはフィンランドに関する映画を見せた。1939～40年の冬戦争に関する報道は日本にも広がった[8]。第二次世界大戦後、フィンランドと日本の関係が回復すると、今度はより多額の資金を得て、東京でのフィンランドの広報活動が再開した。フィンランドの国際関係が拡大するにつれ、多様化するイメージ戦略はどのように日本で実施されたのだろうか。

2. ムーミン一家・デザイン・イメージ政策

　第二次世界大戦後、フィンランドの世界での位置付けが変わり、情報戦略にも影響が及んだ。ドイツの共戦国という立場からソ連との和平へと舵を切った当時、民主的な自由市場経済国としてのフィンランドの役割を世界に説明する必要があった。戦前の外交政策志向と結び付いた国家主義的イメージから、「中立的国家」という新たなイメージへの転換が求められていた。

　広報局の課題は、フィンランドを近代的工業国として宣伝することであった。国際平和の枠組みにおいて、フィンランドが独立した存在であることをアピールするため、情報戦略への投資は増加した。1956年、フィンランド政府は、対外情報戦略強化計画委員会を設置し、1961年にはフィンランドをさらによく知ってもらうための新たな指針が広報局に導入された。政府はフィンランドが進歩的な北欧社会であるというイメージを広めようとしていたが、これは選ばれた西洋諸国をターゲットにしていた。そのイメージの中心となったのは産業、都市化、建築、デザイン、新文学、教育、社会保障、そして健康と高齢者介護であった。冷戦時代、フィンランドは東側と西側の間でバランスを取っていたので、その国

家イメージは重要であった[9]。

　各国のフィンランド大使館では、その国の国民がフィンランドに対して持っているイメージの観察と、その国におけるフィンランドのプロモーション活動が強化された。広報局は、西ヨーロッパとアメリカ以外でのフィンランドの情報戦略を「計画性を欠いており、浅いもの」であると捉えていた。当時アジアでは、フィンランドが他の北欧諸国に後れを取っていると考えられていたため、特に情報戦略を強化する必要があった[10]。駐日フィンランド大使館はイメージ政策に則り新たなフィンランドのイメージを紹介しようと努めた。スタートは良好で、フィンランド外交官筋の見解によると、日本におけるフィンランドのイメージは1950年代においてすでに好意的であった[11]。1960年代は特にフィンランドと日本の通商関係が成長し、大使館は展示会や講演、レセプションといったさまざまなイベントでフィンランドを喧伝した。日本のテレビやラジオでもフィンランドの状況が紹介され、日本の新聞社に対しては最新情報が提供された。日本語の情報誌も、学校や観光客向けに作成された。例を挙げると、『フィンランド事情～フィンランドの話』（1950年代から）や『フィンランド：フィンランドの事実』（1969年）といったものがある。フィンランドのイメージの中心をなしていた要素は、森林、製紙・金属産業や、マリメッコ社（繊維製品）やアルテック社（家具）、アラビア社（食器）といったものであった[12]。

　また、1960年代にはムーミン一家が日本のメディアにデビューしたが、最初はフィンランドからきたものだとはあまり知られていなかった。ムーミンのテレビアニメが初めて放送されたのは1969～70年であった。1964年からトーベ・ヤンソンのムーミン関連本の日本語訳が出版され、すぐに学校向け推薦図書となった[13]。クリスマスになると、外務省は、ムーミンがスキーをしているイラストが入った「サンタクロースからの手紙」を製作するようヤンソンに依頼し、世界中の子どもたちから寄せられた手紙に返信するのに使った[14]。1970年、オーケ・ウィヒトル（Åke Wihtol）大使は、ムーミンの関連商品が東京で販売されるようになったことを政府に嬉々として報告している[15]。

　フィンランド外交官筋によると、フィンランドに関する情報は日本で需要が高かった。日本のメディアでは1960年代にフィンランドに関する何百もの記事が出た。観光地としてのフィンランドへの関心も高まっており、フィンランドの自

然、湖と森、伝統、そして建築とデザインの評判は高く、フィンランドの文化は日本の騒がしい都会の中では魅力的に映ると報じられた[16]。新聞の解説によると、フィンランド文化がつくり出したものの「シンプルさ」「静かで落ち着いた雰囲気」そして「生命力」は、好意的な注目を集めており、フィンランドの自然に対するあこがれも見られた[17]。一方、当時のフィンランドとソ連の関係については悲観的な報道が多く、こういった明るいイメージに影を落とした[18]。

3. 貿易振興・自然保護・北欧諸国間の協力

1970年代において、フィンランドと日本の関係は発展してさらに繁栄し、この間にフィンランドに関する知識がそれまで以上に広く拡散された。情報戦略の焦点はイメージ政策から貿易振興へとシフトした。東京のフィンランド大使館では、こういった日本におけるイメージ構築の目標に従って、1970年に商務部、1972年に産業部が設置され、フィンランド企業・製品の情報を日本で拡散した。この当時でも予算的な制約は時折報告されていたが、商務部と産業部の当時の尽力は、フィンランドに対する評価を方向付けたと考えられている。フィンランドの宣伝広報において代表的なイベントとしては、1970年に大阪で開催された万国博覧会におけるフィンランド政府初の日本訪問や、1975年の欧州安全保障協力会議（CSCE）ヘルシンキ首脳会合が挙げられる。一方で当時は「フィンランド化」に対する否定的な議論も国際的に広がっていた[19]。

日本におけるフィンランドのイメージとして、環境保護が新たに浮上してきたが、フィンランドがそれを推進することができたのは北欧諸国間の協力によるところが大きい。フィンランド、スウェーデン、ノルウェー、デンマークおよびアイスランドは、1970年3～9月に大阪の吹田市で開催された大阪万国博覧会（以下、大阪万博と略）に参加し、そこで共同出展したスカンジナビア館で6,400万人もの来場者を集めた。スカンジナビア館のテーマは「産業化社会における環境保護」であった。このテーマが選ばれたのは、それが日本社会において当時喫緊の課題であったからだ。急速な経済成長に続いて自然破壊の脅威が迫ってきており、それに対して北欧諸国の産業界は、環境に配慮した最新の解決策を提供したのだった。館内展示は、北欧の都市と工業の様子や汚染の脅威を見せると同時

に、環境に優しい製造方法やきれいな自然の風景を示すものだった。パンフレットには各北欧諸国の情報が個別に書かれていたが、ブースは分かれておらず、5か国すべてが1つの地域として描かれており、これはフィンランドのイメージ戦略にとっては有利であった。日本のメディアでは、「スカンジナビア館には北欧の統一性がよく表れている」と報じられた[20]。

しかしながら、当初フィンランドは、準備費用が高額すぎることと、東アジア市場に対するフィンランド産業界の関心があまりにも低かったことから、大阪万博には参加しないと表明していた。しかし、他の北欧諸国すべてが参加を決定する中で、フィンランドはイメージダウンを避けるために他国に追従するほかなかった。参加しないと、冷戦の政治地図におけるフィンランドの立場について疑義を生む恐れがあったが、参加すれば「ある程度の友好的姿勢」を示すことができるだろうと考えたのだった[21]。フィンランドの動機は、商業的のみならず、政治的でもあった。貿易産業省は、大阪万博に参加したことで、フィンランドに対するイメージが国際市場において向上し、それがフィンランドの輸出を後押しすると考えた[22]。一方で、同万博でフィンランド担当部分の準備を主導したフィンランド博覧社（Suomen Messut）のCEOオーレ・ヘロルド（Olle Herold）の談話には、政治的動機もわずかにうかがえる。ヘロルドがラファエル・パーシオ（Rafael Paasio）首相とオラヴィ・サロネン（Olavi Salonen）貿易産業大臣に万博参加の必要性を説いた際、1967年にモントリオールで開催された前回の万博では700万人以上がスカンジナビア展に来場し、フィンランドを知るようになったことに触れると、次の発言を得た。

> 前回は、来場者自身が我が国の技術や文化レベルに関する彼らなりの印象を持ち、フィンランドの政治的・地理的な位置づけを正しく認識する結果となった。我が国がいまここで参加しないなら、（中略）いまだに払拭されていない我が国に対する他国の誤解をより強めることになるだろう[23]。

大阪万博には、元フィンランド首相でもあるカール－アウグスト・ファーゲルホルム（Karl-August Fagerholm）最高顧問とオーケ・ウィヒトル大使がフィンランド代表として出席した。日本のテレビやラジオ、新聞では、カンテレ音楽、手工芸品、議院制度、織物メーカーのマリメッコといったフィンランドの新

旧両方の呼び物が注目を集めた。北欧の地元新聞では、大阪万博のテーマは「陰気」と批判されたが[24]、数年後の1973年に、オスモ・ラレス（Osmo Lares）大使は大阪万博参加がもたらした良い影響を報告した。その報告によると、フィンランドは日本でスカンジナビア諸国の一員として認識されており、スカンジナビア諸国に対する世論は好意的であるとのことで、そのイメージについては次のように述べている。

> 民主的で平和を愛する国々であり、社会保障は模範となるレベル、知識水準は高く、環境保護が進んでいる[25]。

しかしながら、フィンランドに対する「森の国」という評判については、同大使は、「フィンランドはある種の未開性と結び付いたイメージを持たれているようであり、これは洗練された輸出品にとってはプラスにはならない」と嘆いた。一方で彼は、「フィンランド語と日本語の間には一定の『言語的類縁性』があり、アートに関しては『魂の共鳴』が見て取れ、そのため日本人はフィンランド文化に親しみを感じている」とも述べた[26]。東京は「世界で最も物価の高い首都」になったため、フィンランド大使館は体裁、つまり大使館の建物、食器、身の回りの品の見栄えにも気を配らなければならなくなった。ラレス大使は、北欧のつましく質素な生活様式や表現方法は、多額の資金を持つ大企業が生活様式を決定する日本においては、好意的に評価されないのではないかとの不安もにじませた。東アジアで台頭する経済国の上流社会においてフィンランドがどのように見られるか、彼にとって気がかりであった[27]。

外務省によると、1970年代、日本は情報戦略を実施する場として適しており、生産的な活動が可能だった[28]。一般市民に向けたイベント、また専門家を招いたさまざまなイベントも開催され、フィンランドの認知度は高まった。そういったイベントの多様性は、1970年代半ばの事例からも分かる。日本の通商産業省代表団のフィンランド訪問、日本の専門家200人が参加したフィンランドの林業機械シンポジウム、フィンランドデザイン製品を展示した東京開催の「Finnterior'74展示会」、フィンランドデザイン製品に対する評価調査の実施、地域づくりや工業デザイン・環境技術の日本人専門家を対象としたフィンエアー・日本航空の

視察ツアー、地元企業にフィンランド経済と観光業を紹介した「大阪夏至祭フィンランドデー」、フィンランド企業も参加した小田急百貨店でのスカンジナビア家具フェア、フィンランドの木造住宅が出品された東京開催の「グッドリビングショー」といった、実に豊富なイベントが開催された[29]。

フィンランド初の日本公式訪問は、1977年2月、ケイヨ・コルホネン（Keijo Korhonen）外務大臣が行った。彼の目的は、貿易関係の強化と、文化交流協定および航空協定の交渉を後押しすることだった[30]。この駆け足の訪問は広く注目を集めた[31]。コルホネンは日本の鳩山威一郎外務大臣、福田赳夫首相および昭和天皇、香淳皇后と会談した[32]。記者会見において、コルホネンは先のCSCEヘルシンキ首脳会合の成果を掲げ、冷戦における仲裁国としてのフィンランドのイメージを強調し、フィンランドが中立性を保っていることを世界に表明した[33]。コルホネンは、フィンランドが日本にとって注目すべきパートナーであるとアピールし、両国がいずれも世界の北に位置し、科学技術を用いて厳しい気候に対応することが求められている点で共通していると強調した。さまざまな分野におけるフィンランドと日本の類似性を強調することで、彼はフィンランド・日本間のつながりだけでなく、フィンランドと西側の一体感を高めようとした。コルホネンはフィンランド大使館での夕食会で鳩山外務大臣に対し、フィンランドと日本の関係について以下のように述べた。

> 日本への訪問は初めてですが、この美しい国に来て、まるで友人を訪れたような気分です。互いに強い共感を抱き、同じ考えを多く共有している日本に対し、相互協力に向けた多くの可能性を感じています[34]。

4. デジタル外交・フィンたん・フィンランドブーム

冷戦から新世紀へと時代は変わり、フィンランドのイメージ戦略の媒体と形態も変化・進化した。国家イメージ戦略は主に2つの組織が継続して担当しており、日本においても実施された。1988～90年において、国際情報委員会（Committee for International Information）はフィンランドが国家として注力すべき分野・目標を定めた。教育（「2010年までにフィンランド国民をヨーロッ

パトップの教養人とする」)、環境問題（「フィンランドを持続可能な開発のモデル国にする」)、そして文化的活動の強化である[35]。2008〜2010年には、アレクサンデル・ストゥブ外務大臣が立ち上げ、携帯電話会社ノキアのヨルマ・オリラが議長を務める国家ブランド代表団（Country Brand Delegation）が、2030年に向けたフィンランドの国家ブランドビジョン（「2030年においてフィンランドは世界の問題解決の担い手となる」）を立案し、機能性、環境関連の専門知識、教育をフィンランドの強みとして打ち出すことにした[36]。

現在、フィンランドの国家ブランドプロモーション活動は、国営組織で構成される「チームフィンランド」のネットワークにおいて実施されており、同ネットワークの中核は、雇用経済省、外務省、教育文化省の3つで構成されている。外務省では、広報外交部がフィンランドのイメージ戦略の企画・管理を行っており、同部はウェブベースの情報発信の調整担当でもある。イメージ戦略の国内調整はフィンランド推進評議会（Finland Promotion Board）が行っているが、実務的には、パートナー団体と協力しながらフィンランドのプロモーション活動が行われている。各国のフィンランド大使館はそれぞれ国家ブランディングに関与しているが、2016〜18年は、エジプト、韓国、インド、イギリス、日本、中国、メキシコ、ポーランド、フランス、ドイツ、トルコ、ロシアおよびアメリカといった国々に特に重点が置かれている[37]。広報外交と国家ブランディングの目的は、フィンランドの国際競争力と国益の向上であり、これに関して外務省は次のように述べている。

> フィンランドとフィンランド国民に影響を及ぼす何千もの決定が、フィンランドのイメージに基づいて毎日のように海外で行われている[38]。

同様に日本においても、フィンランドの広報外交は利益団体、企業、研究機関、ウェブ上のネットワークおよび個人といったさまざまなレベルの市民社会をターゲットにしている。こういったものはそれ自体としても、また政策決定者に訴求する媒体としても影響力があると考えられている。ブランディングの重要性は、グローバル化や昨今の通信技術発達によって高まった。外国市民は消費者として、国家の成功に多大な影響力を及ぼすと見なされ、一方で高い認知度を得るには、今まで以上に国家としての独自性・ユニークさが求められる[39]。しかし

ながら、外国に向けた国家イメージを構築する国家ブランディングは、それまで行われていた国民共同体というイメージ形成の延長とも捉えられる[40]。

　フィンランドのブランドイメージを伝播させる上で今日重要な手段は、インターネットを利用したデジタル外交（e-外交）であり、これによってフィンランドにまつわる物語を戦略的に諸外国に伝えることができる。e-外交は、イメージ戦略を実施する環境の変化に伴って台頭してきた。

> 前世紀では、新聞やテレビの主要記者と接触することや、さまざまな文化イベントに参加することで良好な結果が得られていた。今はこういったことだけでは十分ではなく、伝達方法を進化させなくてはならない[41]。

　イメージ戦略は、幅広い国を対象とした基本戦略が企画される一方、情報を受け取る側の国の環境に合わせて個別にも企画される。「物語」を効果的に利用すれば、その国家に関する事実と情緒的側面の2つを伝えることができる[42]。ソーシャルメディアの出現により、駐日フィンランド大使館はe-外交を他に先駆けて導入し、大きく注目を集めている[43]。大使館の公式Facebook[44]およびTwitter[45]のアカウントでは新たな手法が試みられている。大使館のTwitterでは、ライオンの着ぐるみを着た青い目で金髪のフィンたんという男の子を公式キャラクターとして採用し、ゆるいムードでフィンランドの公式メッセージを直接日本語でツイートする。マンガ文化先進国でデジタルネイティブの日本では、13万人のフォロワーを持つフィンたんは、地域の嗜好に合わせたイメージ戦略の良い例といえる。

　フィンランドのイメージは、スタイリッシュな作りの公式トラベルガイドサイトVisit Finlandでも知ることができる。このサイトではフィンランドの現在のブランドコンセプトであるラップランドとサンタクロース、白夜、ムーミン一家、デザイン製品、さまざまな都市、群島や自然といったものが紹介されている[46]。2017年には、日本語版ページに以下の文章が掲載された。

> フィンランドは、地球の北に隠された宝石のような場所です。小さな国だと思われるかもしれませんが、たくさんの魅力があります。フィンランドの空気は、世界で一番きれいで、景色は最高です。何千もの湖と森があり、それらは決して遠

くにあるものではありません。サンタクロースに会いに行ったりオーロラを見たりしたいですか？ あるいは田舎のやすらぎやコテージライフを体験してみたいですか？ もう見るべきところは全部見てしまったと思っているなら、フィンランドへの旅をお勧めします[47]。

フィンランドの魅力としては特に、文化行事、国立公園の自然、ヘルシンキの海辺におけるゆったりとした都市生活や、ヨーロッパ旅行のストップオーバーで立ち寄る場所、ショッピング、冬のアクティビティ、サウナの習慣、オーガニック食品や静寂の中でのリラクゼーション（「忙しい現代生活を送る私たちにとって、空間や静けさ、そして時間はかけがえのないもの。（中略）フィンランドには、ゆっくり深呼吸のできる空間があります」）といったものも強調されている。「フィンランドについて」の紹介文では、「四季、白夜と極夜、都市部といなか、東と西 —— 魅力あふれるコントラスト」という4つの言葉でフィンランドを形容している[48]。

フィンランドのメッセージはどのように受け取られているのだろうか。最近のメディアでの解説や調査結果を踏まえると、日本におけるフィンランドの国家ブランドは確立している。一般的な「北欧ブーム」の波の中でも、日本では特に「フィンランドブーム」が顕著だった。ある種流行のように、フィンランドものに対する興味がわき起こっているのである[49]。2016年に実施されたアールト大学、東京大学およびトゥルク大学による調査では、日本においてフィンランドという国名で連想される概念としては、例えば、サンタクロース、ムーミン一家、オーロラ、マリメッコ、サウナ、シベリウス、森と湖、アルヴァ・アールト、イッタラとアラビアのデザイン製品や、白夜、生活の質、教育、メタル音楽、雪[50]といったものが挙げられ、フィンランドのイメージ戦略の内容が色濃く反映されている。日本においてフィンランドは、数十年にもわたるイメージ戦略で自らが宣伝してきた多くのコンセプトのもとで認識されており、そのコンセプト自体も時代に合わせて変化している。

こういったことを見ると、日本での「フィンランドを知ってもらう」ための取り組みは成功していると考えられる。長期的に見ると、現在確立しているフィンランドのイメージは、長くにわたって繰り返し語られたフィンランドにまつわ

る物語の積み重ねであることが分かる。フィンランドのイメージの中核をなす要素として、1世紀前の牧歌的異国情緒の側面と、冷戦下で生み出された福祉国家的近代主義が混ざり合っている。ソーシャルメディアで流行しているフィンランド関連のテーマの多くは、1960～70年代にフィンランドのイメージプロモーターが日本に持ち込んだものであった。過去数十年に行われた取り組みは、現在のフィンランド・ブランドの基礎を構築する上で決定的なものであったと見ることができる。フィンランドを定義するテーマは、時代、通信技術および国際情勢の求めに適応してきたが、変化は驚くほど少ない。日本において積極的に発信されたフィンランドのメッセージは、フィンランド政府が思い描いたとおりの形でフィンランドの認知度を高め、現在の日本におけるフィンランドのイメージを積み重ねながら形成してきたのだ。

注・文献

1) 本章で提示する研究成果は現在進行中の筆者の博士論文の研究に基づいており、その結果はScandinavian Journal of HistoryにおけるLaura Ipatti, "At the roots of the 'Finland Boom': The implementation of Finnish image policy in Japan in the 1960s" などで論じられている。

2) 広報外交という用語は、1960年代のアメリカで、「政府発信の情報」と「プロパガンダ」を区別するために出現した。フィンランドではこの用語は冷戦後に普及した。第二次世界大戦以前は、外国におけるフィンランドに対するイメージを形成するための政府の公式情報発信は「啓蒙活動」や「プロパガンダ」と呼ばれており、第二次世界大戦後は「国際情報」や「イメージ戦略」と呼ばれるようになった。これ以外にも呼び方はあったが、国際的に「広報外交」と呼ばれるものは、こういった活動に当たると考えられる。詳細は、Clerc, 2015a, 188-194; Clerc, Kivioja, Kleemola, 2015, 13-27 を参照。広報外交の定義は、国益の増進、国家イメージの向上、外国の世論形成、ターゲット国における政策決定に影響を与えることを目的とした、政府による外国市民への情報伝達である（南カリフォルニア大学広報外交センター, https://uscpublicdiplomacy.org/page/what-pd, 2017年6月9日閲覧）。

3) Glover, 2011, 27-30; ブリティッシュ・カウンシル , https://www.britishcouncil.org/organisation/history；デンマーク文化協会, https://www.danishculture.com/om-dansk-kulturinstitut/?lang=da; スウェーデン文化交流協会, https://si.se/var-historia/（2017年12月11日閲覧）.

4) 1940～1950年代の「フィンランド協会」に関する議論については Clerc, 2015a, 192-200 を参照。

5) Clerc, 2011, 25-26; Lähteenkorva, Pekkarinen, 2004, 12-15; 157.「イメージ政策」とは、

フィンランドがさまざまなレベルにおいて実施している公式の取り組みを指し、その目的は、政治・経済的なもくろみのもとターゲットとする外国市民が持つ自国のイメージを向上させること、また、この目標のもと、非政府関係者と協力することである（Clerc, 2015b, 146; Harto Hakovirta, *Duality of target and image links as problems of image policy*（Tampere: University of Tampere Institute of Political Science, 1976), 12-21)。

6) サイモン・アンホルトによると、「国家ブランディング」とは、ある国に対する人びとの認識を、6つの分野から総合したものである。6分野はすなわち、政治、輸出、観光業、投資と入国者数、文化と文化遺産、国民であり、これらがその国のブランドイメージが持つ力を決定する（Anholt, 2005; Anholt, 2000, "*The Nation Brand Hexagon*", http://nation-brands.gfk.com/, 2017年4月7日閲覧）。

7) Anderson, 2006, 3-7; Valaskivi, 2016, 1-6; 2014, 195-197; Clerc, Glover, 2015, 3.

8) Lähteenkorva, Pekkarinen, 2004, 157-159, 230-238, 396-397; Clerc, 2011, 26-27. フィン日関係についてはFält, 1988; Momose, 1989, 1973; Kinnunen-Härmälä (ed.), 1985; Sahi, 2016を参照。日本におけるフィンランドのイメージについてはFält, 1979を参照。

9) Lähteenkorva, Pekkarinen, 2008, 101-109, 115-121; Clerc, 2015a, 188-216; Clerc, 2015b, 145-171.

10) Lähteenkorva, Pekkarinen, 2008, 101-109, 115-121.

11) Martti Lintulahti, "*Suomi Japanin lehdistössä*", Tokyo, 16.1.1959. "*Japan Press Reports*", the MFA Archives (MFA-A) 94 B.

12) 例としてRagnar Smedslund, Tokyo, 26.2.1962; Viljo Ahokas, Tokyo, 28.3.1963. MFA-A 5 G: "*Tokyo Annual Reports*"; Lähteenkorva, Pekkarinen, 2008, 64-67, 101-139, 162, 184.

13) ムーミンのテレビシリーズは広く人気を博したが、第1シリーズはヤンソンから認可されず、国際配給権は1972年の第2シリーズのみ認められた。日本におけるアニメは1969～70年の「ムーミン」、1972年の「新ムーミン」、1990～91年の「楽しいムーミン一家」がある（Niskanen, 2010, 36-38; Mitsui, 2012, 8-10）。

14) Lähteenkorva, Pekkarinen, 2008, 154-156.

15) Åke Wihtol, Tokyo, 21.4.1970. MFA-A 5 G.

16) Nichi Michi of Miyazaki, reported in Lintulahti, Tokyo, 26.7.1961. MFA-A 94 B.

17) 同前; J. E. D. Hall in The Japan Times 6.10.1962, reported in Lintulahti, Tokyo, 18.1.1963. MFA-A 94 B. フィンランドの建築についてはAhokas, Tokyo, 26.3.1966; Wihtol, Tokyo, 21.4.1970. MFA-A 5 Gも参照。

18) 例としてAsahi Shimbun, Yomiuri Shimbun, The Japan Times, The Daily Yomiuri, reported in e.g. Lintulahti, Tokyo, 10.8.1960; 10.11.1961; 22.1.1962; 27.8.1963; Smedslund, Tokyo, 27.3.1961; 27.6.1961; MFA-A 94 B.

19) Inspector Pentti Talvitie, "*Selostus Tokion suurlähetystön tarkastuksesta 22.-*

23.10.1975. Tarkastuskertomus No.8/1975", 26.10.1975; Commercial secretary Carl-Erik Ullner, to the Finnish foreign trade union Ulkomaankauppaliitto, Tokyo, 24.10.1973, "*Tokiossa olevan teollisuussihteerin toimiston tarkastus 1975*". MFA-A 5 G Tokio, t; Lähteenkorva, Pekkarinen, 2008, 260-281; Soikkanen, 2008, 336-365.

20) The Japan Times, "*Finland Observing Expo National Day*", 6.4.1970. The Japan Times Archives, http://ipm-archives.japantimes.co.jp.resources.asiaportal.info/（2017 年 6 月 2 日閲覧）.

21) Uusi Suomi, "*Suomi Osakaan muiden Pohjoismaiden kanssa*", 29.3.1968; Olle Herold, "*PM nr 3 koskien pohjoismaista osallistumista Osakan maailmannäyttelyyn 1970*", Helsinki, 28.2.1968. Archives of the Ministry of Trade and Industry (MTI-A), the National Archives (NA). MTI-A, Ha 5, NA.

22) Edgar Naupert, "*Suomen osallistuminen Osakan maailmannäyttelyyn vuonna 1970*", Trade Department, 25.3.1968. Attachment to "*Valtioneuvoston raha-asiainvaliokunnan istunto. Esittelylista kauppa- ja teollisuusministeriöstä 27 päivänä maaliskuuta 1968*". MTI-A Ha 5, NA.

23) Herold, "*PM koskien pohjoismaista osallistumista Osakan maailmannäyttelyyn 1970*", Helsinki, 20.12.1967. MTI-A Ha 5, NA.

24) Helsingin Sanomat, "*Ääni Ruotsin teollisuusliitosta: Pohjolan paviljonki Osakassa skandaali*", 23.5.1970. KTM Ha 5, KA.

25) Lares, "*Pressi- ja kulttuuritoiminta*", Tokyo, 22.11.1973. MFA-A 5 G 405.

26) 同前.

27) Lares, "*PM Tokion suurlähetystön palkkaukset II, No.2b*", 26.11.1973; Lares, "*PM. No.4 Kauppapoliittinen toiminta*", Tokio, 22.11.1973 も参照。Inspector Talvitie, "*Selostus Tokion suurlähetystön tarkastuksesta 22.-23.10.1975. Tarkastuskertomus No.8/1975*", 26.10.1975; Lares "*Muistio: Tokion suurlähettilään virka-asunnon irtaimiston tarkastus 23.10.1975*", UM hankintaosasto, Helsinki, 10.11.1975. MFA-A 5 G Tokio, t.

28) Inspector Talvitie, "*Selostus Tokion suurlähetystön tarkastuksesta 22.-23.10.1975. Tarkastuskertomus No 8/1975*", 26.10.1975. MFA-A 5 G Tokio, t.

29) Commercial secretary Kari Vainio, "*PM: Messu-, näyttely- ja kampanjatoiminta*", 2.10.1975. MFA-A 5 G Tokio, t.

30) Lares, "*Suomen ja Japanin väliset suhteet v. 1977*", Tokyo, 20.3.1978. MFA-A R-TOK-84; 駐日フィンランド大使館, "*History*", http://www.finland.or.jp/public/default.aspx?contentid=147022&nodeid=41331&contentlan=2&culture=en-US（2017 年 5 月 31 日閲覧）.

31) 例として"*Korhonen Arrives for 4-Day Visit*", The Daily Yomiuri, 1977 年 2 月 23 日；「フィンランド外相が訪日へ」『東京新聞』1977 年 2 月 22 日；「フィンランドと国交協

定」『産経新聞』1977 年 2 月 23 日；"*Korhonen, H'yama Agree On Peace Efforts At UN*"、Mainichi Daily News, 1977 年 2 月 24 日；外務省（MOFA）『日本外交文書アーカイブ 2014 -1746』1977.2.18.

32) Tominaga, 23.2.1977, KKO509G2-23; The Japan Times, "*Korhonen Urges Japan to Buy More Goods*", 24.2.1977. MOFA, 2014-1746.

33) 例として Mainichi Daily News, "*Korhonen Places High Hope On New SALT Pact*", 25.2.1977. MOFA, 2014-1746.

34) "*Ulkoasiainministeri Keijo Korhosen puhe Japanin ulkoministerin kunniaksi tarjotuilla päivällisillä 24.2.1977*"（コルホネン・フィンランド外務大臣訪日）MOFA, 2014-1746.

35) *Kansainvälisen tiedottamisen neuvottelukunnan loppuraportti*（Valtion painatuskeskus, Helsinki, 1990), 11-12.

36) Report of the Delegation, *Mission for Finland*, 25.11.2010（Finland Promotion Board), https://toolbox.finland.fi/research/maabrandiraportti/（2017 年 6 月 1 日閲覧), 3-11, 33, 36, 41; MFA, "*The Country Brand Delegation sets tasks for Finland*", press release 349/2010, 25.11.2010, http://www.formin.fi/public/default.aspx?contentid=206413&contentlan=2&culture=en-US（2017 年 6 月 1 日閲覧).

37) Team Finland, http://team.finland.fi/en/network（2017 年 6 月 2 日閲覧); MFA Unit for Public Diplomacy, http://formin.finland.fi/Public/default.aspx?nodeid=15988&contentlan=1&culture=fi-FI; MFA, "*Maakuvatyö*", http://www.formin.finland.fi/public/default.aspx?nodeid=49681_（2017 年 6 月 1 日閲覧); Timo Heino, "*Julkisuusdiplomatian lähtökohdat ja toimintatavat*", 1.2.2010. MFA Information services, email to the author, attachment, Sami Heino, 22.7.2014. Timo Heino, "*Julkisuusdiplomatian kehitysvaiheet 2000-luvulla ja nykytilanne*", Chapter 9 in Sotapropagandasta brändäämiseen（Jyväskylä: Docendo, 2015）も参照。

38) MFA, "*Maakuvatyö*", http://www.formin.finland.fi/public/default.aspx?nodeid=49681（2017 年 6 月 1 日閲覧).

39) Heino, "*Julkisuusdiplomatian lähtökohdat ja toimintatavat*", 1.2.2010.

40) Valaskivi, 2014, 195, 203-207.

41) Heino, "*Julkisuusdiplomatian lähtökohdat ja toimintatavat*", 1.2.2010.

42) 同前。

43) "*Fintan, suurlähetystön Twitter-hahmo, sai kasvot*". News, 14.8.2012, 駐日フィンランド大使館, http://www.finland.or.jp/Public/default.aspx?contentid=255430&nodeid=41206&culture=fi-FI（2017 年 6 月 11 日閲覧).

44) 駐日フィンランド大使館 Facebook: http://www.facebook.com/FinnishEmbassyTokyo（2017 年 6 月 1 日閲覧).

45) 駐日フィンランド大使館 Twitter: http://twitter.com/FinEmbTokyo（2017年6月1日）.
46) Visit Finland in Japanese: http://www.visitfinland.com/ja/（2017年6月1日閲覧）.
47) Visit Finland,「2017年 フィンランドへ旅する17の理由」, http://www.visitfinland.com/ja/kiji/why-come-to-finland-in-2017/（2017年6月3日閲覧）.
48) Visit Finland,「フィンランドについて」, http://www.visitfinland.com/ja/kiji/why-come-to-finland-in-2017/（2017年6月3日閲覧）.
49) Rie Fuse, "*Seeking for 'Richness' in Finnish Lifestyle. Analysis of 'Finland Boom' in Japanese Media*", (unpublished) conference presentation, Nordic Association for the Study of Contemporary Japanese Society, Gothenburg, Sweden, 22.–23.3.2012; Fuse, 2012, 255; Laura Ipatti, "*Japanin Suomi-buumia on rakennettu vuosikymmeniä*", *Turun Sanomat, 13.6.2016; Arto* Lindblom, Taru Lindblom, Miikka J. Lehtonen, "*Suomi hurmaa nyt japanilaisia*", Turun Sanomat, 25.5.2016; Masahiro Kimura, "*The Finland Boom puts Finns on the pole*", press release, Export Finland, https://www.finpro.fi/web/eng/market-opportunity/hotels-japan（2016年3月31日閲覧）. フィンランドブームの発生には、映画『かもめ食堂』(2006)、OECD生徒の学習到達度調査の結果や、北欧デザインの普及が関連していると考えられている。Fuse, 2012, 255; Mitsui, 2012; Iwatake, 2010, 2007; Serita, Pöntiskoski, 2009, 30–32, 60, 86; Takayama, 2010.
50) *Arto* Lindblom, Taru Lindblom, Miikka J. Lehtonen, "*A Study on Japanese Images and Beliefs on Finland, Sweden and Denmark. Key results and conclusions*", 9.6.2016, http://87.108.50.97/relis/REL_LIB.NSF/0/2FE86B1867E48DE2C225802600225BE7/$FILE/Nordic%20Images%20in%20Japan%20report%20June%202016%20(Lindblom%20et%20al.)T.002.pdf（2017年6月9日閲覧）.

第 4 章

EU と日本の関係
—— 失望から実現へ？ ——

バート・ガンズ

はじめに

　本章では、欧州連合（EU）と日本との間の「戦略的パートナーシップ」の今日の重要性について検証する。フィンランドの経済、外交政策および国際的地位は EU と密接に関係しており、EU によって決まるところが大きい。政府の発言によると、「欧州連合はフィンランドにとって外交・安全保障政策の根本的枠組みであり、重要な安全保障共同体」であると同時に、国家意識という点では、フィンランドは自らを「欧州連合を政治の最重要準拠集団とし、西洋的価値基準に支えられた平等でダイナミックな北欧の福祉国家」としている[1]。フィンランドの日本との関係を見る場合、前述のことから、フィンランドという国家の枠組みを超えて分析を拡大し、EU の役割をも検討することが同様に不可欠である。
　2017 年 12 月、EU と日本は戦略的パートナーシップ協定（以下、SPA と略）と並行する経済連携協定（以下、EPA と略）交渉において最終合意した。これは両者の関係において画期的な出来事であり、その関係を新たなレベルに引き上げるものである。これまで長い間、EU と日本は互いに戦略的パートナーと呼び合い、共通の価値観、原則、目的を持つ必然的パートナーとして互いに言及し合ってきた。しかしながら、全体的に見ると、両者の関心事と価値志向には共通点があるにもかかわらず、この戦略的パートナーシップなるものは概して期待を下回るものと見られてきた。本章は 3 部構成になっている。はじめに、EU と日本の間の類似点をいくつか挙げ、今日までの両者の関係について簡潔に概観す

る。次に、今日までこの2者の関係が期待外れとのレッテルを貼られてきた理由を探る。最後に、将来に目を向け、さらなる協力の機会と可能性の展望を、特に今後調印されるEPAとSPAの観点から示す。

1. 類似点と高い期待

　EUと日本の関係は非常に有望であると常々思われてきたが、これは両アクターの類似点に由来するものではまったくない。1つ目に、両者の交流の歴史はポルトガル人宣教師が来日した1543年にさかのぼり、日本が孤立していた時代（17世紀前半から19世紀半ばまで）においても、オランダの交易所が重要な「アンテナ」役を担い、そこから日本はヨーロッパの知識や情報を継続的に得ていた。2つ目に、EUも日本も世界貿易超大国である。現在、両者は世界貿易の37.2%（輸出入合計）、世界のGDPの28.4%を占めている[2]。3つ目に、EUと日本はともに自らを、軍事力ではなく、一般市民の力やソフトパワーを中心に据えたやり方で世界に貢献することを目指す「草食性」大国であると考えている。4つ目に、両アクターは民主主義、市場経済、人権、人間の尊厳、自由、平等、法の支配といった共通の基本的価値観を支持し、世界へ普及させることを目指している。5つ目に、日本とEUはいうまでもなく「援助超大国」である。EUは、加盟国とEU機構が提供するものを合わせると、政府開発援助（ODA）の世界最大の提供者である。日本の方は総額で世界第4位である。6つ目に、世界の平和と安定に貢献する手段として、EUは安全保障に対して包括的アプローチを重視している。日本も同様の方法を重視しており、「人間の安全保障」に重点的に取り組み、個人の権利を支持し、安全保障と開発を結び付けている[3]。7つ目に、EUと日本の関係はこれまでのところ主に経済と貿易に重点を置いてきたが、両者は例えば海上の安全保障分野において、現場での安全保障関連協力の経験を共有している。最後の8つ目は、今日における最重要事項であるが、どちらのアクターも衰退傾向にあることから、協力体制を取ることにより大きなメリットが得られるだろう。EUが内部のさまざまな経済、政治、安全保障関連の危機に直面している一方、日本は1990年代初頭から半ばにバブル経済が崩壊した後の「失われた20年」と呼ばれる長期にわたる経済低迷期を経験してきた。

しかしながら、全体的に類似性を持ち、関心事が重なり合っているにもかかわらず、EUと日本は「期待するほど互いに重要ではない」[4]と見られており、「実施された協力よりも、協力体制についての協議の方が多かった」と言われてきた[5]。さらには、2者の関係は「実現されなかった約束の積み重なりによる失望とフラストレーションの連続」という言葉でたびたび評されてきた[6]。

2者の関係の近年の経緯を振り返ると、貿易と経済が主な要素であったことは明らかであるが、多数の宣言や首脳協議にもかかわらず、他の分野での協力はまばらで、その場限りの特定の目的に限定したものであった。日本が1968年に世界第2位の経済大国に上りつめた後の欧州経済共同体（EEC）との関係では、1970年代を通した貿易摩擦とヨーロッパの巨額の貿易赤字が目立つ。1980年代には、EUは日本に市場開放を求めて圧力をかけ、日本の非関税障壁（NTB）を強く批判し始め[7]、一方で日本は、次第に構築されていく単一市場が保護主義的「ヨーロッパの砦」に変化していくのをますます警戒するようになった。1991年には第1回EU日定期首脳協議でEUと日本の政治関係に関するハーグ宣言が採択され、新たなスタートを切った。両者は、その時点での価値観を共有し、同じ目的を持つパートナーとして互いに言及してきた。これにより、貿易と経済の枠を超えた特定目的の協議が数多く行われることとなった。

しかし、2001年に始まったさらに密接な相互関係を目指す取り組みの中心には、もっと多くのことができるはず、という意識があった。この年には、次の10年間で施行される予定だった「EU日協力のための行動計画」に両アクターが合意した。この行動計画は、安全保障、経済、社会的課題および文化交流の4分野における100を超える協力項目を対象としていた。この行動計画はほとんど具体的な成果をもたらさなかったが、それは計画に対する重点的取り組みが足りなかったという理由でも、資金不足によるものでもない[8]。2004年にEUと日本は、強固な「戦略的パートナーシップ」を固め、多数の項目別政策対話を実施することの重要性を再確認した。グレン・フックが論ずるように、その後の協力は、エネルギー、気候変動、開発（特に人間の安全保障の概念に基づく）などに関する「包括的関係ではなく、さらに具体的な共通の懸案事項に重点を置く、特定目的・課題主導型アジェンダ」を特徴とする「戦略的プラグマティズム」を重視する傾向にあった[9]。

2. 連携の不振と失望

　EU日関係があまり重視されないのにはいくつか理由がある。この理由としては、①同様に重要であるが本質は異なるアメリカの役割が際立たせる特定の地域状況、②意見の統一が欠けるEUと、EUを重要な政治・安全保障のアクターと見なさない日本に見られる、地域組織と国家との関係における非対称性、③規範的政策における不一致と、きわめて重要な課題に関する意見の相違（死刑や、南シナ海や東シナ海といった問題に関する不干渉）、④自由貿易交渉を妨げる、貿易と市場の保護に関する広範囲に及ぶ意見の相違、といったものが挙げられる。

　第1に、地理的問題があるが、EUと日本が位置する地域事情、安全保障環境はかなり異なっている。EUの経済・政治的統合はかなり進んでいる一方で、東アジアの統合はまだ初期段階である。日本の政治家は折に触れ、アジアにおいてEU型地域共同体を構築する考えを話題に上げてきた。例えば、2009年に鳩山由紀夫首相がEUをモデルにした東アジア共同体の構築に関する革新的提案を打ち出した。東アジアを日本の「第一義的存在地域」と見て、彼は日本と中国の関係を改善し、その上で東アジア共同体を構築するため、EU型の統合を支持した。鳩山氏にとって、今後のアジア共通通貨の可能性を含む地域統合は、まさにヨーロッパで行われてきたのと同様に、領土問題を解消し、歴史的・文化的紛争への対処を可能にするものであった。石炭・鉄鋼生産のための共同市場から生まれた欧州共同体と同様に、東アジア共同体も自由貿易協定（以下、FTAと略）、財政、通貨、エネルギー、環境、災害救援といった協力の実行性が最も高い分野から始めるつもりであった。鳩山氏の提案は結局失敗に終わった。国内では、彼の提案は目標が高く、理想主義的すぎるとして厳しい批判を浴びた。アメリカでは、鳩山氏がアメリカ覇権の衰退をほのめかしたため、彼の提案は同様に激しい批判にさらされ、一方で東アジア諸国は、太平洋戦争中の日本の拡張主義の歴史を思い起こし、この計画における日本の主導的な役割を強く警戒した。

　さらに、日本の最重要安全保障提供者としてのアメリカの役割は、日本がEUとの関係に戦略的重要性を低く見ていることの理由の説明ともなる。アメリカは、日本と西ヨーロッパ諸国の戦後復興において主要な役割を担っており、同様

に、各国の安全保障上の懸念を取り払う上でも主要な役割を果たした。しかしながら、アメリカの安全保障の傘があることで、保守勢力はいまだに日本を「異常」な国と捉えている。さらに、アメリカの存在があることで、日本はEUを、東アジアの安全保障に必要なハードパワーを持たない経済大国と見る一因となっている。

　第2に、日EU関係は、地域組織と国家との間の相互関係を軸として展開している。EUは28か国（イギリスの離脱交渉終了後は27か国）の集団であり、対外貿易といった特定分野において国境を越えた権限を持つ一枚岩のアクターとなることを目標としている。特に1992年のマーストリヒト条約以降、EUは世界での政治的存在感を高めながら、「アクターらしさ」を得ようと努めてきた。しかしながら、EUが政治機構であることを日本側はあまり理解しておらず、EU側の足並みもそろわなかったため、日本はヨーロッパに対して統一体のアクターとしてあまり期待をかけず、鶴岡路人の言葉を借りれば、「期待の損失」を抱える結果となった[10]。確かに、ほとんどの加盟国は各国の主権をさらにプールすることに前向きではなかったため、一貫した政治スタンスの維持や、統一されたEU外交政策実現への可能性が制限されてきた。

　第3に、両アクターの規範的政策には問題点がある。ユーロ圏危機、難民危機、そしてその後に続いたグローバル問題に対するEUの影響力低下が認識された結果、EUは、長期的・規範的または「啓蒙的な事柄」にではなく、短期的で内省的な検討事項を重視してきた。さらに、日本はしばしば、EUが法の支配といった価値観を口先では支持するが、自分にとって重要な経済パートナーである中国が、東シナ海や南シナ海における論争の渦中にいる際には立場の表明を拒んでいるとして、EUを批判している。また、日本独自の価値観外交は、ベトナムといった共産主義国やフィリピンといった「絶対的指導者による民主主義国」と強固な戦略的関係を築いていること、または反対に、韓国といった「同じ目的を持つ」国との堅固なつながりや信頼関係が欠如していることから明らかなように、修辞的レベルにとどまることが多い。これに加えて、EUと日本は、死刑に関する見解の相違に明らかなように、すべての規範に関して意見が一致しているわけではない。日本はアメリカ、シンガポールとともに、いまだに死刑に固執しているわずか3つの先進国のうちの1つであり、EUは日本に対して長年にわたり死

刑執行停止の導入を求めてきた。見解の相違は、尋問期間や未決拘禁期間をといった司法行政分野においても見られる。EU が原則に基づき戦略的パートナーシップ協定に人権条項を設けるよう要求したことに対し、日本は同条項が日本への無言の圧力となり得、EPA を抑制する政治的合意は法的問題をもたらすと主張して反対を表明した[11]。

重要なのは、貿易に関する広範囲の相違点が自由貿易交渉の進展を阻んだことである。相違点の一つは市場アクセスに関するものである。EU は、乳製品、牛肉、豚肉およびワインの輸出のために日本市場を開放させようとし、日本に対し農産物の関税引き下げを要求した。日本は EU に日本車に対する税の撤廃を求め、EU の自動車部門へのアクセス改善を得ようとした。EU はまた、日本市場を保護している非関税障壁の削減に進展がないことに不満を抱いていた。プライバシー法と投資家保護もまた、交渉の障害となった。

3. 変化の兆し —— EU と日本間の EPA、そして SPA ——

しかしながら、EU と日本の関係に重要な変化が起ころうとしている。まず、2019 年に発効見込みの EPA は貿易と経済に大きな影響を及ぼすだろう。ヨーロッパから見れば、東アジアにおける EU の貿易大国としての地位は EPA によって強化される。韓国との EPA は 2011 年に発効した。これは物品とサービスに絞った狭い取引の範囲を超え、EU が締結したすべての FTA の中で最も包括的かつ意欲的なものであり、また、アジアの国と結ぶ初の協定でもある。2011 年以降、韓国への輸出は 55％以上増加した[12]。

さらに、EU は FTA の交渉をシンガポール（2014 年）およびベトナム（2016 年）とすでに妥結している。フィリピンとの交渉は 2015 年に開始したが、昨今の同国の人権状況悪化が今後の FTA に影を落としている。東南アジア諸国連合（ASEAN）の中では最大経済国であるインドネシアとの FTA 交渉は 2016 年 7 月に開始された。マレーシアおよびタイとの自由貿易交渉はそれぞれ、総選挙と軍事クーデター関連の理由で中断されていたが、ミャンマーとの投資保護協定は進行中である。総じて、東南アジア各国との 2 者間協定はすべて、EU と ASEAN の FTA 構築計画の再開に向けた重要なステップとなっている。この 2

地域間貿易協定の交渉は 2007 年に始まったが、ミャンマーの非民主的政権の関与と、ASEAN 諸国の広範な不均一性により 2009 年に停止された。

　日本との経済協定の意義は、日本は EU のアジア第 2 位の貿易相手、第 6 位の最重要グローバル・パートナーであるという事実からも明らかである。EU は日本にとって第 3 位の貿易相手であり、両者の 2016 年の物品取引総額はおよそ 1,245 億ユーロになる[13]。EU は日本への最大投資家（2015 年で 877 億ユーロ）であり、EU にとっても日本は 1,758 億ユーロに達する第 2 位の直接投資（FDI）パートナーである[14]。

　FTA 交渉は 2013 年に始まり、交渉の会合は第 18 回まで進んでいる。2012 年に発行された欧州委員会影響調査報告によると、EU の GDP は 0.34％〜1.9％（最低 420 億ユーロ、最高 3,200 億ユーロ）の間で増加するとのことである。日本への輸出は、FTA が最終的に目指すところのレベルにもよるが、22.6％〜32.7％の間で増加が見込まれる。ヨーロッパの雇用に対する FTA の影響はさまざまであろう。電気機械分野で大幅な雇用拡大がある一方で、その他の部門ではプラスまたはマイナス方向にわずかに影響が出る程度だろう。FTA は自動車分野での EU の雇用にマイナスの影響を及ぼす可能性があるが、日本による EU への直接投資が増えることで雇用が創出され、このマイナス影響を軽減できる[15]。日本企業 6,465 社が現在すでに EU に投資しているという事実は、FTA による影響の可能性を示す良い例である。フィンランドだけでも、現在 192 社の日本企業が活動している[16]。公式統計によると、現在のところ 60 万件の雇用が日本の対 EU 輸出に関連するものであり、EU にある日本企業は 50 万人以上を雇用している[17]。

　加えて、日本との協定は韓国との協定に倣い、貿易関連だけでなく、政治および安全保障関連の側面も含んだパートナーシップを築くものである。したがってこれは、貿易以外の分野においても、主要なアジア諸国との取り組みの拡大を試みる EU の新戦略の一環である。具体的には、包括的 FTA と並行し、SPA と呼ばれる（枠組み協定（FA）としても知られている）拘束力を有する政治的合意の交渉が進行している。SPA は、安全保障関連の参加枠組み協定（以下、FPA と略）によって補完が可能である。これは、海賊対策活動といった危機管理を含む EU の共通安全保障・防衛政策（以下、CSDP と略）ミッションへの戦

略的パートナーとしての参加を定めるものである。EUと韓国の協定はこの新たなパートナーシップの理想的なモデルとなっている。このことから、EUと韓国間の協定は初の「新時代」FTAといえる。SPAは2014年に発効し、財政・人材・EUの危機管理活動におけるオペレーション管理の移転に関し、韓国の参加規則を定めたFPAの調印がその後に続いた[18]。現地での安全保障協力を含むEUと韓国のFPAは、CSDPに基づくEU主導の活動に第三国を参加させるという、EUの野心的取り組みの良い例である。実際には、安全保障協力は現在のところまだ非常に限られており、かなり目的が特定され、あまり取り上げられることはない。とはいえ、これはアジアといった地域においてより大きな安全保障の役割を担おうというEUの強い願望を示しており、地域安全保障対話を目的とする年次フォーラムである東アジア首脳会議に参加したいというEUの野心が表れていた。

　日本については、SPAは、環境と気候変動、テロ対策、エネルギー、科学技術、開発政策および災害救援といった分野での新たな協力の機会を生み出すことができる。しかしながら、EUと韓国の協定とは異なり、戦略的パートナーシップ協定の第一義的な政治的意義を重視する日本とは、参加枠組み協定の協議は現在のところ行われていない。とはいえ、この協定によって、意見が一致し今後さらなる成果が見込まれる分野に新たな弾みを与えることができる。特に、①海上安全保障、②対外支援・開発援助、③北極圏問題における協力が、将来的に可能性が見込まれる3分野である。

　1つ目の海上安全保障の分野については、ヨーロッパ－東アジア間貿易の90%がインド洋経由の海上輸送であるため、両者は輸送路の安全確保に強い関心を持っている。2014年に日本の海上自衛隊（MSDF）が、アデン湾・アフリカの角（アフリカ大陸東端）の沖合での海賊対策活動において、欧州連合海軍のアタランタ作戦（EU NAVFOR）と協力した。将来的には、EUと日本はアメリカの優先権を侵害することなくこういった活動に参加することが可能で、こういった活動には、憲法の再解釈により日本で集団的自衛権の行使が認められたことによるメリットもある。

　2つ目の対外支援・開発援助の分野においては、現在両アクターはそれぞれの支援政策に関して見解の一致を示している。EUのアプローチと比較すると日本

の支援は従来利己的であったといえるが、EU は現在、日本の伝統的支援理念と同様に、支援への依存から自立への転換を強調しており、また民間企業の開発参加支援や、社会・行政インフラよりも経済基盤に重点を置いている。さらに近年では、EU がニジェールで行う安全保障関連能力強化や、マリでの警察訓練学校支援や司法協力向上といった活動に、日本は資金・技術援助を提供した。これまでに日本と EU は、西バルカン諸国、イラクおよびアフガニスタンでも協力してきた。日本と EU の開発援助モデルには相乗効果があり、また共通点も増えてきていることから、アフリカなどの地域においては特に協力の道がある。アフリカでは中国が存在感を増しているが、EU と日本が代替モデルを提供することができる。

3つ目に、気候変動により石油、ガス、鉱物、漁業の競争が激化した北極圏においても協力の強化が可能である。EU と日本は北極圏における共通点が多く、例えばロシアと湾岸諸国へのエネルギー依存軽減を目指していることや、地域の安定、ルールに基づく国際秩序、地域の好ましいパワーバランスを確保するという目標を共有している。フィンランドと日本の 2016 年 3 月の合意では、北極海航路や資源開発といった北極圏での共通の関心事項だけでなく、環境保護、持続可能な開発、先住民の権利保護について両国が一致したため、これは相乗効果に基づいた協力モデルとなる。同時に、この合意は、EU 全域における日本との協力強化の重要性を明らかにしている。

4. EU 日パートナーシップは実現へ向かうのか？

本章では、フィンランドと日本の現在および今後の相互関係ついて理解するために、EU と日本の関係の評価を行う重要性について論じてきた[19]。これまでの EU 日関係においては、体面・高い期待・崇高な目標といったプラスの側面と、現実の政治・意見の相違といったマイナスの側面が衝突し合い、食い違いが生まれることが多々あった。しかしながら、最近の展開に照らし合わせると、EU と日本のパートナーシップは現在、具体的な進展に向けたさらなる将来性を有している。最近妥結した EPA と SPA の交渉は、より強力な政治・安全保障的要素を含んださらに包括的なアプローチと、経済外交を組み合わせようという、EU

の新戦略展開として捉えることができる。

　第1の経済大国としてのEUにとって、また同様にフィンランドにとっても、大西洋横断貿易投資パートナーシップ協定（以下、TTIPと略）が帯びていた可能性を超え、より大きな成長を促進する可能性のある貿易協定の意義は明白である。TTIPと環太平洋パートナーシップ（TTP）がともにアメリカのトランプ政権発足後に膠着状態となって以降、EUと日本の交渉は確かに活性化された。アジアに対してアメリカが立場を変えたことで、EUがアジア地域の貿易・投資の主要パートナーとなるためのチャンスが生まれている。アメリカの保護貿易主義傾向や「アメリカ第一」主義も、貿易・安全保障問題における幅広い協力がグローバル課題を解決する道なのだと、EUと日本が世界に示す機会を与えている。特に重要なのは、EU日協定を調印することで、透明性・安全性・サービス・貿易・労働者の権利および持続可能な開発に関する国際ルールと基準を設定する上で、両者が先導的役割を担えることである。

　EUにとって、アジアの安全保障において強い役割を担うことは、当面の間はとても修辞的に思えるかもしれないが、日本との協定は、非従来型の安全保障において、密接な協力関係の基盤をつくるものである。SPAの目的は、一般的な政治枠組みを設け、共通の価値観や原則を確認することなので、EUも日本もSPAで失うものはほとんどない。

　自由貿易に対して国民の強い反対があると思われるときには、特にEPAの利点について、経済、社会、環境への影響の観点から、また、GDP成長率、雇用、食の安全および消費者保護に照らし合わせて、国民に丁寧に説明する必要がある。安全保障協力の観点からは、両者が国際的アクターとして、またいわゆるシビリアンパワーとしての限界を考えて現実的な展望を持つ必要があることに変わりはない。しかしながら、海上安全保障、開発支援および北極圏といった課題分野において将来的な協力の可能性があるのは確かである。EUと日本の今後の経済および戦略的パートナーシップの成功は、いかにこの2者がそれぞれの利益と、国内の制約・反発や、地域や世界の動向との間でバランスを取ることができるかにかかっている。

注・文献

1) Ministry for Foreign Affairs of Finland, *Strategic priorities of the foreign service*. 3 May 2017, http://formin.finland.fi/public/download.aspx?ID=168470&GUID=%7BB4E32990-1DB4-4C7E-903B-8D6461A4AC71%7D（2017年6月15日閲覧）.
2) 日本外務省「日EU経済協定（EPA）に関するファクトシート」2017年12月15日. http://www.mofa.go.jp/mofaj/files/000270758.pdf（2018年1月29日閲覧）.
3) Akiko Fukushima, "Japan-Europe cooperation for peace and stability: Pursuing synergies on a comprehensive approach", *Policy Brief*, German Marshall Fund of the United States, Asia Program, April, 2015.
4) Glen D. Hook, Julie Gilson, Christopher W. Hughes, and Hugo Dobson, *Japan's International Relations: Politics, Economics and Security third edn*（London and New York: Routledge, 2012）, 307.
5) Axel Berkofsky, "*EU-Japan relations from 2001 to today: achievements, failures and prospects*", Japan Forum 24, no. 3（September 2012）, 283.
6) Ken Masujima, "*EU-Japan relations*." Chap. 41 in Knud Jorgensen, Aasne Aarstad, Edith Drieskens, Katie Laatikainen and Ben Tonra, eds., Sage Handbook of European Foreign Policy（London: Sage Publishing, 2015）, 584-597.
7) Marie Söderberg, "*Introduction: where is the EU-Japan relationship heading?*" Japan Forum 24, no. 3（September 2012）, 254.
8) Berkofsky, 2012, 274.
9) Hook et al., 2012, 275, 309.
10) Tsuruoka, Michito, "'Expectations deficit' in EU-Japan relations: Why the relationship cannot flourish", *Current Politics and Economics of Asia* 17, no. 1, 2008, 107-26.
11) *Japan Times*, 6 May 2014.
12) European Commission, *Countries and regions: South Korea*, 2017, http://ec.europa.eu/trade/policy/countries-and-regions/countries/south-korea/（2018年10月18日閲覧）.
13) European Commission, *Countries and regions: Japan*, 2017, http://ec.europa.eu/trade/policy/countries-and-regions/countries/japan/（2018年10月18日閲覧）.
14) European Commission, *Countries and regions: Japan*, Data are for 2015, 2017.（2018年10月18日閲覧）.
15) European Commission, "*Impact Assessment Report on EU-Japan Trade Relations.*" Commission Staff Working Document, Brussels, 18 July, 2012, http://trade.ec.europa.eu/doclib/docs/2012/july/tradoc_149809.pdf（2018年10月18日閲覧）.
16) 2016年時点。日本外務省「日EU関係」2018年2月, http://www.mofa.go.jp/mofaj/files/000112186.pdf（2018年10月18日閲覧）.

17) European Commission, *Malmström optimistic following Tokyo trade talks*, 3 July 2017, http://trade.ec.europa.eu/doclib/press/index.cfm?id=1682（2018年10月18日閲覧）.
18) Official Journal of the European Union. 5 June 2014, L166/3, http://eur-lex.europa.eu/legal-content/EN/TXT/PDF/?uri=CELEX:22014A0605（01）&from=EN（2018年10月18日閲覧）.
19) 本書第5章（エルヤ・ケットゥネン）で詳説されるとおり、フィンランドと日本の企業間貿易は EU 日間の貿易管理体制の中で行われる。フィン日間の通商関係の詳細について、特に関連企業の観点については、第5章を参照。

第 5 章

日本・フィンランド間の貿易
—— 自由貿易協定と企業立地 ——

エルヤ・ケットゥネン

はじめに

　本章では、フィンランドと日本の貿易関係、欧州連合（EU）と日本の自由貿易交渉、さらに2017年12月に妥結した協定[1]およびその他の国際貿易協定が、フィンランドと日本の企業の対外貿易に及ぼし得る影響について議論する。本研究では、国家間貿易協定、フィンランドと日本の貿易、貿易圏内外の企業の立地といったさまざまな観点から検討を試みる。企業は自由貿易協定（以下、FTAと略）の「エンドユーザー」であり、それゆえに国家間貿易交渉によって影響を受けるため、企業の視点は重要である[2]。過去10年において、フィンランドと日本の貿易は著しく減少しており（特に日本からフィンランドへの輸出は半減）、この変化の理由を分析することは重要である。貿易はさらに減少し続けるのか、そしてこの傾向の背後にある要因とは何か、貿易障壁がますます厳しくなったのか、この展開における国際貿易協定の役割とは何か、といった問いに対する答えを追究していく。

　世界貿易機関（以下、WTOと略）内での多国間交渉は進展が遅かったため、各国はそれぞれの主要貿易相手国と2国間貿易協定を結び、より素早い市場アクセスを求める結果となった。FTAは、世界中で速いペースによる交渉、妥結が行われており、昨今の国際貿易システムにおける際立った特徴と考えられている。その数は急速に増加しており、2017年12月までにWTOは約450件の2国間または地域間FTAの通報を受けており、その中の301件が発効され、さ

らに多くの協定が交渉中である[3]。何百ものFTAが平行・交差しており、それらFTAがつくり出すネットワークは、FTAの「スパゲティ・ボウル」、またアジアでは「ヌードル・ボウル」と呼ばれている[4]。これらのFTAは対外貿易と投資を自由化し、国家間の経済関係を強化するが、この傾向は特にアジアで強い[5]。近年、日本は速いペースで16件の地域FTAに調印したが、一方でEUは世界のさまざまな国や地域と40件近くのFTAを結んでいる世界最大の貿易圏である。フィンランドはEUのメンバーとして、ヨーロッパ共同市場とそのFTAの一部をなしている。日本の場合、長い間多国間貿易体制に頼り、2国間貿易協定には慎重なアプローチを取ってきた最後の「筋金入りの多国間自由貿易主義者」の1国であったため、貿易政策におけるこの方向転換は比較的最近のことである[6]。

現代の日本の対外貿易の特徴は、正式な貿易協定締結ではなく、経済の地域化である。1970年代以降、主に日本・アメリカの企業による投資によって、東アジアや東南アジアで国境を越えた生産ネットワークが発展し始めた。これが可能になったのは、この地域内の産業クラスター間で物流接続が良好で、そういった産業クラスターの経済活動が集積されていたためだった[7]。成長の中心である産業の間で、ある国から原料と部品を別の国に輸出し、完成品をさらに第三国へ輸出する、という貿易ネットワークがあったことで、こういった地域における対外貿易の成長が促進された。しかし、貿易を自由化するための国家レベルの協力は、1990年代に入って初めて東南アジア諸国連合（ASEAN）とそのFTA（ASEAN自由貿易地域）内で開始された。その結果、国家間の協力は急速に進展し、2000年代のアジアでは、地域としては最多の2国間FTAが調印された[8]。日本、中国、韓国の3国間協定など、複数の交渉が現在進行中であるが、その多くは国家間の政治的緊張により進行は遅い。また、EUは2007年「グローバル・ヨーロッパ」戦略に基づき、持続可能な開発と、EUのアジアでのプレゼンス強化を目指して、アジアで複数国と自由貿易交渉を行っている[9]。

1. 日本・フィンランド間の貿易

　フィンランドと日本の貿易関係は、フィンランドの独立前から徐々に発展し始めていた。ユハ・サヒ（2016）によると、フィンランドの輸入に関する最初の統計は1904年のものであるが、茶と米は19世紀末から20世紀初頭に日本からフィンランドに輸入されていたと考えられる[10]。同様に、フィンランドの紙も、公式輸出統計が出たのは1920年代になってからだったが、19世紀末に仲介者を通して日本に輸出されていた。外交関係が樹立されたことと、アジアで最初の在外公館として1919年に東京にフィンランド大使館が設置されたことで、2国間の貿易関係はさらに強化された。第二次世界大戦後、国際的な保護貿易主義政策によって状況は難しくなったが、フィンランドにとっては、ヨーロッパの統合、また1950～60年代の自由貿易の発展によってその状況は緩和された。日本もまた、ヨーロッパの状況変化と、関税および貿易に関する一般協定（GATT）交渉の進展に応えるように、対外貿易の自由化に踏み出した[11]。フィンランドは日本と1961年に2国間貿易協定を締結し、特に自動車、機械および械器を輸入し、すぐに日本はフィンランドの最大貿易相手国の一つになった。自動車メーカーの日産は、長期にわたりヨーロッパの輸出市場を調査し、1962年、ヨーロッパ発の輸出先としてフィンランドにダットサンの輸出を開始した。これにより、フィンランドはヨーロッパ市場への入り口となった[12]。一方で、フィンランドから日本への輸出は主に紙、板紙およびパルプで、輸入と比較すると明らかに低水準にとどまった。しかしこの輸入によって、日本は1960年代半ばから1970年代半ばまでフィンランドにとってアジア最大の貿易相手国となり、同時にヨーロッパ外ではアメリカに続き第2位の貿易相手国であった。

　この2国間貿易は、1980～90年代において継続して成長し、当時の両国間での直接投資の伸びによって増進した（ユハ・サヒによる本書第6章参照）。フィンランドの日本からの輸入額は長年にわたり輸出額の2倍であったため、フィンランドは顕著な貿易赤字を被った。1990年、フィンランドの輸入合計における日本のシェアは6%を超えたが、一方で輸出のシェアはわずか1.5%であった。輸入額は2000年が最高で、ほぼ20億ユーロであった[13]。それ以降、輸入額の減

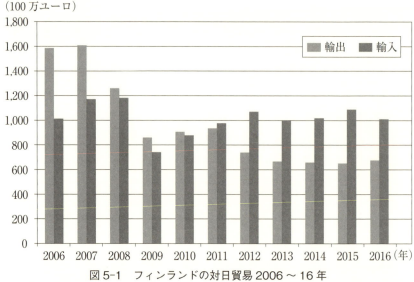

図 5-1　フィンランドの対日貿易 2006 〜 16 年
出典：フィンランド税関 "Suomen ja Japanin välinen kauppa" Tilastot. M10.（2017 年 5 月 30 日）(『フィンランド・日本間の貿易統計』（フィンランド語)) ヘルシンキ：税関（2017）．

少は顕著で、近年では 7 億ユーロを下回っている。対照的に、フィンランドの対日輸出は 2000 年代を通して毎年約 10 億ユーロを保ってきた。2011 年には、フィンランドの貿易収支は黒字転換した（図5-1）。フィンランドの最重要輸出品は現在も変わらず木材、紙、板材および金属であり、一方で輸入品は自動車、電気機械、機器となっている[14]。

　フィンランド税関の統計によると、フィンランドの対外貿易における日本のシェアは明らかに減少している。フィンランドの輸入合計における日本のシェアは、2007 年にはまだ 3%近くあったが、2017 年にはわずか 1%となった。輸出では、日本のシェアは反対に若干増加し、約 2%となっている。それと同時にフィンランドの中国との貿易が急成長し、日本はフィンランドにとってのアジア最大貿易相手国の地位を失う結果となった。日本は現在 2 位であるが、他の相手国の中でもとりわけ韓国および台湾が追い上げてきており、特に韓国からの輸入は、近年では日本からの輸入額と肩を並べている。製品構成では、フィンランドの対日輸入は主に工業製品で、最も重要なのは電気機器、エンジンおよび産業機

械、輸送用機器である。さらに、化学薬品と化学製品も輸入されている。一方で、フィンランドの対日輸出は木材産業に頼っており、驚くほど原材料に偏っている。最大の輸出品は挽材・原木、木材製品、紙、板材である。その他の重要品目は金属・金属製品、産業機械・機器である[15]。これは、すでに物が潤沢で、要求の多い日本市場における厳しい競争状態を示している。

 2国間の貿易が減少している主な理由は、企業の国際化と、その企業による第三国からの日本ないしフィンランドへの輸出である。フィンランド企業は国外拠点からも日本に製品を輸出しており、そういった輸出は、貿易統計上はそのホスト国から日本への輸出として記録される。こういったものには、フィンランド企業が所有するヨーロッパの生産工場から日本への木材や紙、金属の輸出や、同様にアジアの工場からの紙や通信機器、計器の輸出が含まれる。同じことが日本企業にも当てはまり、ヨーロッパの各地からフィンランドに自動車や電子機器、機械を輸出している[16]。企業は市場の近くに生産拠点を移転させており、フィンランドの木材加工産業や電子通信機器の生産拠点の一部は中国などに移転し、そこから他のアジア諸国への販売を行っている。また日本車メーカーは、日本からの自動車輸出に課せられるEUの高い輸入関税を回避するため、ヨーロッパ各地に工場を所有している。在日フィンランド商工会議所（FCCJ）の推定によると、在日フィンランド企業の総売上高は、彼らの本国からの直接輸出と比較して3.5倍であり、サービス貿易（航空輸送、通信および機械のサービスなど）を含めるとさらに増える。

2. 日本・フィンランド間の貿易障壁

 対外貿易は、各国政府の通商政策（特に輸入規制）と、消費者の嗜好、国内規制（製品の技術要件など）、規則の施行に関する各地域の慣行といったさまざまな文化的・制度的要因を含む貿易障壁の影響を受ける。非公式的な貿易障壁としては、規則施行における不明瞭さや不要な事務手続き、また極端なケースでは当局の自由裁量や腐敗といった要因が挙げられる。企業が役所とやりとりする中、こういったホスト国の制度環境に出くわすことは往々にしてあり、新興経済国ではよく見られる現象である[17]。政府の通商政策には一般的に、関税、輸入割当、

輸入禁止、ダンピング対策などのさまざまな政策的手段がある。1995年のEU加盟以降、フィンランドはヨーロッパの共通通商政策に沿った政策を採っているが、一方で日本は独自の通商政策を適用している。

表面上は、フィン日貿易における貿易保護は、産業化が進んだ他の先進経済国と比較すると、両国で類似している。先進国は一般的に、国内産業を保護する発展途上国に比較すると貿易障壁は低いが、それは世界市場での競争力を伸ばすためである。しかし、日本とEUの間には、どの通商政策的手段を実施するか、またどの産業を保護するかといった点で際立った違いがある。この違いは、特定の製品部門の関税、非関税障壁および国内規制・制度等による貿易障壁に見られる。

関税による保護は、先進経済国の水準を反映して日本とEUは比較的類似しており、平均輸入関税は約6％となっている。工業製品に対する関税は約4％、農産物に対しては14～16％（表5-1）となっているが、日本の平均関税は、工業製品に対してはこれよりわずかに低く、農作物に対しては少し高い。これらは、「最恵国待遇（MFN）」関税率と呼ばれる。日本とEUは、それぞれがFTAを発効し低税率または無税としている国々からの輸入を除き、これをすべての貿易に適用している。日本の全関税品目の約40％が無税で、これはかなり多くの品目で貿易が自由化されていることを示している。その一方、EUでは無税の関税品目の割合は著しく低く、24％となっている。

しかしながら、関税による保護は製品カテゴリーによって大いに異なる。日本の輸入関税は、履き物と帽子（一律30％）、調製食料品、植物性生産品などに対しては高い。対照的に、機械、輸送機器、パルプと紙、精密機械の輸入は実質的

表5-1　日本とEUの関税率（2016）

	日本	EU
平均MFN関税率（％）	6.1	6.3
農作物（HS01-24）	16.3	14.1
農作物以外（HS25-97）	3.6	4.3
免税の関税品目割合（全体に対する％）	40.4	26.1

出典：WTO, *Trade policy review: Japan*, 2017, 33; WTO, *Trade policy review: The European Union*, 2017, 48.

に無税である[18]。これはフィンランドの紙輸出などにとっては有利である。その一方で、EU では、自動車両、電子機器および機械の輸入に対する輸入関税率は最も高い。これらは日本の輸出を明らかに制限するものであり、例えば、日本の自動車メーカーが各社の生産工程の大部分を EU の関税障壁内に移転したのはこれが理由である。

特定の産業に対して高い関税率を設定することは、EU の主要な通商政策手段であるが、一方で日本はさまざまな非関税障壁を適用している。これには、貿易への技術的障壁（国家規格や証明書など）、外国投資に関する制限、特に EU を対象とした外資系企業に対する差別的規制がある。EU と比較すると日本市場は閉ざされており、その原因となっているのは、数多くの国内規制・制度等による障害や、外国人になじみにくい日本のビジネス文化、国産品嗜好が強い現地の消費者基盤といったことが挙げられる[19]。日本経済は、輸出と外国直接投資両方の観点から見ても、OECD の影響が最も浸透していない市場の一つとなっている[20]。日本は複雑かつ時に不透明な規制によって、農業や食糧生産といった重要産業を国際競争から保護してきており、国際標準の技術要件や規格の多くを受け入れていない[21]。こういったことは、EU といった貿易相手と日本の貿易交渉において、難題となってきた。

3. EU と日本の FTA 交渉

FTA に向けた EU と日本の交渉は、2 年の準備を経て 2013 年に始まった。これは日本と EU の関係が変化したことが大きい。それ以前の両者は、対話の枠組みや指針を厳密に定義した詳細文書に基づき、20 年にわたって関係を構築してきた[22]。その一例が 100 を超える協力項目を対象とする 2001 年の行動計画である（バート・ガンズによる第 4 章を参照）。そのような関係が変化したことを表していたのが 2011 年首脳協議後に出された声明だった。この声明の中で、日本と EU は 2 領域での交渉開始に合意したことが発表された。1 つ目は自由貿易・経済連携協定であり、2 つ目は政治、グローバル、分野別の協力に関する拘束力を有する協定である。また、安倍首相が率いる新政権が、アベノミクス政策の「第 3 の矢」の一環として FTA に前向きであったことも助けとなった[23]。こ

れは両者の関係においてきわめて重要であったし、実際の貿易交渉が比較的速いペースで開始されたことから、さらにその重要性は増した。

　日本の迅速な行動の主な要因の一つは、日本と競合する韓国が2つの貿易大国、EUならびにアメリカと、それぞれ2011年、2012年にFTAを発効したことだったようだ。韓国によるこれらの協定は主要輸出市場での貿易に急成長をもたらした。一方、日本車はEUおよびアメリカでの輸出シェア減少に直面しており、そういった状況では、韓国の突然のコスト優位性に対し、日本では懸念が巻き起こった[24]。これは、日本政府が環太平洋パートナーシップ協定（TPP）交渉の枠内で、EUおよびアメリカとのFTA交渉開始を目指す動機となった。さらに日本の背中を押したのは、シンガポールとベトナムがEUとFTA交渉妥結に至った速さだったともいえる。これらは同様に、EUによるアジア諸国との現在進行中および今後の交渉にとってのモデルになるかもしれない[25]。

　2017年夏までにEUと日本は18回の交渉会合を持ち、そして12月に両者は交渉の妥結を発表した。この協定は、両者にとって最大かつ最も包括的なものの一つで、また世界規模で見ても広範囲に及ぶもので、人口6億人、世界の国民総生産の30％に影響するものである[26]。この協定によって、EUから日本への輸入業者が支払っていた年間約10億ユーロの関税の大部分が撤廃されることになる[27]。関税撤廃に加え、このFTAは、規制環境の予測可能性を向上させることが期待されている。現在の障壁（特に関税）は国際的に見て、少なくとも許容できるものの、EUの具体的な目標は、外国企業にとってさまざまな形で立ちはだかる日本の規制環境を緩和することである。これはEUの他の新時代FTA（特に韓国、シンガポールとの協定）についても同様であり、商品貿易やサービス、公的調達、技術的障壁に関する規制撤廃を目指すものである[28]。特に政府が要求する証明書や国家規格は、企業にとって時間的にも費用的にも重荷になってきた。

　EUの目的は、特に食品や飼料、加工食品分野で、関税や規制、非関税障壁を削減することによって日本市場を開放することである[29]。しかしながら、保護手段に見られる「非対称性」（関税と非関税障壁の対立）が、このFTA交渉に難しい状況をつくり出した[30]。EUは、日本のビジネス環境における規制措置の緩和を特に要求する必要があったが、こういった緩和に向けた交渉や、実際に緩和を実施することは難しいと思われていた。

日本のビジネス環境は外国企業にとっては対応が難しいことで知られているため、EUの懸念も理解できる。世界銀行は2004年から、ビジネス環境のさまざまな細目を測定し、ビジネスのしやすさに基づいて国を順位付けする、「ビジネスのしやすさ」指標を発行している。この指標は、規制がビジネス活動を促進するのか、それとも抑制するのかに基づき、各国の規制環境の効率性を表している。表5-2は、190か国中の日本とフィンランドの2018年の総合順位と、事業設立、貿易、契約執行の3つの細目での両国の順位を示している。

表5-2　日本とフィンランドのビジネスのしやすさ（2018年）

	日本	フィンランド
ビジネスのしやすさ（N=190）	34	13
事業設立	106	26
貿易	51	34
契約執行	51	46

出典：世界銀行「ビジネス環境の現状2018（Doing Business 2018）」（2017年）

フィンランドでのビジネス（13位）は日本（34位）に比べて明らかに円滑であり、3つの細目すべてにおいて上位である。日本では、会社の設立が難しい（106位）だけでなく、対外貿易もフィンランドより明らかに円滑ではない。日本のビジネス環境を、EUがFTAを発効（韓国）、または交渉を妥結した（シンガポール、ベトナム）アジア諸国と比較すると、韓国とシンガポールはかなり上位（それぞれ5位と2位）だが、一方でベトナムの規制環境（68位）は著しく厳しい[31]。EUの交渉目標はアジア諸国すべてに対してある程度共通しているため、この指標は日本との交渉の難しさを評価する上での基準となる。

しかし、この指標は、特定の許可取得手続きにかかる最低所要時間など、公的な規制を評価しているにすぎない。現地当局の慣行や手続きのスピードなど、実際の手順や個々の企業の経験は測定していない。EUは、ヨーロッパ企業が日本での事業を円滑に進められるようになること、日本の製品規格や、技術的障壁に関連する国内規制・制度等の障壁を特に削減していくことを目指していたので、前述のことも踏まえると、日本の特徴的なビジネス環境が交渉を難化させていたと考えることができる。EUは、これらの一部は実際の交渉が始まる前にすでに

対処されていたと断言している。交渉を開始する条件として、EUは、日本に非関税障壁の一部を取り除くことを要求していた。また、EU側も関税引き下げを行ったが、これは、日本側も引き換えに効果的な規制改革を行い市場を開放することを条件としていた[32]。

4. FTAの影響

EUと日本のFTA交渉は世界規模の通商政策の観点から行われ、この協定は両者の貿易パートナーシップのネットワークを補完することになる。EUと日本はともにこの領域において意欲的で、現在複数の2者間貿易交渉を進めている。しかしこの2者には違いがある。EUは40件近いFTAでつながるさまざまな国・地域との複雑な関係を有しているが、その一方で日本はFTAを調印した16件の相手のほとんどがアジア諸国である[33]。したがって、この協定を発効する上での出発点は異なっている。

FTAは、対外貿易の規制環境の一部を形成し、その枠組みにおいて国際企業は活動を行う。前述のとおり、最近のフィンランド企業による対日輸出の大部分は、実際にはアジアまたはヨーロッパの他国から行っているものであり、日本企業の対フィンランド輸出も同様である。特に、日本企業は自動車などに課せられるEUの高い輸入関税を回避するためにヨーロッパに拠点を置き、一方でフィンランド企業は中国で大規模生産活動を行い、そこからアジアの近隣市場に輸出している。いずれの場合も、当該企業の輸出は、それぞれのホスト国が輸出市場国と結んでいる貿易協定の影響を受ける。

EUの域内貿易は完全に無税であるが、例えば日本と中国間の貿易は、この両国が相互のFTAを発効していないため無税ではなく、日本、中国、韓国間での交渉が進行中ではあるが、そのようなFTAは視野に入れていない。中国から日本への輸出は日本の輸入政策の対象となる。換言すれば、中国からの輸入品は日本の輸入税やその他の規制の影響を受ける。EUの対日輸出においては、EU側は、EUからの輸入品に対する日本の通商政策に基づいて取り扱われる。EUと日本のFTAが発効した際には、フィンランドおよびEU全体の対日貿易から関税が撤廃される。これによってEU地域と日本の貿易、特にそれまで強固な関税

保護があった分野の貿易が増えることが期待される。例としては、日本への食料品の輸出、EU地域への日本車の輸出が含まれている。

EUと日本の交渉の最終結果と、FTAが現実に及ぼし得る影響は、一連のプロセスが進むにつれて評価できるようになる。この協定が締結され、関税の引き下げが比較的速いペースで行われることもあり得るが、それ以外の貿易障壁の撤廃にはもっと時間がかかるかもしれない。特に、文化的に根付いている規制部分については変更がさらに難しい場合が多い。これには、企業活動に影響を及ぼす多くの社会規範、暗黙のルールや慣行といったものがある。企業側からすると、FTAは建て前にとどまり、実際にはうまく機能しないかもしれない。これはアジアの途上国経済において特によく起こることである[34]。協議中の課題が交渉において合意され、決議が協定書に成文化されたとしても、草の根レベルでのそれらがどう実施されるかは、FTAによる新たな規則が現地当局によってどのように実施されるかにかかっている。協定の実施には結局、外国企業がホスト市場で日々直面する文化に根差した慣行が反映されるのである。

注・文献

1) 日本側からは、この自由貿易協定は日EU経済連携協定（EPA）と呼ばれる（European Commission, *"EU and Japan finalise Economic Partnership Agreement"*, Press Release, Brussels, 8 December 2017. Ministry of Foreign Affairs of Japan. *"Japan-EU Summit Telephone Talk"*, December 8, 2017）。

2) Erja Kettunen, "Exploring the business view on ASEAN integration", *Gränsöverskridande – en vänbok till Claes-Göran Alvstam*, ed. Linda Berg, Inge Ivarsson, Rutger Lindahl & Patrik Ström (Centrum för Europaforskning vid Göteborgs universitet, 2016); Masahiro Kawai & Ganeshan Wignaraja (eds.), *Asia's Free Trade Agreements. How is Business Responding?* Asian Development Bank & ADB Institute. (Edward Elgar Publishing, 2011).

3) WTO, *Regional trade agreements*, https://www.wto.org/english/tratop_e/region_e/region_e.htm（2017年12月13日閲覧）。

4) Jagdish Bhagwati, *Termites in the Trading System: How Preferential Agreements Undermine Free Trade* (Oxford: Oxford University Press, 2008); Masahiro Kawai & Ganeshan Wignaraja, *The Asian "Noodle Bowl": Is it serious for business?* ADBI Working Paper 136 (Tokyo: Asian Development Bank Institute, 2009).

5) 例として Andreosso-O'Callaghan Bernadette, Jacques Jaussaud and M. Bruna Zolin (eds.), *Economic Integration in Asia: Towards the Delineation of a Sustainable Path*, (Palgrave Connect, 2014); Brennan, Louis and Philomena Murray (eds.), *Drivers of Integration and Regionalism in Europe and Asia. Comparative perspectives*, (Oxon & New York: Routledge, 2015); Masahisa Fujita, Ikuo Kuroiwa and Satoru Kumagai (eds.), *The Economics of East Asian Integration: A Comprehensive Introduction to Regional Issues* (Cheltenham: Edward Elgar, 2011).

6) Mireya Solís, "Can FTAs deliver market liberalization in Japan? A study on domestic political determinants", *Review of International Political Economy* 17, 2, 2010, 209-237.

7) 例として Claes-Göran Alvstam, Harald Dolles and Patrik Ström (eds.), *Asian Inward and Outward FDI. New Challenges in the Global Economy*, (Basingstoke: Palgrave Macmillan, 2014); Ikuo Kuroiwa and Satoru Kumagai, "A history of de facto economic integration in East Asia", *The Economics of East Asian Integration: A Comprehensive Introduction to Regional Issues*, eds. M. Fujita, I. Kuroiwa and S. Kumagai (Cheltenham: Edward Elgar, 2011), 15-50.

8) Masahisa Fujita, Ikuo Kuroiwa and Satoru Kumagai (eds.), *The Economics of East Asian Integration: A Comprehensive Introduction to Regional Issues*; Lindberg, Lena and Claes-Göran Alvstam, "The ambiguous role of the WTO in times of stalled multilateral negotiations and proliferating FTAs in East Asia", *International Negotiation* 17, 1, 2012, 163-187.

9) Erja Kettunen and Claes G. Alvstam, "Free trade agreements and responsible business: Examples from the EU's bilateral agreements in East and Southeast Asia", *Proceedings of the 22nd International Euro-Asia Research Conference*, 21-23 June 2017, University of Parma, Italy.

10) Juha Sahi, *Verkostot kaukaiseen itään. Suomen kauppasuhteet Japaniin 1919-1974*, Acta Universitatis Ouluensis B 138 (Oulu: Oulun yliopisto, 2016), 63-65. [Networking With the Distant East. Finland's Trade Relations with Japan 1919-1974; in Finnish.]

11) Sahi, *Verkostot kaukaiseen itään. Suomen kauppasuhteet Japaniin 1919-1974*, 453.

12) Embassy of Japan in Finland. Suomen ja Japanin väliset suhteet, http://www.fi.emb-japan.go.jp/fi/suhteet.htm（2017 年 12 月 13 日閲覧）. [Relations between Finland and Japan; in Finnish.]

13) 2000 年の輸入額はおよそ 120 億フィンランドマルッカに達した（Finnish Customs. *Suomen ja Japanin välinen kauppa*. Tilastot. M18. 14.12.2001. (Helsinki: Tullihallitus, 2001)［Trade between Finland and Japan. Statistics; in Finnish.］)。

14) Finpro. *Maaraportti Japani* (Helsinki: Finpro, 2010). [Country report Japan; in Finnish.]

15) Finnish Customs. *Suomen ja Japanin välinen kauppa*. Tilastot. M10, 30.5.2017

(Helsinki: Tulli, 2017), 6, 4. [Trade between Finland and Japan; in Finnish.]
16) FCCJ. Trade between Japan and Finland 1985-2016, http://www.fcc.or.jp/trade.php （2017 年 12 月 13 日閲覧）.
17) Päivi Oinas and Erja Kettunen, "Realities of responsible business: Institutional and structural conditions in MNE-local government bargaining", *Managing Culture and Interspace in Cross-border Investments: Building a Global Company*, eds. Martina Fuchs, Sebastian Henn, Martin Franz and Ram Mudambi (New York and Oxon: Routledge, 2017); Erja Kettunen, "On MNC-Host Government Relations: How Finnish Firms Respond to National and Regional Policies in ASEAN", *Copenhagen Journal of Asian Studies* 34, 2, 2016, 54-76.
18) WTO, *Trade policy review: Japan*, 2017, 34.
19) EPRS, Prospective EU-Japan free trade agreement. Briefing, International Agreements in Progress (European Parliamentary Research Service, 2016).
20) David Kleimann, "*Negotiating in the Shadow of TTIP and TPP: The EU-Japan Free Trade Agreement*", Policy Brief (The German Marshall Fund of the United States, 2015).
21) EBC, *Golden Opportunity. The EBC Report on the Japanese Business Environment* (The European Business Council in Japan & The European Chamber of Commerce in Japan, 2015).
22) Marie Söderberg, "Introduction: where is the EU-Japan relationship heading?" *Japan Forum* 24: 3, 2012, 249-263.
23) 例として Claes-Göran Alvstam and H. Richard Nakamura, "EU-Japan Free Trade Agreement negotiations – Stuck between TPP and TTIP?" Paper at the *31st Euro-Asia Management Studies Association conference*, 29 October -1 November 2014, Thammasat University, Bangkok.
24) David Kleimann, *Negotiating in the Shadow of TTIP and TPP: The EU-Japan Free Trade Agreement*, 21.
25) Claes-Göran Alvstam, Erja Kettunen and Patrik Ström, "The service sector in the Free Trade Agreement between the EU and Singapore: closing the gap between policy and business realities", *Asia-Europe Journal* 15, 1, 2017, 75-105; Pollet-Fort, Anne, *The EU-Korea FTA and its Implications for the Future EU-Singapore FTA*, Background Brief No. 4 (Singapore: The EU Centre, 2011).
26) European Commission, *Joint Statement by the President of the European Commission Jean-Claude Juncker and the Prime Minister of Japan Shinzo Abe*. News, Brussels, 8 December 2017.
27) European Commission, *EU and Japan finalise Economic Partnership Agreement*.

28) Erja Kettunen, "Vapaakauppasopimusten nuudelikeitto", *Kauppapolitiikka*, 3, 2016, 26; Claes-Göran Alvstam, Erja Kettunen & Patrik Ström, "The service sector in the Free Trade Agreement between the EU and Singapore: closing the gap between policy and business realities".
29) EPRS, *Prospective EU-Japan free trade agreement*. Briefing, International Agreements in Progress (European Parliamentary Research Service, 2016).
30) David Kleimann, *Negotiating in the Shadow of TTIP and TPP: The EU-Japan Free Trade Agreement*.
31) The World Bank, *Doing Business 2018. Reforming to Create Jobs* (Washington DC: The World Bank, 2017).
32) David Kleimann, *Negotiating in the Shadow of TTIP and TPP: The EU-Japan Free Trade Agreement*, 5.
33) WTO, Regional trade agreements, World Trade Organization, https://www.wto.org/english/tratop_e/region_e/region_e.htm (2017年12月13日閲覧); MOFA, Free Trade Agreement (FTA) and Economic Partnership Agreement (EPA), Ministry of Foreign Affairs of Japan, http://www.mofa.go.jp/policy/economy/fta/ (2017年12月13日閲覧).
34) Erja Kettunen, "On MNC-Host Government Relations: How Finnish Firms Respond to National and Regional Policies in ASEAN?", *Copenhagen Journal of Asian Studies* 34, 2, 2016, 54-76.

第 6 章

成長の経路
—— 2000 年代までの日本・フィンランド間の外国直接投資 ——

ユハ・サヒ

はじめに

　本章の目的は、フィンランドと日本の外国直接投資（以下、FDI と略）の成立と発展について、また 2 国間貿易だけでなく多国間貿易の枠組みにおいて投資が担ってきた役割について検証することである。第二次世界大戦後の数十年間において、フィンランドや日本などの市場経済国は、2 国間・多国間貿易の足かせとなっていた貿易政策の障壁を削減することや、資本移転を求めてきた。それ以降、外国直接投資は自由貿易の促進力として広く考えられているため、直接投資の問題（投資額、投資構造・結果の発展）はますます重要な研究テーマとなっている。FDI によって、新たな資本、テクノロジー、商慣行、リーダーシップ、さらには海外市場への貿易経路の移転が可能になる[1]。こういった経済的メリットにより、FDI は 2 国間貿易だけでなく、複数の国の間での多国間貿易においても利益をもたらす。

　FDI は、ターゲット国の既存または今後設立される企業への資本移転である。投資家が直接投資を行う主な目的は、投資先企業の経営（マネジメントとコントロール）に参加することである。具体的には、外国資本の割合が 10 〜 100％の企業への投資を指す。外国人持ち株比率が 100％未満の場合、言い換えればその企業は外国資本によって完全にコントロールされてはおらず、これは外国と国内の複数投資家が所有するいわゆるジョイントベンチャーである[2]。

　直接投資ではたいてい、ターゲット市場でのビジネス活動に長期的にコミッ

トすることが求められる。ビジネス活動は、工業生産と販売活動に分けられ、これらによって投資家がターゲット国やターゲット市場へ参入することが可能になる。産業投資とは、商品やサービスを生産する施設のすべてまたは一部の所有権を獲得することである。一方、販売および駐在活動への投資は、営業所や駐在員事務所の開設を含み、投資家の製品およびサービスの販売・市場への売り込みや、ターゲット国での当該企業の市場地位の確立を目的としている。営業所とは異なり、駐在員事務所の目的は商品取引ではなく、市場情報収集と取引先候補とのコネクションづくりである[3]。

本章では、①営業所と駐在員事務所および②外国人持ち株比率が最低10％ある産業施設に対する直接投資を調査した。これに関連して、いわゆる証券投資(外国株式市場からある企業の株式や債券を購入することによる投資)は、ここでは特に検討しないことを強調しておかなければならない。証券投資の主な目的は、配当から利益を得ることであり、FDIのように会社のマネジメントに関与することや、ターゲット市場で販売活動を始めることではない[4]。

本研究は、フィンランドと日本が経済協力を深める上で直接投資が担った役割を、2000年代までの投資構造・投資額の調査や、より広い国家的視点およびグローバルな視点からの考察を通じて明らかにする。本章ではケーススタディを通して、フィンランドと日本で直接投資を行ったフィンランド企業と日本企業数社を検証する。

1. 1960年以降にFDIを妨げた政府規制の撤廃

FDIは、政府がその実施に関してリベラルな姿勢を取れば可能である。具体的には、ターゲット国の法律や政府が、外国人株式保有と資本移転に対して少なくとも比較的好意的な態度を取っていることを指す。フィンランドでは、いわゆる「規制法」(*rajoituslaki*)が50年近く発効しており、1939年以降、程度の差はあれども外国投資、すなわち外国人による不動産取得の権利は厳しく規制されていた。この法律では、特にフィンランドの重要企業は、外国人による100％または一部の株式取得を認めるためには政府に許可を申請することが必須であると規定されていた。このため、フィンランドの大手企業の多くは、各社の付属定款

で外国人持ち株比率を最大 20% に制限する、いわゆる「外国人条項」を設けていた[5]。

規制法によってフィンランドへの投資を制限されていたにもかかわらず、政府当局は海外からの投資に対してかなりリベラルな姿勢を取っていた。これを示唆するのは、フィンランド政府が 1967 年に公表した政策綱領である。この中では、新たな産業を確立するために、直接投資の形で外国資本を呼び込むべきとされている。理論上、この声明は林業と鉱業を除いたすべての産業を視野に入れていたが、これはフィンランドの天然原材料資源は「かなり限られている」と考えられていたためである[6]。この声明の影響で、2 国間形式により、外国人によるフィンランド企業の買収だけでなく、フィンランド国内での外資系企業の新設についても許可され始めた。1980 年代末までには、フィンランドへの投資を制限する政府の規制や慣行は、他の西洋諸国の状況と比較してかなりリベラルになったと見られる。しかしながら、外国人による不動産所有を制限する法律規定（1939 年）がやっと撤廃されたのは 1993 年初頭であった[7]。これはフィンランドが欧州連合に加盟する 2 年前のことであった。

日本では、1930 年代に外国人による民間企業の株式所有が厳しく制限されるようになり、企業は政府の厳しい指導の下で活動していた。日本における連合軍占領期（1945 ～ 52 年）には、外国投資はどの産業部門においても許可されていなかった。外国からの投資を制限するこの姿勢は、占領が終わった後も大きな変化はなかったが、これは 1950 年の外国投資法により投資が妨げられていたためで、日本銀行、通商産業省といった公的機関が複雑で融通の利かないライセンス制度を設けていた。日本企業は外国の新技術を取り入れることを奨励される一方、日本企業と競合する外国企業は、日本に子会社を設立することを妨げられていた。政府の規制により、1950 ～ 60 年代、子会社または日本のパートナー企業とのジョイントベンチャーを設立するために直接投資を許可された外国企業はごくわずかであった。多くの場合、投資許可を得たのは、日本企業が持っていない特別な技術知識を提供することができた企業などであった[8]。

日本への外国資本流入自由化のプロセスは、日本が 1964 年に OECD に加盟した後に始まった。3 年後の 1967 年、日本政府は正式に直接投資自由化措置を開始した。当初、この措置はかなりゆっくり実施されていたが、理由の一つは、

最初に自由化された産業部門が日本企業の競争力が非常に高かった鉄鋼業などの業種であったことである。このため海外からの投資の流れはゆるやかだった。しかしこの自由化措置は、1970年代初頭にさまざまな産業部門で直接投資を完全または一部で自由化する方向で継続された。1980年代初頭には、日本の貿易・産業部門は大部分が直接投資に対して自由化されていたと見られる[9]。

前述の事柄に基づき、フィンランドと日本において直接投資の流入を妨げる政府規制は1960年代以降撤廃され、それによって両国は1990年代までにそれぞれ商業・産業部門を自由化したといえる。この進展により、民間企業は直接投資によって両国の市場に参入して事業を拡大することが可能となった。本章では次節以降、販売および駐在活動だけでなく、産業活動への直接投資の発展についても全体像を検証する。

2. 販売および駐在活動への直接投資[10]

初期のフィン日貿易では、企業間関係は間接的、半直接的な企業ネットワークへと発展した。間接ネットワークの場合、ターゲット市場外のロンドンやハンブルグといった商業中心地などに拠点を置く貿易仲介者を利用し、企業は輸出入を行っていた。一方、半直接ネットワークでは、企業はターゲット市場内で活動している仲介者を利用した。フィンランドセルロース組合（Finnish Cellulose Union、以下フィンセル）は、販売代理店ペレ＆ウォール（Perret & Wahl）を通し、早くも1922年に日本への半直接輸出ネットワークを確立し、先駆的な事例を作り上げた。この大阪拠点の代理店は、もともとは2人のフィンランド人ビジネスマンが横浜で設立した会社で、1950年代初頭に社名をフィンランド・日本トレーディング株式会社（Finland Japan Co., Ltd.、以下、FJTと略）に変更した。FJTはフィンセルにとってきわめて重要な取引上のつながりであり、この2国間での商品の輸出入を望む他のフィンランド企業にとっても同様であった。FJTは第二次世界大戦後に日本人がオーナーになったことから、少なくとも長期的に見ると、フィンランドの日本への投資と見なすことはできない。

仲介者を入れない貿易経路である直接ネットワークは、フィンランドと日本の2国間貿易が自由化された1960年代初頭以降になってようやく一般的に見られ

るようになった。貿易政策障壁の撤廃によって、企業はさらに自由に企業間のつながりを構築することが可能となった、というより、さらに収益を上げることができるようになった。この機会を利用した企業は多かったが、その一つが、1964年に住友ベークライト株式会社と直接提携を開始したフィンランドの家具店アスコ社（Asko Oy）であった。アスコ社の許可を受け、住友ベークライトは日本でアスコ社の家具を販売する日本アスコ株式会社という日本資本100％の会社を設立した。日本アスコも「アスコ」の名称を社名に使い、フィンランド製家具のマーケティングのために設立された販売会社であるが、FJTの事例と同様に、直接投資にはならない。

　1970年代初頭、日本は商業・産業部門における直接投資を自由化したため、フィンランド企業数社が日本市場への直接投資の最初の波に加わった。こういった企業の多くはフィンランドの林業業者で、その目的は既存の市場での自社の地位の強化、または日本市場への初参入であった。当時フィンランド最大の工業会社であったエンソグッツァイト社（Enso-Gutzeit Oy）はエンソ極東社（Enso Far-East Company）という自社の駐在員事務所（極東、オーストラリア、ニュージーランドを管轄する支社）を1971年に大阪近郊に開設した。4年後の1975年にエンソ社は、日本をはじめとする東アジアおよび東南アジア、オーストラリア、ニュージーランドの各地で、紙やボール紙のマーケティング事業を行う販売会社ユーロカンエンソ極東社（Eurocan-Enso Far East Co., Ltd.）を共同設立した。

　エンソグッツァイト社とほぼ同時期の1970年前後、フィンランド製紙業協会（Finnish Paper Mill's Association、以下フィンパップ）が日本市場に再参入した。1975年、同協会は東京にフィンパップ駐在員事務所を開設し、1980年代には日本側パートナーの丸紅株式会社、大永紙通商株式会社とともに、日本フィンパップ株式会社という販売会社を設立した。日本フィンパップ株式会社は、フィンパップが日本市場での地位を拡大・強化するために同協会の主導で設立したジョイントベンチャーであり、実際に日本市場はフィンパップのアジアでの販売にとって最重要マーケットとなった。

　直接投資により、エンソグッツァイト社とフィンパップは日本市場との長期的なネットワークを得ることに成功し、それによって輸出を拡大した。これらの企業にとっての直接投資の現実的、そして本質的意義は、日本市場での活発な販売

業務にコミットすること、つまり、日本側パートナーや顧客と協力することだった。ターゲット市場とのこういった直接的なつながりは、その後の数十年において他のフィンランド企業の投資を呼び込むことになった。1980年代には、日本に開設されたフィンランドの営業所や駐在員事務所の数に顕著な増加が見られた。フィンランドの林業に加えて、とりわけ機械産業と金属産業分野から一連の企業が直接投資を活用して日本市場に参入した。しかし、フィンランド系企業が日本で生産活動を行うのはごく稀なケースであった。この状況は2000年代において目立った変化はなかったが、その10年間、日本の製造会社の少数株主になったフィンランド企業は数社あった。例えば、フィンランドのエレベーター・エスカレーター製造業者のコネ社（Kone Oyj）は、2000年代初頭に東芝エレベータ株式会社の株式20％を取得し、同様に東芝エレベータがコネ社の株式を5％取得した。この2社は1998年に戦略的連携を開始したが、これはコネ社が1982年にコネ・ジャパン株式会社（Kone Japan Co., Ltd.）を設立し日本市場に参入してからかなりたってからのことだった[11]。

フィンランド企業が特に営業所・駐在員事務所への投資を行ってきたことは、2国間の貿易関係の発展に大きな影響を及ぼしていた。例えば、1980年代にフィンランドの対日輸出割合が増加したのは、日本に所在するフィンランド系子会社が取引を始めたためである。1980年代の初めには、このルートによるフィンランドの輸出はわずか20％未満であったが、1985年にはすでに輸出の半分以上がそういった子会社による取引となっていた。実際のところ、この上昇傾向はフィンランドの他国への輸出においても同様に顕著であり、1985年にはフィンランドの総輸出の約27％が子会社経由であった[12]。

フィンランド企業だけでなく日本企業も1970年代以降、営業所と駐在員事務所に直接投資を行ってきた。その先駆けの一つが林業製品の取引を中心に行っていた大同洋紙店であった。のちに大永紙通商となるこの会社は、1972年にヘルシンキに駐在員事務所を開設した。三井物産や丸紅といった日本の大手総合商社は、1970年代、1980年代を通して営業所への投資を行い、フィンランド市場での地位を強化した。1984年に三井物産はヘルシンキに営業所を再度開設し、フィンランドと日本間での輸出入を扱い、恐らくは他国との貿易も同様に行っていたと思われる[13]。

日本の商社は従来、1950年以降に日本企業が子会社数社を設立したストックホルム、ロンドン、ハンブルグ、その他のヨーロッパの都市から、フィンランドのパートナーと協力体制を築いてきた。これら子会社の一部はフィンランドにも支社を設立した。例としては日商岩井ドイツ会社（Nissho Iwai Deutschland GmbH）のヘルシンキ支店（2000～04年）や丸紅紙パルプ販売ヨーロッパ会社（Marubeni Pulp & Paper Sales Europe GmbH）のフィンランド支店（1999～2010年）が挙げられる。日本企業がフィンランドに地域本部を設立するケースもあり、その一例が2005年に設立された日産ノルディックヨーロッパ社（Nissan Nordic Europe Oy）で、同社は北欧諸国とバルト諸国における日産の販売活動と小売業者ネットワークの管理を行っている[14]。

3. 産業活動への直接投資

先に述べたとおり、フィンランド企業による日本の産業施設への投資はごく稀なケースであり、2000年代終わりまでに実際に日本で産業活動を行ったフィンランド企業は皆無である。しかしこれが意味しているのは、フィンランド企業には日本で工業生産を開始する計画さえなかったということではない。こういった計画を立てたフィンランド企業の一つが、砂糖・甘味料の精製で世界的に知られるフィンランド砂糖社（Suomen Sokeri Oy）であった。日本側パートナーの日新製糖株式会社とともに、フィンランド砂糖社は日新果糖株式会社というジョイントベンチャーを1970年代初頭に設立した。このジョイントベンチャーはフィンランドからの輸入を行い日本の果糖市場に攻め入ることはできたが、日新果糖は1970年代に計画されていた国内での果糖生産を開始することはなかった。これは、1970年代半ばの日本の果糖市場における消費者価格と需要が変化したためで、この状況は果糖の工業生産開始を後押しするものではなかった[15]。

フィンランドによる産業投資がほとんどなかったのとは反対に、日本企業はこの点においてもう少し活発であった。日本によるフィンランドへの最初の産業投資の一つが、電機メーカーの日立製作所によるフィンランド政府およびフィンランド企業サロラ社（Salora Oy）との1970年代後半のパートナーシップである。その当時、フィンランドのエレクトロニクス産業が拡大することが強く信じ

られていた。そのため、当時はフィンランドの主要テレビメーカーであったサロラ社が、カラーテレビ用に最新式の陰極線管を製造する工場の設立を計画していた。1971～72年頃からすでに、陰極線管を国内生産に切り替えることで、高コストの輸入をやめる計画が描かれていた。日立製作所が陰極線管製造工場設立への参加に対し前向きであることを1970年代半ばに発表すると、事態は急速に進展した。日立製作所の役割は陰極線管製造の技術知識を提供し、サロラ社およびフィンランド政府とともにこのジョイントベンチャーの少数株主になることであり、フィンランド政府が株式総数の60％、日立製作所とサロラ社がそれぞれ20％を出資した。このジョイントベンチャーはワルコ社（Valco Oy）と命名され、1978年にイマトラの工場が完成すると生産を開始した。後にフィンワルコ社（Finnvalco Oy）と改称された同社は、株主にとって非常に高くつく実験となった。このジョイントベンチャーが活動したのはわずか1978～81年の期間のみであり、巨額の損失を出した[16]。

　1980年代半ばまでにフィンランドで産業活動を行った日本企業はわずか2社であり、それ以外の日本企業は営業所または駐在員事務所を開設する形でフィンランドに投資した[17]。全体的に見ると、日本の対フィンランド投資は他の国に対するそれに比べてきわめて少なく、この点においてフィンランドは市場経済国間の国際競争で後れを取った。実際のところ、これはフィンランドの対日本投資でも同様であり、例えば、スウェーデンによる投資はフィンランドを上回っていた。もっと正確にいうと、1987年にフィンランドが株式資本の最低10％を保有していた株式会社はわずかに約15社、駐在員事務所、連絡事務所などが13であったのに対して、直接投資を行っていたスウェーデン企業は70社を超え、その中の10社を超える企業が日本で産業投資をしていた。日本で製造または組み立て業務のいずれかを行っていたと記録されているフィンランド系株式会社はわずか2社であった[18]。

　日本によるフィンランドの商業・産業部門における直接投資は、1990年代から2000年代の終わりまでかなり顕著に増加した（図6-1）。この産業投資をいくつかを見てみると、日本企業が投資の対象として関心を抱いていたフィンランド企業はいずれも、特別な技術知識を有し、あわせて卓越した製造施設や、国内のみならず海外にも大きな消費者基盤を持っていたことが分かる。この一例が、ア

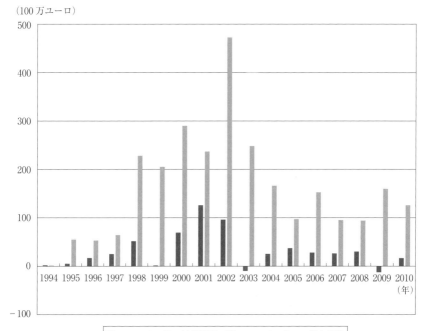

図6-1　1994～2010年のフィンランドと日本間の直接投資（対外資産・債務を含む）

出典：フィンランド統計局：本データはフィンランド統計局から2016年4月19日にメールで得たもの。

（注）フィンランドへの日本の株式投資は1990年代初頭に5億フィンランドマルッカを超えた。これは1億4千万ユーロに相当する（2014年）。1991年の日本による投資のシェアは、フィンランド株への外資合計の3%であった[19]。

ルストロム社（Ahlstrom Oyj）、日本製紙および三井物産が1992年に設立したユヨサーマル株式会社（Jujo Thermal Oy、カウットゥアの旧製紙工場）というジョイントベンチャーである[20]。日本の対フィンランド投資のもう1つの先駆的事例は、タンペレの薬品工場スター（Star）であろう。この工場はフフタマキグループ（Huhtamaki Group）の傘下であったが、1990年代後半に日本の参天製薬株式会社に売却された。2000年代に入る頃、参天製薬はタンペレにある自社工場サンテン社（Santen Oy）に追加投資を行い、それによって年間売上高

を増やして国際市場でさらに強固な地位を築くことに成功した。サンテン社の成功は Talouselämä 誌などで評価され、同誌は、1992～2001 年の間に外国資本へと転換したフィンランド最大級の企業の一つとして同社を紹介した[21]。

一方、一部の日本企業は生産施設を新設しフィンランドで事業を立ち上げた。フィンランドで最初に生産を開始した日本企業の一つが吉田工業株式会社（現 YKK 株式会社）であり、以前からイギリスにある同社の販売代理店を通してフィンランドの顧客と取引していた。1980 年代初頭に吉田工業はカンカーンパーにファスナー生産工場を設立した。この会社はフィンランドヨシダ社（Suomen Yoshida Oy、1979 年登記）といい、ソ連向けに既製服を大規模輸出していたフィンランド繊維産業において、ファスナーの製造と輸入販売を行った。1980 年代の終わりには、吉田工業はフィンランドで約 20%のマーケットシェアを得たが、フィンランドの繊維産業はのちに崩壊するソ連との貿易に非常に大きく依存していたことから、その後の事業の安定性を約束するものではなかった。フィンランドヨシダ社は 1997 年に正式に解散した[22]。

おわりに

外国直接投資は、投資を行う企業がターゲット市場で長期にわたりビジネス活動にコミットすることを必要とする。実際には、これは、投資を行う会社が企業間関係を発展させるために製造、または販売・駐在活動のいずれかに資金を割くことを指す。よって、直接投資と企業間関係を深めることとの間には、大きな相互作用があるということができるだろう。既存の企業間関係は、一般的に（すべてのケースではないにしろ）、企業が直接投資を決定する要因になり得る。これは特に販売・駐在活動のケースにおいて顕著で、多くのケースで、営業所や駐在員事務所への投資に先立ち、ターゲット市場との間接的なつながりが存在していたことが確認されている。

フィンランドと日本間の直接投資は特に 1980 年代以降に増加した[23]。フィンランドの国際企業の多くが日本に営業所や駐在員事務所を開設し、また一方で日本の大手企業もフィンランドでの販売活動だけでなく、世界での事業展開を目的としてフィンランドに子会社や支社を設置した。この 2 国間の直接投資は販売・

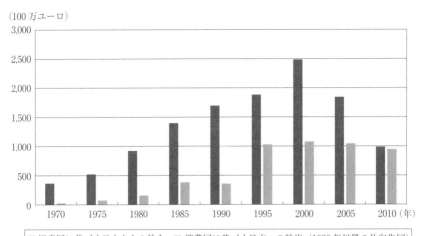

図6-2　1970〜2010年のフィンランドと日本間の貿易（2014年）[24]
出典：Suomen Virallinen Tilasto (SVT) [Official Statistics of Finland]: Ulkomaankauppa [Foreign trade] I A:90-120, 1970-2000; Suomen ulkomaankauppa Osa 1 [Foreign trade of Finland Volume 1] 2005; Tavaroiden ulkomaankauppa – korjattu painos [Foreign trade of goods – revised edition] 2010.

駐在活動を中心としてきたことから、直接投資は、20世紀最後の25年間で著しく増加した2国間貿易の促進に決定的な役割を果たしてきたといえる（図6-2）。その一方で、製造業への直接投資は非常に少なく、特にフィンランドの対日投資においては稀である。しかしながら、1970年代以降、一部の日本企業は製造活動への投資をより積極的に行っており、さまざまな成果が得られている。

フィンランドと日本の直接投資はとりわけ販売活動を対象としてきたため、特に世界と比較した場合、その投資額はかなり少ない。しかしながら、この現象はフィンランドと日本間の直接投資に特有のことではなく、多くの外国人投資家は2000年代以前、フィンランドでの産業施設よりも営業所への投資に熱心であった[25]。事実、フィンランドにおける外資系産業の相対的水準は、1990年代半ばにおいて、日本とアイスランドの水準とほぼ同等であった[26]。

製造業への投資額は一般に多額となるので、フィンランドと日本間の産業投資が少ないことは、当然ながら直接投資額全体が少ないことを意味する。しかし、

投資額は2国間や多国間レベルでの経済協力の程度を評価する一つの基準でしかない。フィンランドと日本間の直接投資が長期的に見て比較的重要であることは、両国の企業が販売活動にますます多くの資金を割き、それがさらに2国間貿

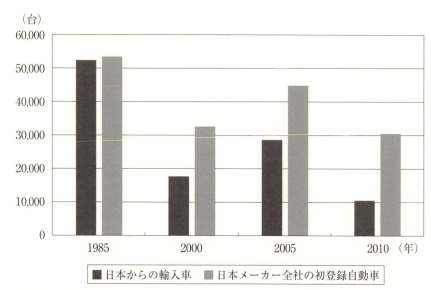

図6-3　原産国に基づく日本からフィンランドへの輸入自動車と日本メーカー全社の初登録自動車（1985年、2000年、2005年、2010年）
出典：SVT: Ulkomaankauppa I A:105, 1985; Ulkomaankauppa 120, Osa 2, 2000; Ulkomaankauppa Osat 1-2, 2005; Tavaroiden ulkomaankauppa – korjattu painos [Foreign trade of goods – revised edition] 2010. Toni Jalovaara and Hannu Kärkkäinen, "Autoinen aurinko nousi idästä," *Tekniikan Maailma*, September 16, 1992.
"30 eniten ensirekisteröityä henkilöautomerkkiä, Joulukuu 2005,"（2016年11月1日閲覧）, http://www.trafi.fi/tietopalvelut/tilastot/tieliikenne/ensirekisteroinnit/ensirekisterointien_top-merkit_ja_-mallit/henkiloautomerkit/vuosi_2005/joulukuu.
"30 eniten ensirekisteröityä henkilöautomerkkiä, Joulukuu 2010,"（2016年8月24日閲覧）, http://www.trafi.fi/tietopalvelut/tilastot/tieliikenne/ensirekisteroinnit/ensirekisterointien_top-merkit_ja_-mallit/henkiloautomerkit/vuosi_2010/joulukuu_2010.
"Ensirekiseröinnit, Joulukuu 2000: Taulu 4. 30 eniten rekisteröityä henkilöautomerkkiä." 本データは2016年9月7日にフィンランド運輸安全局（Finnish Transport Safety Agency）からeメールで得たもの。

易だけでなく多国間貿易に対してもメリットをもたらしてきたということにも明確に表れている。例えば、これは日本の自動車メーカーの新車をフィンランドに輸入する場合において明らかである。1980年代半ばにおいては、フィンランドで販売されていた日本メーカーほぼ全社の自動車が日本から輸入されていたのに対し、2000年代には、日本の自動車メーカーが産業施設を置く別の国（第三国）から輸入された日本車のシェアが増えている（図6-3）。このようにして、成長の経路、つまり直接投資はフィンランドと日本の貿易関係だけでなく、多国間貿易をも形成してきたのである。

注・文献

1) John H. Dunning, *Global Capitalism, FDI and Competitiveness. The Selected Essays of John H. Dunning, Volume II* (Cheltenham & Northampton: Edward Elgar, 2002), 26-29, 77, 84, 152-157, 223-225, 232-236; Bijit Bora, *"Introduction"*, Foreign Direct Investment: Research issues, ed. Bijit Bora (London & New York: Routledge, 2002), 1-4; James R. Markusen, *"FDI and trade"*, Foreign Direct Investment: Research issues, ed. Bijit Bora (London & New York: Routledge, 2002), 93-112; Juha Sahi, *Verkostot kaukaiseen itään. Suomen kauppasuhteet Japaniin 1919 -1974* [Networking with the Distant East. Finland's Trade Relations with Japan 1919-1974], Acta Universitatis Ouluensis B 138 (Oulu: Oulun yliopisto, 2016), 664.

2) Sahi, *Verkostot kaukaiseen itään. Suomen kauppasuhteet Japaniin 1919-1974*, 664; Saija Kulmala, *Japani suoran investoinnin kohdemaana*, Liiketaloustiede: kansainvälisen markkinoinnin tutkielma (Turku: Turun kauppakorkeakoulu, 1998), 11.

3) 例としてKulmala, *Japani suoran investoinnin kohdemaana*, 11-12, 15.

4) Hannu Sokala, "Laatikko," *Helsingin Sanomat*, January 26, 1994.

5) "[I]nvestment of foreign capital in Finland", Booklet published by Oy Pohjoismaiden Yhdyspankki, Helsinki September, 1960. 7.Lg-Lh Suomen vienti, Suomen finanssipolitiikka, Lainanotto J:n markkinoilta, Suomen markka yms. 1957-82: Suomen suhtautuminen ulkomaisiin investointeihin. The Archives of Finnish Embassy in Tokyo. The Archives of the Ministry for Foreign Affairs of Finland, Helsinki (MFA); Bo Göran Eriksson, "Ulkomaisen omistuksen rajoituksia lievennettävä," *Helsingin Sanomat*, September 26, 1989.

6) "Government Policy on Foreign Direct Investment", Finnish Features no. 5/67, Finnish embassy Tokyo. 7.Lg-Lh Suomen vienti, Suomen finanssipolitiikka, Lainanotto J:n markkinoilta, Suomen markka yms. 1957-82: Suomen suhtautuminen ulkomaisiin

investointeihin. The Archives of Finnish Embassy in Tokyo. MFA.

7) Eriksson, "Ulkomaisen omistuksen rajoituksia lievennettävä", *Suomen asema ulkomaisten investointien kohdemaana* (Helsinki: The Helsinki Research Institute for Business Administration, Series B 106, 1994), 1; Mika Pajarinen, *Ulkomaiset suorat sijoitukset ja ulkomaalaisomistus Suomessa: Katsaus historiaan ja viimeaikaiseen kehitykseen* [Inward Foreign Direct Investments and Foreign-owned Companies in Finland: Some History and Recent Trends.], Discussion Papers no. 610 (The Research Institute of the Finnish Economy, 1997), 25.

8) Sahi, *Verkostot kaukaiseen itään. Suomen kauppasuhteet Japaniin 1919-1974*, 474-476, 665.

9) Sahi, *Verkostot kaukaiseen itään. Suomen kauppasuhteet Japaniin 1919-1974*, 665-666. Ådne Kverneland and Gunnar Hedlund. *Why is there so little Foreign Direct Investment in Japan – A review of Swedish Companies' Experience*, Research Papers 84/2 (Institute of International Business, Stockholm School of Economics, 1984), 3, 16.

10) Juha Sahi, "Hunting for New Markets: Networks of Trade between Finland and Japan during the Interwar Period," in Transcultural Encounters, ed. Kari Alenius, et al. (Rovaniemi: Pohjois-Suomen Historiallinen Yhdistys, 2015), 29-43; Sahi, *Verkostot kaukaiseen itään. Suomen kauppasuhteet Japaniin 1919-1974*; Juha Sahi, "Most-favoured-nation treaty in service of trade? Case: early trade policy relations between Finland and Japan and their impact on the sales networks of the Finnish forest industry," *Scandinavian Economic History Review* 65, 1, 2017, 88-105.

11) "Finnish Companies in Japan", Embassy of Finland, Commercial Section 03/87. UM 43-2 Japani 1982-1987 (Case 33). MFA; "Yrityskaupat," *Talouselämä*, January 11, 2002; Juha Sahi and Kazuhiro Igawa, "*Finnish-Japanese trade relations from protectionism to free trade, 1919-2010*", Comparing Post-War Japanese and Finnish Economies and Societies: Longitudinal perspectives, ed. Yasushi Tanaka, et al. (London & New York: Routledge, 2015), 171; "Birth of a global machine", http://www.kone.com/en/company/history/ (2017年3月3日閲覧).

12) "Foreign Direct Investment", Memorandum by Suomen Pankki – Bank of Finland, Foreign Financing Department, Foreign Exchange Policy Department 4.5.1987. UM 43-2 Japani 1982-1987 (Case 29). MFA.

13) "Mitsui perustaa konttorin Suomeen", Undated newspaper article. UM 43-2 Japani 1982-1987 (Case 32). MFA.

14) 当該企業に関する情報は、フィンランド特許登録庁が提供するデータベース"Virre"から2016年7月6日に収集した。

15) Sahi, *Verkostot kaukaiseen itään. Suomen kauppasuhteet Japaniin 1919-1974*, 674-

681.

16) Nils Eriksson, *Operaatio Valco-Salora. Tosikertomus elävästä elämästä*（Tampere: Kustannuspiste Oy, 1979）, 9-23; *Valco – Selvitystyöryhmän I raportti. Selvitys Valco Oy:n perustamiseen, toimintaan ja lopettamiseen liittyvistä näkökohdista*（Helsinki: Kauppa- ja teollisuusministeriö, 1980）, 4-6; Lauri Saari, *Valcoinen kirja*（Helsinki: Tammi, 1981）, 9-15, 51-57, 128-132.

17) 1985年末には、フィンランドには外資系企業が1,200社近く存在しており、そのうち200社がフィンランド国内で生産活動を行っていた（"Japanese Investments in Finland", Memorandum IV/86. UM 43-2 Japani 1982-1987（Case 29）. MFA）。

18) "Suomen ja Japanin kaupallistaloudellisen yhteistyön lisäämismahdollisuuksista 1985", Memorandum by the Finnish Embassy in Tokyo 13.12.1984. UM 43-2 Japani 1982-1987（Case 32）. MFA; "Finnish Companies in Japan", Embassy of Finland, Commercial Section 03/87. UM 43-2 Japani 1982-1987（Case 33）. MFA.

19) Airi Heikkilä, *Selvitys suorista sijoituksista Suomeen*（Helsinki: Suomen Pankki, 1994）, Liite 9.（注）フィンランドマルッカ額は、フィンランド統計局が提供する通貨換算ツールを用いて2014年時点のユーロ額に換算されている。

20) Sahi and Igawa, "*Finnish-Japanese trade relations from protectionism to free trade, 1919-2010*," 171. ユヨサーマル社に関する情報の一部は、フィンランド特許登録庁が提供するデータベース"Virre"から2016年7月11日に収集した。

21) Helinä Hirvikorpi, "Oma keksintö vie vieraanlipun alle," *Talouselämä*, February 1, 2002. サンテン社に関する情報の一部は、フィンランド特許登録庁が提供するデータベース"Virre"から2016年7月11日に収集した。.

22) Seppo Hanhineva, *Ulkomaisten suorien investointien – erityisesti japanilaisten korkean teknologian yritysten – houkuttelu Suomeen*（Helsinki: Kauppa- ja teollisuusministeriö, 1989）, 35-36. フィンランドヨシダ社に関する情報の一部は、フィンランド特許登録庁が提供するデータベース"Virre"から2016年7月11日に収集した。

23) この当時、フィンランドの直接投資は主にヨーロッパおよび北アメリカ市場を対象としており、一方で日本はアジアおよび北アメリカ市場を主要なターゲットとしていた。1980年代以降になると、日本は世界有数の投資国家へと上りつめた（Ari Karppinen, *Suomalaisten yritysten suorien sijoitusten määräytyminen. Osa 1. Kohdealueittainen tarkastelu*（Jyväskylä: Jyväskylän yliopisto, 1991）, 20-21. Kulmala, *Japani suoran investoinnin kohdemaana*, 66-68）。

24) フィンランドマルッカ額は、フィンランド統計局が提供する通貨換算ツールを用いて2014年時点のユーロ額に換算されている（SVT: Kuluttajahintaindeksi. Rahanarvonkerroin 1860-2014）。

25) Pajarinen, *Ulkomaiset suorat sijoitukset ja ulkomaalaisomistus Suomessa: Katsaus*

historiaan ja viimeaikaiseen kehitykseen, 44; Minna Puhakka, *Ulkomaisten yritysten suorat sijoitukset Suomeen – kyselytutkimuksen tuloksia* (The Research Institute of the Finnish Economy, 1995), 1, 4-8.

26) Sokala, "Laatikko."

第 7 章

北方開発
―― 北海道の地域開発政策モデルとしての
フィンランドとオウル地方 ――

ユハ・サウナワーラ

　フィンランドと日本は地理的には遠く離れ、人口や経済の規模も異なるが、戦後は似たような課題と可能性に向き合ってきた。また、そういった課題を解決し可能性を活用しようとする試みにも多くの類似性が見られ、両国は時に互いのモデルにもなってきた。これに関連して、最近ではある政策的プロセスに焦点を置いた研究が増加している。このプロセスにおいては、ある政治環境における政策関連知識、行政措置、制度やアイデアが、別の政治環境における政策、行政措置、制度やアイデアを発展させるために利用される。このプロセスは、政治理論を扱う研究では、政策移転（policy transfer）、教訓学習（lesson-drawing）、政策収束（policy convergence）、政策普及（policy diffusion）、ベンチマーキングといった、互いに関連する多様な概念を用いて分析されてきた[1]。

　一方、特定の地理的地域に産業が集積・集中していることは、地域の開発や競争力を推進する上で不可欠な要素であることが認識されてきた。産業クラスターの特性や起源についてはさまざまな説明がなされているが、そこには典型的な特徴がある。例えば、多数の企業が近接していること、小・零細企業の比率が高いこと、密接な社会的・経済的ネットワークがあること、企業が競争しながらも協力していること、情報とアイデアが急速かつ非公式に普及すること、適応性と柔軟性が高いことなどが挙げられる。産業クラスター形成には政府の政策が影響すると考えられているため、成功した形成プロセスは研究の対象となり、そこから教訓を得ようと試みられてきた[2]。

　本章では、政策移転という現象を通してフィンランドと日本の交流を考察して

いく。この研究は、北海道を拠点とする活動主体が、1990 〜 2000 年代初頭のフィンランド、特にオウルを、産業クラスター関連理論を実際の地域開発政策に適用し成功した地域として認識していたという仮定に基づいている。こうした背景のもと本研究は、フィンランドとオウル地方が研究対象となった理由とそうなるまでの過程、さらにオウルの事例はどのように研究され、北海道における政策実施にどのような意味を持っていたかといったことを明らかにする。本研究では最終的に、フィンランドと日本の地域・地元レベルの関係および大学間の連携・協力について詳述する。

1. 両地域間で新たなつながりが形成された歴史的背景

　政府主導の北海道開発政策は 1868 年、明治時代が始まるとともに開始された。第二次世界大戦後、北海道は行政的位置付けが変わり日本の県の一つとなった。しかし 1950 年代初頭には、北海道のためだけに新たな開発制度が築き上げられた。この制度は北海道開発庁、北海道開発局および北海道総合開発計画（第 8 次計画は 2016 年開始）からなるもので、これらの円滑な実施のため特別財政支援制度も制定された[3]。

　北海道の開発は、最初の計画から天然資源の利用に重きが置かれ、開発の基本戦略は大規模なインフラ投資に大きく依存していた。その方針を転換し、福祉の向上、環境保全、地域の関与に重点が置かれるようになったのは 1970 年代のことだった[4]。地域開発の国際モデルや理論が研究され、戦後さまざまな時代に北海道開発政策に適用された。1990 年代も例外ではなく、北海道開発庁は、1993 年にスコットランドをテーマとする地域開発に関する国際会議を初めて開催した。1995 年の第 2 回会議では、スウェーデンにスポットライトが当てられた。その背景情報の準備中、フィンランドの地域開発と産業政策にも注目が集まった。北海道の経済界がフィンランドの産業クラスター戦略に関心を示していたためだった[5]。

　当時深刻な不況に直面していたフィンランドだが、1990 年代の終わりには小国ながら、技術集約的な経済成長を成し遂げたとして国際的にも知られるようになっていた。同時にオウル地方では、情報通信技術（ICT）産業が目覚ましい成

長を遂げていた。オウルを世界有数の無線通信技術研究開発拠点にのし上げた発展は、1980年代までさかのぼる。当時の電子機器、情報システム、ソフトウェアに起こった変革は、大学の研究と教育にも影響を及ぼした。オウルの成長の中核となったノキア社は、1980年代末に携帯・無線通信製品の開発を始めた。オウル大学の工学部が無線通信に注力していたこともあって、オウルはノキアの研究開発活動の先駆けとなった。フィンランドにあるVTT技術研究センターは、1990年代初頭のオウルにおける関心は別のところにあったものの、情報技術の研究・開発において専門知識を向上させることに大いに貢献した[6]。

北欧初のテクノパークとして1982年に設置されたテクノポリス・オウルも重要な役割を果たした。この立ち上げに関わったのは、オウル市、オウル大学、国家開発資金財団（KERA）、また紙パルプ、金属、建築からエネルギー、インフラ、メディア産業といった分野の主要企業28社で、通信会社はオウル電話株式会社（Oulu Telephone Ltd.）だけだった。こういった多岐にわたる基盤はまもなく縮小し、ノキアが主導する無線携帯技術の開発がこのプロセスの原動力となった。その結果、他の分野も情報通信技術関連で大きく発展したが、それらがオウルにおける知識の生産・普及プロセスの中で大きな役割を果たすことはなかった[7]。

2000年代初め、フィンランドの研究・製品開発の分野におけるノキアの存在は依然として非常に大きいものだった。しかし、ノキアはその開発基地や業務委託ネットワークを中央ヨーロッパ、アメリカ、アジアへと拡大していた。それは地域の業務委託ネットワークに変化をもたらし、ひいてはオウル地方の活動低下につながった。同時にテクノポリスの所有構造も変わり、テクノポリスは1999年にヘルシンキ証券取引所に上場された[8]。

2. オウル現象の研究

1990年代、いわゆるオウル現象が国際的な注目を集めた。1989年10月のソビエト連邦最高指導者ミハイル・ゴルバチョフによる訪問を皮切りに、多くの首脳、代表団、ジャーナリストが世界各国からオウル・テクノパークを訪れた[9]。同じ頃、オウルの1990年の戦略的開発計画によって、ヨーロッパだけでなく北アメ

リカや日本と直接的、より集中的な国際関係を構築することが提案された[10]。一方フィンランドと北海道の関係は、1970年代から発展していた。フィンランド駐日大使が札幌に名誉領事を置くことを提案した際、北海道は地域としてはスカンジナビアに似ており、フィンランドからの輸出にとって有望な市場であると評していた。日本では、特に1970年代の北海道総合開発計画に含まれていた北方圏構想が、1990年代の北海道とフィンランドの関係が多様化していく上での土壌を培い、重要な役割を果たした。1976年の北海道フィンランド協会の設立は、市民社会における活動の一例である[11]。

1990年代にオウルを訪問した日本の代表団の大半は北海道からで、通常代表団は地方自治体の役人、民間企業の代表、学者や記者で構成されていた。このように大勢の人びとがオウルを訪問する皮切りとなったのは、1990年の黒河内久美大使による訪問だった。大使は、北海道はオウルにおあつらえ向きのパートナーであるとして、北海道と自身との個人的なつながりにも言及しながら、関係構築に貢献することを約束した。北海道から最初の訪問者がオウルを訪れたのは1993年の秋だった[12]。

北海道電力とその会長の戸田一夫（北海道経済連合会の会長でもあった）は、オウル地方と北海道の関係構築に重要な役割を果たした。実際戸田は、北海道における産業クラスター振興のためさまざまな取り組みを行った。北海道電力の代表団が1994年にオウルのさまざまな場所を訪れた際には、オウル市が協力関係を築いていくことを申し出た。一方、オウルからの代表団は1995年2月に初めて北海道を訪問し、その後多くの人が北海道を訪れた。中でもオウル市の渉外担当責任者のセッポ・マキ（Seppo Mäki）は、積極的な役割を果たした。また両地域の関係は、フィンランド日本商工会議所（Finnish-Japanese Chamber of Commerce）やフィンランド北東アジア貿易協会（Koillis-Aasian Kauppayhdistys）といった組織を通してさらに発展した。オウル市が北海道との協力に関心を抱いていたことは、市がタピオ・コスキアホ博士（Tapio Koskiaho）に、オウルと北海道の通商、科学的協力の促進・振興に関する報告書を依頼したことからも分かる[13]。

1990年代半ば、オウル情報通信技術クラスターとテクノポリスは大きな関心の的となり、地域暖房システムなどの話題も注目を集めた。戸田一夫は1999年

のインタビューで、北海道で産業クラスターを構築するための初期モデルとして、フィンランドの林業クラスターに言及している[14]。情報通信技術が大きな注目を集めていたことからは、当時の訪問者がどのような分野に関心を持っていたか、またオウルでどのような発展が起こっていたかが垣間見える。

1996 年は、北海道からオウルへの訪問者が増加し関係が強化された年だった。また北海道新聞と季刊誌「北方圏」では、先端技術の中心へと変容したオウルの発展が紹介された。さらに 1996 年 12 月に札幌で開催されたセミナーでは、オウルの発展や、その中における大学や他の教育・研究機関の役割が紹介された[15]。1997 年には、高原須美子大使、北海道電力と北海道の大学の代表団、読売新聞の記者がオウルを訪問した。その最初の訪問以降、フィンランドに関する 12 の記事が掲載されることとなったが、そのほとんどはオウルのハイテククラスターについてであった。オウルのクラスターに関する 2 回目の記事は、読売新聞による産業クラスター北欧視察団の活動報告だった。視察団はオウルの次に、農業や食品産業が盛んなデンマークを訪問した。新聞記事は、オウル地方の産学官連携を称賛する視察団の声を紹介した。同様のモデルを移転または構築するにあたっては、協力関係を主導する者、また調整する者の必要性が指摘された。批判的な意見としては、オウルがノキアに依存していることの危険性を指摘する声があった[16]。

相互訪問は続き、オウル市、オウル大学、オウル応用化学大学、北ポフヤンマー県、オウル商工会議所、VTT など複数企業の代表団が北海道を訪問し、将来の協力関係の可能性を模索した。釧路市が主要受け入れ都市となったが、代表団は千歳も訪問し、通信、特に光電子工学に関する研究産業コミュニティの構築を目指す地域事業について情報を得た。オウル大学の代表は、釧路公立大学、北海道大学、北海道東海大学の代表にも面会し、その中には後日オウルを訪問した者もいた[17]。

産業クラスターを構築し、それによって政府交付金に依存する北海道経済の低迷を救う可能性を模索することは、その後も課題となり続けた。例えば、川崎一彦教授は 1996 年 5 月にオウルからの代表団と会い、フィンランドと北欧の産業クラスターに関する論文をまとめている。1990 年代末、日本の通産省（現 経済産業省）は、世界の大学と民間企業の協力関係について報告書を作成するように指示した。川崎教授はフィンランドとスウェーデンについての報告書を提出した

が、その報告書ではオウルについても言及されていた[18]。同時に北海道とオウルの代表団の交流は続いていた。前出の都市や地域に加え、オウルと北見の関係も地元の産業クラスター研究会の活動によって活発化していた[19]。もう1つの注目すべき進展は、2001年12月にオウル大学と北海道大学が学術交流協定に署名し、協力関係を開始したことだった[20]。北海道の産業クラスターに関する議論の立て役者である戸田一夫が、大学の役割や研究者と産業界の協力を強調していたことを考えれば、このような協力関係が生まれるのは自然な流れだった[21]。

3. 北海道における産業クラスター構築を促進する試み

産業クラスターは、1990年代後半から2000年代初期にかけて北海道における地域開発の議論の中でキャッチフレーズになっていた。産業クラスター構想の重要な特徴の一つは、これが地域開発計画に対するボトムアップ型の構想だったことである。従来の北海道の開発政策は、国や地方自治体からのトップダウンの構想に基づいていた。さらに注目すべきは、都市部で多様なプログラムが実施されていたことに加え、さまざまな農村地域で産業クラスターと地元が協力していたことである。2000年にはすでに20の産業クラスター研究会が北海道の各地で設立されており、代表団をオウルに派遣していたものもあった[22]。また、北海道におけるテクノパーク構想の始まりは1980年代にさかのぼり、地元企業と北海道大学の電気工学部門の協力はもっと前から始まっていたことを特筆したい。これらの試みは、すべての目標を達成することはなかったが、1990年代の構想のための土壌を培った[23]。

情報通信技術を中心とする地域開発に対する関心と期待の高まりは、さまざまな団体が設立され成長戦略が展開されるに従って制度的な形を取っていった。大橋裕二は2000年、北海道のクラスター構築活動を分析し、1996年に設置された北海道産業クラスター創造研究会がその活動の起点であると指摘した。さらに北海道地域技術振興センターは、方針と目標を定めたアクションプランを発表し、さらにアクションプランを実施するユニットとしてクラスター事業部が同センター内に設置された。しかしこういったさまざまな機関が設置されたことですべての問題が解決したわけではない[24]。1999年初頭、日本経済新聞は、手本とす

べき高度なクラスター地域としてオウルを紹介し、北海道の状況も解説された。記事の中では、新興企業を支援する計画、政策、確立された制度は存在するが、効果的ではなく、そういった制度は小企業には複雑で難しすぎると論じられていた[25]。

2003年3月には北大リサーチ＆ビジネスパーク構想推進協議会が設置された。この機関の目的は産学官連携を促進することだった。この構想に関連して、オウル視察ツアーが企画された。その視察で代表団の関心を集めたのは、オウル大学の周辺地域への貢献、具体的には世界の大学や地元の経済界との協力、知的財産権関連の問題、大学から民間企業への技術や専門知識の移転、民間からの研究資金に対する大学の姿勢、学生の起業家精神を高める方法といったことだった[26]。

オウル情報通信技術クラスター研究に対する関心がピークに達したのは、2004年3月に札幌、2005年9月にオウルで合同シンポジウムが開催されたときだった。札幌のシンポジウムの概要文には、「北海道大学・オウル大学初の合同シンポジウムの目的は、北海道の関係者にオウル大学の奇跡、オウル地方での産学官連携の成功例を共有することである」と記されていた。議論のテーマや講演者の経歴には、それまで北海道でどういった発展が起こっていたかが反映されていた。日本側の講演者は、北海道で産学官連携を推進するために設置されたさまざまな団体の代表者で、テーマは札幌における情報通信技術促進の成果、北海道の産業クラスターと北海道大学のリサーチ＆ビジネスパーク構想の現状などだった[27]。オウルでのシンポジウムは、地域の協力と産学官連携に関する講演で構成されていたが、環境問題、地域研究（スラブ・東ヨーロッパ研究）、高度交通システムに関するセッションもあった。環境問題に関するセッションは将来的な大学間の協力への道を開く、または少なくとも予期させるものだった[28]。

4. 現　　　状

2000年代、北海道の数々の構想は、経済産業省・文部科学省による産業・知識クラスター計画から多額の資金を受けて動いていたものの、近年の北海道の産業クラスター・情報通信技術部門の振興は、必ずしもその大きな期待に沿うものではなかった。同時に、産業クラスターというコンセプトは魅力をいくぶん失っ

てしまったが、クラスター形成が期待されている基本的な役割は変わっていない[29]。その一方で、2000年代後半から2010年代前半にノキアが直面した問題と、その携帯電話事業の戦略における変化は、オウルのハイテク部門の構造的弱点を明らかにした。オウル地方の産業構造が高度に専門化されたときは、外的需要による経済成長が鈍化する危険が高まった。アプリケーションとデジタルサービスの重要性が高まるにつれて、オウルを携帯技術の世界的な研究開発拠点にのし上げた専門知識は、その意義をいくぶん失った。しかしここ最近、情報通信技術産業の多様化、新たなサービス業の出現、地域の革新連携システムの再建が進んでいる[30]。

大学間の協力は、少なくともある程度は、産業クラスターに重点を置いた政策移転プロセスの副次的効果と考えられる。北海道大学とオウル大学の間で始まった協力関係はラップランド大学にも広がり、3者の協力関係は北大サステナビリティ・ウィークの一環として開催された一連の会議につながった。北海道大学は2012年、ヘルシンキにヨーロッパオフィスを設置し、フィンランドにおける協力体制のネットワークを拡大している。フィンランド北部にある大学はそれぞれ駐在オフィスを北海道大学のキャンパス内に構えている。

北海道における産業クラスター政策策定に対して、オウルのモデルが有する重要性を正確に評価するのは難しい。しかしこれらの構想の当事者が、フィンランドで見聞きしたことに強く影響されたのは確かだ。そして、オウルとフィンランドは、北海道が産業クラスターのコンセプトを導入する際にその一端を担ったのみならず、モデル地域として研究され、多様な協力を求め続けられたのだった。

注・文献

1) David P. Dolowitz and David Marsh, *"Learning from abroad: The Role of Policy Transfer in Contemporary Policy-Making"*, Governance, Volume 13, Issue 1, January 2000, 5.

2) Panos G. Piperopolous, *Entrepreneurship, Innovation and Business Clusters* (Farnham: Gower Publishing Limited, 2012), 142-146.

3) 例として山崎幹根『国土開発の時代 — 戦後北海道をめぐる自治と統治』(東京：東京大学出版会, 2006); 小磯修二, 山崎幹根『戦後北海道開発の軌跡～対談と年表でふりかえる開発政策 1945-2006』(札幌：北海道開発協会, 2007).

4) 同前.
5) 小磯修二『北欧の地域開発政策～スウェーデン、フィンランドの取り組み、1995年10月』未発表の報告書，北海道開発庁；小磯修二，山崎幹根『戦後北海道開発の軌跡』40.
6) Henry Oinas-Kukkonen, Jouni Similä and Petri Pulli, "*Main Threads of ICT Innovation in Oulu 1960-1990*", Faravid 33, 2009, 247, 272; Matti Salo, "*High-Tech Centre in the Periphery: The Political, Economic and Cultural Factors behind the Emergence and Development of the Oulu ICT Phenomenon in Northern Finland*", Acta Borealia: A Nordic Journal of Circumpolar Societies, 2014, 83-85, 87, 97-98; Jaakko Simonen et. al., "*What happened to the growth? - The case of the ICT industry in Oulu, Finland*", International Journal of Entrepreneurship and Small Business, Vol. 29, 2016, 289-292.
7) Kari Arokylä. *Technopolis - Kertomus kasvusta* (Technopolis Oyj, 2012), 79-100; Salo, "*High-Tech Centre in the Periphery*", 83-85, 87, 94, 98; Simonen et al., "*What happened to the growth?*", 14-15.
8) Arokylä, *Technopolis*, 79-100; Simonen et al., "*What happened to the growth?*", 291, 298.
9) Oinas-Kukkonen, Similä and Pulli, "*Main Threads of ICT Innovation*", 247-248; Arokylä, *Technopolis*, 45-46, 55, 79.
10) Seppo Mäki, "*Oulun ja Hokkaidon välinen alueyhteistyö 1990-luvulla, 22.10.1997*", Unpublished report, 1.
11) Juha Sahi, *Verkostot kaukaiseen itään. Suomen kauppasuhteet Japaniin 1919-1974* (Oulu: Oulun yliopisto, 2016), 649-650, 654-655. 以下も参照。小磯修二（1999）「産業クラスター創造へのみちのり」『マルシェノルド』10月, 8; 小磯修二インタビュー，2016年7月20日；小磯修二インタビュー，2017年3月23日；井口光雄インタビュー，2017年4月11日.
12) Mäki, *Oulun ja Hokkaidon välinen alueyhteistyö*; Mitsuo Iguchi, "*Economic Situation of Japan and Hokkaido in 1990s. An analysis of the opaque situation and some future prospects of the 21st century*", Hokkaido - Lapland News, No. 3, October, 1998, 3.
13) Mäki, *Oulun ja Hokkaidon välinen alueyhteistyö*, 1-4; Iguchi, "*Economic situation of Japan*," 3; 小磯修二インタビュー，2016年7月20日.
14) Mäki, *Oulun ja Hokkaidon välinen alueyhteistyö*; 小磯「産業クラスター創造へのみちのり」8.
15) Seppo Mäki, *Oulun ja Hokkaidon välinen alueyhteistyö*, 4-7. 以下も参照。「広がるか共同研究～資金確保、意識改革が課題」『北海道新聞』；「テクノポリスに見る産学連携［オウル取材ノート］」，*Hoppoken 97 Winter* vol. 98.
16) 例として安永真人「北欧に探る道経済の再生～［テクノポリス］地方で機能」『読売新聞・北海道』1997年6月10日；安永真人「［人間と研究］を重視～世界的ヒット商品次々と」『読

売新聞・北海道』1997年6月11日；安永真人「小所帯、アイデア即製品」『読売新聞・北海道』1997年6月12日；小泉正也「名物サウナで歓迎～北欧視察団オウル到着」『読売新聞・北海道』1997年9月5日；小泉正也「大学・企業密接連携に驚き～［北欧のシリコンバレー］で視察団」『読売新聞・北海道』1997年9月6日；小泉正也「自立振興、道の指針に」『読売新聞・北海道』1997年9月7日；小泉正也「オウル視察終え意見交換」『読売新聞・北海道』1997年9月8日；小泉正也「針路、明確に打ち出せ」『読売新聞・北海道』1997年9月14日．さらに，Mäki, *Oulun ja Hokkaidon välinen alueyhteistyö*, 7-8.

17) Leila Ristelin, Olavi K. Fältin ja Jussi Hoolin matkaraportti Japanin matkalta 17.-26.5.1996. Oulun yliopiston rehtorin arkisto（OYRA）. Kansainväliset yhteydet – Japani, Kiina, Korea 1993-2014（KYJKK 1993-2014）. Hi: 10. Japani; E-mail from Lauri Lajunen to President Aramata. OYRA. KYJKK 1993-2014. Hi: 10. Japani; Telefax from Olavi K. Fält to Lauri Lajunen. OYRA. KYJKK 1993-2014. Hi: 10. Japani; Kushirolaisten vierailuohjelma 10.-11.9.1996. OYRA. KYJKK 1993-2014. Hi: 10. Japani; Fax from Shigeo Aramata to Lauri H. J. Lajunen, July 18, 1996. OYRA. KYJKK 1993-2014. Hi: 10. Japani.

18) 川崎一彦「北欧と北海道の産業クラスター」『ジェトロセンサー』第6, 1997, 39-42；川崎一彦「北欧と北海道の産業クラスターと協働の意義」『NIRA 政策研究』vol. 11, no. 7, 1998, 40-43; "Osaamiskeskuksista mallia Japaniin", *Aamulehti*, 6.1.1999.

19) Mäki, *Oulun ja Hokkaidon välinen alueyhteristyö*; Seppo Mäki, 1998. "*Finland Month in Sapporo. May 14-20, 1998.*" Hokkaido – Lapland News, no. 3, October. 1998. 以下も参照。「産業クラスター研究会オホーツク」『産業クラスター研究会オホーツク』http://betelgeuse.aa1.netvolante.jp/~sankuraokh/gai2.html（2017年3月29日閲覧）．

20) Lauri Lajunen, President of University of Oulu to Mutsuo Nakamura, President of Hokkaido University, January 14, 2004. OYRA. KYJKK 1993-2014. Hi: 10. Japani.

21) 小磯「産業クラスター創造へのみちのり」9-10；小磯修二インタビュー，2016年7月20日．

22) 小磯「産業クラスター創造へのみちのり」10；小磯修二インタビュー，2016年7月20日．大橋裕二「産業クラスター創造活動の現状と課題～北海道経済の自立を実現するために」『地域開発』vol. 432, no. 9, 2000, 18-19.

23) 山田誠治「情報―ソフトウェア産業」大沼盛男編　『北海道産業史』（札幌：北海道大学図書刊行会，2004）, 313-314; Lee Woolgar, "*Hokkaido New Industrial Cluster Policy（Japan）*", A Review of Local Economic and Employment Development Policy Approaches in OECD Countries, Part I: Policy Audits. OECD 2008, 237.

24) 大橋「産業クラスター創造活動の現状と課題」14-20.

25) 「環境整備で起業を支援」『日本経済新聞』1999年1月21日．

26) Saate/telekopiosanoma, Aluekehittäjien vierailu Japanin Hokkaidosta. OYRA. KYJKK 1993-2014. Hi: 10. Japani; Hokkaido University visit to the University of Oulu

(September 24-26, 2003), program. OYRA. KYJKK 1993-2014. Hi: 10. Japani.; Letter from Hokkaido University President Nakamura Mutsuo to Rector Lauri H. J. Lajunen, November 21, 2003. OYRA. KYJKK 1993-2014. Hi: 10. Japani.

27) International Symposium – Hokkaido/Oulu – Regional Cooperation for Technology-Based Economic Development, Program. OYRA. KYJKK 1993-2014. Hi: 10. Japani; Hokkaido University – University of Oulu Joint Symposium, Regional Cooperation for Technology-Based Economic Development. 5.2.2004. OYRA. KYJKK 1993-2014. Hi: 10. Japani; Invitation, from Lauri Lajunen President of the University of Oulu to Hokkaido Government, Hokkaido Economic Federation, Northern Advancement Center for Science and Technology and Hokkaido University, August 19, 2005. OYRA. KYJKK 1993-2014. Hi: 10. Japani; Program, Hokkaido University – University of Oulu Joint Symposium, September 18-21, 2005. OYRA. KYJKK 1993-2014. Hi: 10. Japani.

28) Invitation, from Lauri Lajunen President of the University of Oulu to Hokkaido Government, Hokkaido Economic Federation, Northern Advancement Center for Science and Technology and Hokkaido University, August 19, 2005. Oulun yliopiston rehtorin arkisto. Kansainväliset yhteydet – Japani, Kiina, Korea 1993-2014. Hi: 10. Japani. Program, Hokkaido University – University of Oulu Joint Symposium, September 18-21, 2005. Oulun yliopiston rehtorin arkisto. Kansainväliset yhteydet – Japani, Kiina, Korea 1993-2014. Hi: 10. Japani.

29) 小磯修二インタビュー，2016年7月20日；山本強インタビュー，2016年1月27日．以下も参照。Woolgar, "Hokkaido New Industrial Cluster", 238-240.

30) Simonen et al., "*What happened to the growth?*", 289-293, 298-301, 303.

第 8 章
日本の核燃料サイクルにおけるディレンマ
—— フィンランドの核ごみ最終処理場と比較して ——

島本 マヤ子

はじめに

　本章では、日本のエネルギー対策の中心をなす「核燃料サイクル」が直面しているディレンマ —— 使用済み核燃料を減らしつつ、「核燃料サイクル」は維持したい —— を議論する。具体的に言えば、核燃料サイクルが機能しなければ、使用済み核燃料は処理できないので増え続ける。だが、核燃料サイクルは機能不全に陥っている。これが日本の抱えるディレンマである。この問題に取り組む最適のアプローチとして、この難題を克服しつつある、フィンランドのエネルギー政策との比較を試みることにしよう。

　日本とフィンランド両国のエネルギー政策については、どちらの国も資源小国であるので、エネルギー源を輸入に頼りつつ、全電力供給の3分の1を原子力発電が担うという共通点がある。ゆえに両国の直面する共通の問題は、「必然的に生じる使用済み核燃料をどのように処分すべきか」であろう。不思議なことに、この問題について、両国はまったく異なった政策を採っている。日本は依然として増え続ける使用済み核燃料をどこへ処分するか特定できていないが、フィンランドはすでに最終処理場の建設を完成しつつある。それはヘルシンキから200km西南のユーラヨキ（Eurajoki）自治区に属するオルキルオト（Olkiluoto）島にあり、世界で初めての処理場といわれている。

　両国に（電力の3分の1を原発に依存していることを除いて）共通点がないとすれば、以下の問題が提起されるだろう。すなわち、「フィンランドと日本の

政策アプローチはどこに相違があるのだろうか」「相違点を裏付けるものはいったい何なのか」——これら2点の疑問をリサーチ・クエスチョンとして、本章では、まず両国のエネルギー政策における歴史的、政治的背景を検討する。次に、これらの異なったアプローチが生じるようになった理由を探ることとする。問題の解答を模索する過程で、本章は「日本はフィンランド式解決法を学ぶべきである」という仮説を導くことになるだろう。

1. オンカロ最終処理プロジェクト

高レベル核廃棄物（核のごみ）は、その高い放射能と発生後には減衰しながらも長く残存する性質から、長期間にわたり人間の生活環境から隔離する対策が必要とされる。したがって地下深く安定している地層中に処分する「地層処分」が、現在最も好ましい処分方法であるというのが国際的な共通認識となっている。

諸外国の中で地層処分を決定したのはフィンランドのほか、アメリカとスウェーデンだが、実際に処分は開始されていない[1]。フィンランドのオンカロ（フィンランド語で洞窟を意味する）最終処理場は、現在ユーラヨキ自治区にあるオルキルオト島において完成しつつある。このプロジェクトの目的は、核のごみが有機物に浸透しないように、人体に到達しない多重放射線バリアを使用することである[2]。このため、使用した核燃料は技術的ソリューションを組み合わせた多重性バリアを基盤にし、放射性物質は銅製のキャニスター（小型の容器）に格納された後、深さ450m、幅35kmのオルキルオト岩盤地帯に埋め込む[3]。

オルキルオト島では現在、原子炉2基（OL1、OL2）が稼働している。3基目（OL3）は、欧州では初めての次世代加圧水型EPR（European Pressurized Reactor）原発炉といわれ、2018年度に稼働される予定である[4]。これら3基が稼働すれば、フィンランドの全電力需要量の3分の1を供給できる。それゆえ、オルキルオト島はフィンランドの「原発島」と呼べるであろう。

最終処理場を実際に計画、建造および管理するのは1995年に設立されたポシヴァ社（Posiva Oy）である。同社は、フィンランド政府公認のフォルツム（Fortum）電力会社が40%、Teollisuuden Voima Oy（TVO）電力会社が60%出資して設立された合弁会社で、使用済み核燃料の地層処分、およびその他関連

事項に関する専門的な調査などの責任を担っている。具体的にいえば、オルキルオトにある3基の原子炉、ヘルシンキから数km南にあるロヴィーサ（Loviisa）原子炉2基（ソ連製）などから生じる核燃料廃棄物を地層処分する。これらの原子炉から生ずる使用済み核燃料の処分は（日本のように）再処理されず、直接に処分（ワンス・スルー方式）される。フィンランドは原子炉の基数が少ないことから、再処理しプルトニウムを抽出してリサイクルする選択肢を放棄してきた。だがその一方で、フィンランドは使用済み燃料および放射性廃棄物を自国で処分することを、（後述するように）早くも1977年から目標としていたのである[5]。

さて、オンカロにおける地層処分に関していえば、2020年から開始され、2100年に完了し、その後10万年間封印されるという。その理由は核のごみに含まれているウラン、プルトニウムなどの毒性が、フレッシュなウラン鉱石と同レベル（生物に無害となる）まで消滅するには、このような長い年数を要するからだという[6]。

2. 最終処理場はどのように決定されたのか

フィンランドが商業炉の運転を始めたのは1977年だが、使用済み核燃料の地層処分についても同年代にすでに議論を開始していた。1983年に内閣が原則ガイドラインを作成し、1987年には「フィンランド原子力法」を制定した[7]。ところが1991年にソ連が崩壊したことがきっかけで、1994年に使用済み核燃料の処分に関する条項が大幅に変更されたのである[8]。

その動機を歴史的背景から概観してみよう。フィンランドは、1969年にOECDに加盟し、1975年に設立された国際エネルギー機関（IEA）に（日本と同様に）加盟している。マーストリヒト条約が調印された1992年にEUが設立されると、機が熟したと見たフィンランドは、国民投票を行いEUに加盟することにした。フィンランドがソ連の隣国であり、安全保障が懸念されたことは当然だった[9]。とはいえ、原発に使用する核燃料に関しては、ソ連から購入していたし、生じた使用済み燃料はソ連に送り返され再処理を委ねていた[10]。EUに加盟したことで（正式には1995年加入）フィンランドは、（冷戦終焉のきっかけとなった）ソ連崩壊を機にソ連への再処理の委託を中止した。これによりフィンラ

ンドは、政治的にも、経済的にもエネルギー政策において独自の政策を歩むチャンスに恵まれた。長期にわたってソ連に占領された苦い経験は、西側の独立国としてのアイデンティティを維持したいとするフィンランドの推進力となったといえるだろう[11]。

3. フィンランド原子力協定の歴史

「フィンランド原子力協定」は、どのように変更されたのだろうか。EU 加盟国として欧州原子力産業会議連合ユーラトム（EURATOM）の一員になるためには、まず「フィンランド原子力協定」と EU の協定の間に存在する矛盾を是正する必要があった。そのためフィンランド政府は、自国の法体制が EU を受け入れることができるよう改定し、「フィンランド原子力協定」と「ユーラトム協定」の間に整合性を構築することとなった[12]。

1991年にソ連が崩壊すると、ロシアの処理産業は、公害問題などのあおりを受けて厳しい状況に置かれた。その結果、「フィンランド原子力協定」の改定を促す議論が持ち上がった。最終的に政府は、①「フィンランド国内で生じたすべての使用済み核燃料は、国外に持ち出してはならない。したがってフィンランドの電力事業者はどのようなことがあっても、自社から生じた使用済み燃料の処理（処理場を含む）を自社で責任を負わねばならない」、さらに、EU に加盟することとは関係ないのだが、②「国内に持ち込まれた他国の使用済み核燃料は、国内で処理してはならない」と変更した[13]。これら2項目の変更は、改定版「フィンランド原子力協定」の柱となった。

なお、政府を改定へと促した動機には、フィンランドの「オルキルオトの強固な岩盤は、高レベル使用済み核燃料の処分地として適応すると思われる」[14]という点も挙げられる。

4. 原則決定、サイト選定、国会の承認

　最終処分場の選定については、1980年代の前半に調査が試験的に行われた。1987年に102か所の候補地から5か所が選ばれた後、オルキルオトとロヴィーサが最終処理場に適合するとして、原子力発電所を計画する企業から政府に対し「原則決定」向けに提案された[15]。1994年に「原子力協定」が改定されると、最終処分に対する意識が高まった。すなわち、誰もがニュートラルな立場で自分たちのこととして向き合わざるを得なくなったという[16]。ポシヴァ社は、それぞれ異なった利害関係者を交え「将来起こり得るリスクに対して誰が責任を負うのか」などの重要な問題について公開討論を行い、そして1998年には、オルキルオトとロヴィーサが、決定権を持つ自治体の住民によって承認されたのである。最終的にポシヴァ社は、環境評価報告書を雇用経済省に提出した。一方、内閣は核エネルギーが安全に使用されているかを監視する責任を持つ、独立した原子力施設の規制機関である放射線・原子力安全センター（STUK）に対して、その安全基準に合致しているかどうかを確認した[17]。STUKの評価は高い信頼を勝ち得ていたので、決定過程で大きなウエートを占めた。2000年、オルキルオトが内閣の原則決定に適合する最終候補地として指定された。その間、雇用経済省とユーラヨキ自治区は、オルキルオトを最終処理の適用地として選定することに以下の理由で同意した。

① オルキルオトの広大な敷地は地層処分地として適用可能である。
② 原子炉と最終処分地との距離が短い。
③ 住民感情が好意的である。

　よって2003年、ユーラヨキ自治区は処理場施設の建造を正式に認可した。ポシヴァ社とユーラヨキ自治体はさらに討論を重ね、双方は使用済み燃料の地層処分は必要かつ不可欠であること、この問題は次世代に引き継がれてはならないことなどを、20対7の多数決で合意したのである[18]。つまり、電力事業者（のちにはポシヴァ社）と地層処分候補地区の住民などの、異なった利害関係者らが、オープンな話し合いを20年間、辛抱強く続けた結果だったといえる。また公開されたディベートにするために、NGO、さまざまな機関、および自治区の住民

らが、最初からすべてをオープンにして交渉に臨んだ結果でもあった[19]。

　この手続きが終わると、2002年1月に政府が立場を明らかにするが、所轄の5人の大臣がそれぞれの意見を述べるにとどまった。最終的に内閣では、「原則決定」は10対6で採決された。次に「原則決定」が効力を持つためには、国会で審議されなければならない。国会では8つの異なる委員会において4か月間審議が行われた。経済・森林委員会は賛成、環境委員会は反対、残りの委員会は立場を決定しなかった。賛成派は万一、このプロジェクトが成立しない場合、ロシアの天然ガスへの依存が増大することは避けられないと警鐘を鳴らし、エネルギー安全保障にまで及ぶ議論となった。最終的には107対92で国会は政府方針を承認したのである[20]。

　以上のことから、フィンランドの地層処分のサイト選定問題は、原則決定が承認されるまで40年を費やした、時間のかかるプロジェクトだったことが分かる。政府からの法的サポート、ポシヴァ社らからの技術、管理、安全などについての保障、そして独立した金融機関の財的支援などを受けることはもちろんだが[21]、くわえて自治区の住民側には、地層処分について、「原発の恩恵を受けたのであれば、その後の責任も我々にある」という責任と信頼があったことも後押ししたと思われる[22]。以上のような理由のほかに、自治区の住民が経済的にも（雇用の機会、投資など）恩恵を受けられる場所が選ばれたことは理解しやすい[23]。

　しかしながら実際のところ、このサイト選定に関しては、住民がもろ手を挙げて賛成したわけではない。フィンランドのいわゆるオピニオンリーダーの中には、地層処分が完了する2100年の後も、放射性有害物質（セシウム137、テクネチウム99など）は残留し続けるのではないかと懸念している人がいる。またある批評家は、フィンランドの岩盤は封印後も安定なのか、氷河期においても安全なのかと疑問視してもいる[24]。受け入れについては認めたくないが、理性の部分で譲歩するしかないと冷静に受け止めている住民もいるようだ。結局のところ、ユーラヨキ自治区の住民は妥協の上、決定を受け入れたのかもしれない[25]。だが40年かけて蓄積されたフィンランドの廃棄関連の先端技術は、他国に先駆けて開発されたものであり、原発を持つその他多くの諸国に対して輸出可能な投資になっている[26]。これからもフィンランドの有力なノウハウとして世界の注目を集めていくであろう[27]。

ところで、処理場問題に苦慮している日本の原子力発電県境整備機構（NUMO）は、フィンランドの今回の建設許可について、「長年にわたり取り組んでこられた結果であり、敬意を持って受け止めています」とコメントし、フィンランド国民の辛抱強さと努力を讚えたのである[28]。

5. 日本ではなぜ核燃料サイクル？

　日本のエネルギー政策はフィンランドのそれと大きく異なる。フィンランドと同様に日本は、1970年代まで原油の輸入に頼っていたのだが、その後は「日米原子力協定」（1968年発効）のもとで、同盟国アメリカの原子燃料（ウラン濃縮）のほとんどを受け入れ、原子力発電所を積極的に建造するようになった[29]。しかし、再処理のための事前同意、核物質に関する供給国の規制権などを個別に得ねばならなかったので、一括してアメリカより包括同意を取るため、1988年に「新日米原子力協力協定」を締結した。これにより日本は、国内で再処理が可能な「核燃料サイクル」を軸として原発国となっていく[30]。

　「核燃料サイクル」は、アメリカの核政策と深く結び付いている。その理由を戦後の日米関係からひも解いてみよう。1953年に行われた国連総会で、アイゼンハワー大統領が「平和のための原子力（Atoms for Peace）」と題して演説をしたことに端を発し、アメリカの原子力政策は劇的な転機を迎える。当時はアメリカとソ連の軍備拡張競争が激化し、アメリカの核分裂性物質の貯蔵量は増え続けていた。アメリカの解決策は、膨大な軍事費を削減するために核技術（余剰ウラン）を自由主義国、とりわけ友好国に売ることだった。このようにしてアイゼンハワーは、原子力エネルギーを平和的に利用することで、世界のリーダーシップを維持しようとしたのである[31]。

　世界で唯一の被爆国である日本が、アメリカの核販売促進計画の受益者（受取人）になったのはなぜだろうか。奇妙なことに、原子力エネルギーを非軍事向けに使用するという考えは、エネルギー技術を永久的に未来に平和利用するという点で、日本人の心情に合致し受け入れられた。早くも1955年、日本政府は100gの濃縮ウランを試験的に購入した。以来日本は、アメリカより2国間契約「原子力の非軍事利用に関する日米協定」のもとで、アメリカの（核拡散防止のため

の）監視を受けつつ、濃縮ウランを購入し続けたのである[32]。使用済み核燃料は、アメリカから個別に承諾を得てから再処理のためイギリスとフランスに輸送された。1988年になってアメリカと日本は、個別方式契約をやめ、再処理は総括的に日本で行うとする「新日米原子力協力協定」を締結した。これにより「核燃料サイクル」が日本国内で可能となったのだった[33]。

「核燃料サイクル」について説明をしておこう。最初の段階で高レベル使用済み核燃料（核のごみ）に含まれるプルトニウムとウランが処理過程で抽出される。次にこれらの核物質は再び燃料として使用される。このサイクルにより、日本は核のごみを自国内で、（他国に委ねず）自前で再処理できることとなった。その結果日本は、非核保有国の中で、世界で初めてプルトニウム保有国となった。また当協定は、日本がプルトニウムを軍事目的に利用することを禁じている。それゆえ日本は、積極的に国連原子力委員会（UNEC）の国際原子力機関（IAEA）による厳しい査察を受けている。

6. 日本のエネルギー政策のコアとして

「新日米原子力協力協定」の柱となった「核燃料サイクル」は、以降、日本のエネルギー安全保障の一環として、戦略的「国家エネルギー政策」と位置付けられた。すなわち、核のごみに含まれるウランとプルトニウムは、まず軽水炉で再処理される（プル・サーマル方式という）[34]。次の行程では、（通常の高速炉の技術を確立するために造られた原型炉）高速増殖炉「もんじゅ」が、消費する電力以上のプルトニウムを生み出すと期待された。この2つのサイクル、すなわちプル・サーマルと高速増殖炉（夢の原子炉ともいわれる）が、日本の核燃料サイクルのコアとなったのである。資源の乏しい日本にとって高速増殖炉は、核燃料を準国産化できることから、大いに期待されたことはいうまでもない[35]。以来、これら2つの核燃料サイクルは、核のごみを再処理できるため、使用済み燃料の減量にもつながるとして期待を背負ってきた。そして電力が半永久的に産出されるとして、日本のエネルギー基本計画に向けて重要なベースロードとなった[36]。

ところが、両輪の1つ、「もんじゅ」は迷走の歴史をたどった。1994年に初臨界に達したが、その後に数回の事故を起こしたことは、日本の核燃料サイクルの

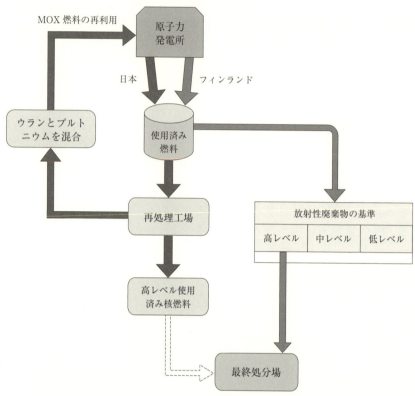

図8-1 フインランドと日本における使用済み核燃料の廃棄サイクル

将来にとって致命的な失敗となった。16年後の2010年に運転にこぎつけたものの、またもや事故を起こし、「もんじゅ」は22年間で稼働したのは、わずか250日にとどまった[37]。2016年12月になって所轄の文科省は、「もんじゅ」が安全基準をクリアするには高額な費用を要するとして、「もんじゅ」を廃炉にすることを決定した[38]。

政府が「もんじゅ」の存続に固執し続けた理由は「核燃料サイクル」にあった。高速増殖炉の存在が危うくなれば、「核燃料サイクル」そのものが揺らいでしまうからである。それに伴って、再処理の際に生じるプルトニウムの平和利用を、日本だけが認められている「新日米原子力協力協定」に影響が及ぶと懸念されたのだった。

「核燃料サイクル」がこのように機能不全に陥ると、電力会社の敷地に置かれている膨大な量の使用済み燃料は、再処理もできないままとなる。現在6基しか稼働していない状況の下では[39]、各電力会社に貯蔵されている廃棄用燃料をすべて再処理するには、少なくとも30年はかかると予想される（現在、全国で54基の原発がそれぞれの敷地内に合計1万8,000t貯蔵している）。日本原燃（JNFL）所有の日本最大の再処理工場である六ケ所村再処理工場は、2006年には試運転にこぎつけたものの、2011年の福島第一原発事故を機に、さらに厳しくなった規制基準へ適合させるため、新たな対策工事が増え、建築費は最終的に3兆円を超えると言われている[40]。つまり、これらの厳しい状況から察すると、再処理システムは正常に機能していない。そればかりか、プル・サーマルだけのために核燃料サイクルを続けるのは、経済的にもコストが引き合わず、もはや日本の核燃料サイクルは崩壊寸前となっている[41]。今となっては、核燃料サイクル政策自体が見込み違いだったかもしれない[42]。

さかのぼって2011年3月11日に発生した福島第一原発事故は、計り知れない影響を日本国民に与えた。以来、日本の世論は、放射能漏れに対する恐怖心から、原発の再稼働に強く反対している。このように核燃料サイクルのコアの両輪を失った現在、日本のエネルギー・リスクの将来はさらに不透明なものとなった。

7. 最終処理場の選定が緊急課題

だが経済産業省（METI）は2016年12月、フランスの高速炉開発計画（ASTRID）と国際協力を強化し、高速炉開発を継続するという[43]。高速炉の研究開発を続ける方が、「もんじゅ」に固守するよりは得策との考えに傾いたようだ。「もんじゅ」に代わる高速炉を開発し、燃料サイクルを堅持する経産省は、再処理工場の所有を国際的に認められた外交上の地位と、開発技術の継承のためにサイクルを堅持する道を選んだといえよう[44]。2018年7月に満了となる「新日米原子力協力協定」の自動延長を視野に入れていると考えられた。残念なことに、フィンランドの直接処分方式は検討すらされていない[45]。

直接処分方式には2つの利点がある。1つは、（貯蔵・再処理における）セキュリティー・リスクを半減できることであり、もう1つは（再処理に要する）経済

コストを半減できることである。オルキルオト地区が最終処理場に最も適していると考えられた理由は、住民の好感度がその他の自治区より高かったのはもちろんだが、リスクのある輸送が最短距離であったからであり、そこにポシヴァ社が輸送についてリスクヘッジを取ったことがうかがえるのである。

8. 原子力発電環境整備機構（NUMO）の提案

とはいえ、日本が増え続ける使用済み燃料に手をこまねいていたわけではない。1962年に、核のごみ処分の検討を開始していたし、1999年には地層処分が技術的に実現可能であることを確認していた。2000年、（同年にはユーラヨキが最終処分場の受け入れを表明していた）原子力委員会と電力会社などが設立した原子力発電環境整備機構（以下、NUMOと略）が、正式に候補地を募集していたのである。ただ当時の計画では、適地の探索、ボーリング調査、地下施設の建設と精密な調査の実施、という3段階のプロセスを踏むというものだった。候補地の選定は自治体からの立候補制としていたため、各段階で自治体が反対した場合は次のプロセスに進まない。おのおのの段階で自治体の意見を尊重したことから、検討開始より40年を空費したのだった。

2015年、NUMOは最終処理場の候補地を募集しているが[46]、今のところ候補地に応募した道府県はない[47]。現在、原発のある各電力会社の工場敷地内には、一時的に貯蔵されている使用済み燃料（低レベル、中間レベルを含めて）が全許容量の70%を占めている。経産省は、改めて2016年中に「科学的候補地」を指定すると決定したが[48]、何らの「科学的候補地」も指定されていない。政府側と住民の間で公開討論もされていない。

2016年5月、経済協力開発機構（OECD）の原子力機構（NEA）は、「政府と国民や規制当局などが、できる限り早い段階で対話を始め、開かれたコミュニケーションの継続が重要」と指摘した[49]。この提言は、伝統的な日本式政治——国策民営（国が指針を示し、民がそれを実行する）や根回し（背後で事前に交渉する）——ではなく、国と民のよりオープンな話し合いを求めたのだった。この提言が、日本とフィンランドのエネルギー政策における根本的な相違を指摘しているのは興味深い。

おわりに

　日本の原子力政策は国策民営型方式である。企業が国策をバックアップするような政治が行われれば、地域住民が公開された討論に参加する機会はないだろう。前もって背後で議論（根回し）を行えば、公平な議論やディベートをする雰囲気さえ生まれない。ましてや、政府と地域がコンセンサスを必要としているときでさえ、オープンで持続可能な対話をつくり出すムードも望めまい。

　さらに日本のエネルギー政策は、政府が指針を作成し、企業が事業主体となるものの、どちらが責任を負うのかといった肝心な問題があいまいにされている。原子力発電所を受け入れる地域住民の間ではオープンな話し合いは行われず、政府側の財政的保障や雇用の確保などの恩恵のみが強調され、安全性については電力事業者に一任されたため、住民と政府の間の信頼関係は希薄だったのである。

　対照的にフィンランドは、原子力政策に不可欠の議論を民間主導で行い脱政治化した。それゆえ、町議会での講演や住民説明会において、住民と電力業者が合意に至るまでのプロセスで透明感が確保されていた。具体的にいえば、フィンランド政府（雇用経済省）は、STUKの安全基準をもとにガイドラインを作成し、一方でTVO、フォルツムなどの電力事業者は、地層処分を含む使用済み燃料の取り扱いに対してすべての責任を担うなど、責任の分担も明らかに区別されていた。つまりフィンランド方式は、異なった利害関係者の間においてさえ、相互信頼を構築し、開かれた対話──民主主義のコア──へと進展させることができたのである。これこそオンカロ・プロジェクトが遂行できた理由であり、日本が学ぶべき信条であろう。

注・文献

1) アメリカでは2002年、最終処分場のサイトとしてユッカマウンテン（ネバダ州）が決定されたが、オバマ政権以来、現在も中止されている。スウェーデンではSKB社がForsemarkに処分場を決定し、2011年に申請をしている。
2) ポシヴァ社のリポートを参照されたい。Posiva Report, abstract, 5. http://www.posiva.fi/files/2640/POSIVA-96-14_web.pdf（2016年2月19日閲覧）．
3) TVO, Posiva Oy, and Olkiluoto Visitor Centre, "Final Disposal of Spent Nuclear Fuel",

Electricity from Uranium Science Exhibition, 2016, 20-21; Posiva Oy, *Pocket Guide to Final Disposal*, 4-27, http://www.posiva.fi/en/final_disposal/basics_of_the_final_disposal#.WdZK71u0Opo（2017年10月5日閲覧）.

4) 2018年3月時点。2005年に AREVA NP により建造が開始されたが、STUK の基準を満たさないため大幅に工事が遅れた。TVO Newsletter October 2017; AREVA-SIEMENS が EUR450million を TVO に賠償金として支払うことに合意した。World Nuclear News, Mar.12, 2018; IAEA が安全性を確認し、今年度末には稼働が可能となる（World Nuclear News Mar.23, 2018）.※［編者 注］2018年11月時点では、2020年1月稼動予定となっている。また、2019年2月25日、STUK は雇用経済省に「安全に運転することが可能」との意見書を提出した。これを受けて、フィンランド政府は運転の認可について最終的な検討に入る（一般社団法人日本原子力産業協会 HP, https://www.jaif.or.jp/190226-a, 2019年4月28日閲覧）.

5) ユッシ・マンニネン「原子力発電に関するフィンランドの論争」『社団法人日本フィンランド協会創立30周年記念論集』（フィンランド・テーブル第2集）（日本フィンランド協会, 2006）, 69-70.

6) 映画『100,000年の安全』シナリオ（東京：アップリンク, 2011）, 6.

7) Finland Nuclear Energy Act 990/1987; amendments up to 342/2008 included, www.finlex.fi/fi/laki/kaannokset/1987/en19870990.pdf（2018年1月5日閲覧）.

8) Finlex HE295/1994 Parliament's proposal to amend the Nuclear Energy Act, www.finlex.fi/fi/esitykset/he/1994/19940295（2017年12月2日閲覧）.

9) サトウ・マッティラ「フィンランドと欧州連合」『社団法人日本フィンランド協会創立30周年記念論集』（フィンランド・テーブル第2集）（日本フィンランド協会, 2006）, 37-38.

10) Finlex HE295/1994 Parliament's proposal to amend the Nuclear Energy Act, II Other Changes 1.1 Introduction; 1.2. Nuclear Waste Management Policy and Past Decisions.

11) Max Jakobson, *Finland: Myth and Reality*. 北詰洋一訳『中立国家の歩みと知恵』（東京：サイマル出版, 1990）, 211-13.

12) HE 295/1994 Parliament's proposal to amend the Nuclear Energy Act.

13) HE 295/1994, III. Organizational and economic impact of the presentation. 1.3.3. Proposed changes.

14) 同前.

15) 同前. 1.3.Current situation and proposed changes. 原則決定の時期は、プロジェクトの早期に出される必要がある。これは建設許可というよりは一種のグリーンライトで、正式許可ではない（ユッシ・マンニネン「原子力発電に関するフィンランドの論争」70）.

16) 「核のゴミへの債務：オンカロに学ぶ：原発の町　受け入れを決断」『産経新聞』2016年9月15日.

17) Finland Nuclear Energy Act 990/1987 amendment up to 342/2008 included.

18) 森本建成「フィンランドにおける高レベル放射線廃棄物の最終処分に関する法制」『欧州諸国の風力発電および高レベル放射性廃棄物の最終処分に関する法制：平成15年9月デンマーク、ドイツ、フィンランドにおける現地調査報告』（エネルギー法研究所，2004年4月），81-92.
19) Dr. Jussi Heinonen, director of STUK. 筆者の質問に対する個人的コメント，2016年8月5日．
20) ユッシ・マンニネン「原子力発電に関するフィンランドの論争」74.
21) National Nuclear Waste Management Fund. 核廃棄処分に関するファンド。国家予算とは別に雇用経済省によって管理されている（フィンランド原子力協定2条38項）。
22) 「核のゴミ」『産経新聞』2016年9月15日．
23) Jukka Ukkola, "Kiista ydinjätteestä ja maailman kallein hauta – tänne Fennovoima haluaa", *Suomen Kuvalehti* 1.10.2011. https://suomenkuvalehti.fi/jutut/kotimaa/kiista-ydinjatteesta-ja-maailman-kallein-hauta-tanne-fennovoima-haluaa/?shared=5089-0bb219f5-1（2018年10月22日閲覧）．
24) 同前．
25) 「核のごみへの債務：オンカロに学ぶ：反対住民も理性で譲歩」『産経新聞』2016年9月6日．
26) Jukka Ukkola, "Kiista ydinjätteestä ja maailman kallein hauta – tänne Fennovoima haluaa", *Suomen Kuvalehti* 1.10.2011.
27) "Finland to share repository know-how with Czech Republic", World Nuclear News, October 18, 2016.
28) 「フィンランド政府がポシヴァ社に使用済み燃料処分施設の建設許可を発給しました」原子力発電環境機構（NUMO），2015年11月12日．
29) Park Senng-Joon & Esa Ruuskanen, "Energy Supply and Regulation", Tanaka Yasushi, Toshiaki Tamaki, et. al, eds, *Comparing Post-War Japanese and Finnish Economies and Societies: Longitudinal Perspective* (Routledge, 2015), 123-24.
30) 遠藤哲也『日本の原子力協定の成立経緯と今後の問題点』（日本国際問題研究所，2010年），13-47．
31) Cooperation with Other Nations in the Peaceful Uses of Atomic Energy (report), 13 August 1954. White House Official. Office of the Special Assistant for National Security Affairs: Records. 1952-1961. NSV Series. Papers Subscribes box 12. NSC 5431/1, 2, Eisenhower Presidential Library.
32) Mayako Shimamoto, "Abolition of Japan's Nuclear Plants? Analysis from a Historical Perspective on Early Cold War, 1945-1955", Yoneyuki Sugita, ed., *Japan: Viewed from Interdisciplinary Perspectives, History and Prospects* (New York: Lexington Books, 2015), 261-74.

33) 「新日米原子力協力協定」正式には「原子力の非軍事的利用に関する協力のための日本国政府とアメリカ合衆国政府との間の協定」という(『科学技術庁原子力局原子力委員会月報』7月号第13巻)。
34) 「もんじゅ、エネ政策、左右」『産経新聞』2016年9月21日.
35) 「夢の原子炉　屈折の果て：22年間で稼働250日」『日本経済新聞』2016年9月22日.
36) 鈴木達治郎・猿田佐用『アメリカは日本の原子力政策をどう見ているか』(東京：岩波書店, 2016), 26.
37) 「夢の原子炉　屈折の果て：22年間で稼働250日」『日本経済新聞』2016年9月22日.
38) 「もんじゅ安全軽視のツケ：廃炉正式決定」『産経新聞』2016年12月22日.
39) 九州電力の玄海3号機が2018年4月に稼働を許可された。これで7基目が稼働することになる (World Nuclear News, Mar.23, 2018)。
40) 「核燃料再処理：13.9兆円、六ケ所村、総事業費膨らむ」『日本経済新聞』2017年7月4日.
41) 「核燃料サイクルって何？：原発燃料の再利用・行き詰まり」『日本経済新聞』2016年11月14日.
42) 同前；"Further delay to completion of Rokkasho Facilities," World Nuclear News, December 28, 2017. 日本原燃は、規制基準が厳しくなったため、六ケ所村再処理施設の完成がさらに3年遅れる予定と発表した。
43) 「高速炉の開発：世界2極化、米、建設延期　仏露は推進」『日本経済新聞』2016年12月22日.
44) 「ついえた夢の原子炉」『日本経済新聞』2016年12月22日.
45) 舟橋春俊・長谷川公一・他『核燃料サイクルの社会学：青森県六ケ所村』(東京：有斐閣, 2002), 324.
46) 原子力委員会「特定放射性廃棄物の最終処分に関する法律に基づく特定放射性廃棄物の最終処分に関する基本方針の改訂について」(答申)『第17回原子力委員会資料』第1-1号 2015年3月15日.
47) 「核のごみ受け入れ20道府県が拒否」『産経新聞』2017年10月25日.
48) 「高レベル廃棄物の地層処分・進む技術評価実現は遠く」『日本経済新聞』2016年8月15日；原子力委員会『第17回原子力委員会資料』第1-1号, 2015年3月15日. 原子力委員会は、「2000年6月に公募した基本方針を妥当とし、最終処分事業が進捗していないことについて深く反省し、今後国民との相互理解を深め、説明責任を果たしていく」と述べている。
49) 「核ごみ、国民と会話を：OECD処分地選定で指摘」『産経新聞』2016年5月31日.

第2部
文化との出会い

第 9 章

日本とフィンランドの視覚芸術の
社会的意義と近代国家の確立

ミカ・メルヴィオ

　視覚芸術が日本社会・文化に対して持つ重要性や、それが日本という国の存在や日本の思想を海外に広める上で大きな可能性を持つことを、日本政府が認めるのは非常に遅かった。「国家は国民の文化的生活に責任を負う」という思想、また「国民が文化的権利を有する」といった思想は、日本社会にとっては比較的なじみが薄かった。しかし、江戸時代以前には存在しなかった「日本人としてのアイデンティティ」は、教育といった国家的制度を通して、日本政府が社会的・文化的に構築していったものにほかならないのである。視覚芸術においては西洋の影響が徐々に浸透していき、西洋画そのものが日本に持ち込まれるまでには、すでに日本画との融合が進んでいた。本章では、日本の近代化および国民国家の形成過程において、日本政府が文化や視覚芸術を重視しなかった理由を歴史的文脈から分析し、その後、フィンランドにおける同様の過程について論じる。

　フィンランドでは、国民国家としての「フィンランド」を打ち立てる構想は、文化界・政界の少数の有力者が発案した文化的計画として始まった。彼らは、フィンランドにおける「ルネサンス」がロシア政府に許容され、さらにはロシア帝国にとっても望ましいモデルとなると見込んでいたのだった。視覚芸術は、フィンランド文学や音楽と並び、フィンランドの国民的ロマン主義黄金期において重要な存在だった。こういった芸術は多分に政治的な意義を持っており、フィンランドが国家として確立し、さらにヨーロッパの政治体系に統合していく上で必要な価値基準を形成することを通して、フィンランドを西ヨーロッパと結び付ける役目を帯びていた。これによってフィンランドは、ロシア帝国の基本原理を

なす価値体系とは距離を取っていった。同時に、フィンランドは自国の文化をスウェーデン文化とも差別化していたものの、国民の文化的生活を国家が支えるスウェーデン的方式は、国民国家にふさわしい進んだ文化的生活を生み出す上で、フィンランドにとって重要なモデルとなった。

レオ・メケリン（Leo Mechelin）が編纂した書籍"Finland i 19de seklet. Framstäldt i ord och bild af finska skriftställare och konstnärer（19世紀のフィンランド—フィンランドの作家と画家の作品を通して）"はフィンランドの文化界有力者の構想を示す良い例である。この書籍の目的は、フィンランド文化・社会が、ヨーロッパ文化圏の中でも際立つ成熟したユニークなものであることを示すことだった。政治・社会に関する箇所はレオ・メケリンによって執筆されていたが、言語や文学に関する箇所はザクリス・トペリウスが執筆した。壮麗な挿絵はアルベルト・エデルフェルト、エーロ・ヤルネフェルト、グンナー・ベルントソン（Gunnar Berndtson）によって描かれた。本書はすぐにフィンランド語、ドイツ語、英語にも翻訳された。その後改訂版が何度も出版されたが、この書籍は何年にもわたり、フィンランド文化・社会を描いた基本書として、ヨーロッパ諸国で用いられた[1]。

1. 江戸社会から近代国家への変容期における視覚表現の変化

1860年以降、明治政府の有力者たちは、近代日本国家とその制度基盤を生み出すにあたり、新国家の裏打ちとなる歴史物語を創り出さなくてはならなかった。これはどの国民国家の成立においても比較的典型的な過程である。しかし、伝統や歴史文化を創造するといっても、それらすべてが何の根拠もなくでっち上げられたというわけではない。日本では、武士階級が有する古くからの伝統文化が、国民国家を築く上で、また特に文化や芸術を新たに解釈する上で役立った[2]。近代国家としての日本は、正真正銘の日本固有の伝統文化を提示することで、自国の文化的優越性を世界に示そうとしたが、それと同時に、そういった伝統文化を外国の影響から保護する必要もあった。政治家たちは特段理由もなく西洋画よりも日本画を好み、描かれていた主題が何であるか、また日本画が本当にそこまで日本固有のものであるかどうかはあまり関係がなかった。ところが、明治時代の

第 9 章　日本とフィンランドの視覚芸術の社会的意義と近代国家の確立　127

　日本では、当時の日本画と西洋画が互いに深く影響し合い、また明治期以前の国内外の芸術からも多大な影響を受けていた。また、日本の伝統文化は、あらゆるタイプの視覚芸術を含め、中国から根深く影響を受けているという根本的な問題もあった。

　日本の伝統的視覚芸術には、もともと保守的なイデオロギーが根付いていた。古くからの伝統的なハイカルチャーは上流階級の保護によって成り立っていたため、社会的地位と芸術は密接につながっていた。江戸時代の厳格な社会秩序は、徳川幕府の狭量な統制の上に成り立ったもので、幕府は、近代国家的な機能らしきものは何一つつくり出さなかった一方、既存の社会秩序を脅かす恐れのある発展に対しては、抑圧するためにあらゆる手を尽くした。身分制度が個人が取るべき行動を規定していた当時、個人が持つ選択の自由は非常に制限されていた[3]。

　別の言い方をすれば、政治的主張は芸術という手段を通しては表立ってなされることはなかった。島国である日本が世界から相対的に孤立していたことも、体制を転覆させる可能性のある新たな思想が日本に広まることを妨げた。政治的主張が許されたのは武士階級とそのトップ層に限られていたが、この階級は人口のわずか7％未満しかいなかった。一方、飛びぬけて人口が多い農民階級は、身分制度の中では2番目に位置付けられていたが、それでも政治的・経済的に強い統制を受けていた。職人・商人や、穢多・非人といった階級制度からあぶれた人びとは最下級に位置し、社会批判と取られかねないやり方で声を上げるのは利口ではないとよく理解していた。その代わり、江戸時代の日本においては、芸術表現の自由は娯楽の領域と密接に結び付いていた。宮下規久朗は江戸時代の芸術を分析する際、「娯」という言葉を用いて道徳的制約から自由だった当時の芸術を説明し、そういった芸術を、政治色・宗教色に染まったヨーロッパ芸術のイデオロギーと対比させている[4]。

　当時の日本の体制のイデオロギー的基盤をなしていたのは、幕府公認の宋明理学（道学）だった。江戸時代初期においては、林羅山、藤原惺窩、荻生徂徠といった儒学者たちが中国思想を研究し、その社会理論としての実用性を理解していた。しかし、幕府はそういった宋明理学の思想を巧みに利用し、著名な学者を幕府に登用することで画一的・合理的な国家イデオロギーを効果的に確立し、それによって、それまで仏教思想や寺院が帯びていた役目に取って代わることに成

功した⁵⁾。当時の教育制度や制限されていた出版活動も、学者の社会的思想を国民に広める上で足かせとなった。

　表現の自由は制限されていたが、新たに興った裕福な商人たちは専ら、視覚表現における美的表現の自由を享受することができた。彼らの消費活動や芸術的嗜好はそこまで厳しく統制されてはいなかった。例えば、色彩、表現豊かな琳派作品の豪奢さは、彼らの非日常への華麗な逃避行動をよく物語っている。琳派は瞬く間に他の階級でも驚異的な人気を博すに至った。間もなく上流階級の一部も、琳派作品のきらびやかで派手なディテールや精緻な技巧を愛でるようになったが、真の美的感覚と完璧な審美眼を持っていれば、その身分以上の社会的地位が容易に得られることに気付いている者はわずかだった⁶⁾。しかし、芸術や社会思想、自己表現にまつわる伝統的制約を踏み越えると、悲惨な結末が待ち受けている可能性もあった。江戸時代には、思想を自由に表現しすぎたために命を落とした学者の例もある⁷⁾。こういった状況は、全階級の人びとにあまねく文化・思想を広める上で障害となった。したがって、日本のナショナリズムの発展と、国民文化を打ち立てる構想が始まったのは、明治維新の最中に政府主導の近代化計画が開始されたことがきっかけとなった。

　ヨーロッパは日本とは異なり、オランダを皮切りに、中流階級が芸術品の大量消費市場をつくり出した。教育を受けた中流階級が、新たな文化的・政治的イデオロギーを創出する上で果たした役割は大きく、そのイデオロギーも古い政治体制や伝統文化に対し直接的に異を唱えるものだった。視覚芸術、また芸術全般の持つ意味は、ヨーロッパでは特に19世紀において再考案・再解釈された。これによって芸術の近代化が起こる基盤が生み出され、19世紀終わりから20世紀初めにかけて近代化が非常に加速した。ヨーロッパでは、画家や音楽家、作家、詩人は特に政治的に活発だった。フィンランドの場合もこの例外ではない。ヨーロッパの新たな潮流がフィンランドにおいて非常にスムーズに受け入れられたのは、フィンランドの有力者層が小規模であったことと、伝統的に確立したハイカルチャーがなかったためである。

　ヨーロッパでの芸術理論において最も重要な発展をもたらしたのは、イマヌエル・カントだった。彼の思想は何世紀にもわたり影響力を持ち続け、今日でも新たに再解釈された形で知られている。カントは、「美」というものは、目的

や有用性といった人間的な概念に汚されていない世界に存在するものであると考えた[8]。カントによると、良い美的判断力があれば、芸術をありのままに鑑賞することができ、芸術に伴うそういった世俗的側面には生まれながらにして無関心でいられるか、もしくはそういった側面を無視できる心を養えるという。一方で、芸術品を創り出す行為自体には「天才」のようなものが求められる。カントは「天才」という言葉を、古代ギリシャ語やラテン語が指す「高潔な精神が具現化されたもの」という意味で捉えていた[9]。カントの芸術論は、芸術教育や芸術鑑賞に対するいくぶんエリート主義的なアプローチとあわせて、近代美術誕生前夜のヨーロッパ芸術界に多大な影響を及ぼした。その後、芸術表現や芸術鑑賞に対する思想を多様化・民主化させたのはモダニズムだった[10]。フィンランドでは、ロシア帝国の大公国だった時代を通して、学術領域はドイツの影響を非常に強く受けており、芸術論にカントが与えた多大な影響はロシアからの独立後も長く続いた。

　日本においては、カントの芸術論や特にその中で用いられる語彙といったものは、社会構造や文化がまったく異なるためまるでなじまなかった。日本の視覚芸術分野における最大の発展は、日本画とはまったく異なる表現技法や考え方で描かれた西洋画が持ち込まれたことだといえる。幕府の敷いた規制のため、西洋画の普及は妨げられた。しかし、江戸時代に時折持ち込まれた西洋画は、伝統的な日本芸術に異を唱えるものではなかったものの、日本の芸術家たちの興味をかきたて、西洋画の技法を取り入れることを促した[11]。

　江戸では錦絵と呼ばれる様式が木版画の版元やその界隈の絵師たちの間で普及していた。こういった集団を形成していたのは、社会的地位も教養をあまりない人びとだった。日本は伝統的に、絵画における空白の部分を指す「空」という概念に重きを置いていた。こういった思想は中国由来の仏教哲学に根差しており、日本においてはさらに「間」という概念を伴っていた[12]。こういった思想は、次第に自然哲学的な意味合いを持つようになったが、これには神道の伝統的思想とも関連があることは明らかだった[13]。

　社会的に立場の低い人びとで構成される浮世絵の世界では、このような数世紀にもわたる「空」の伝統を破壊して、全面に彩色を施し、真新しい構図を取り入れるという動きは比較的容易に起こった。さらに、西洋の遠近法を日本で初めて

使い始めたのはまさにこういった絵師たちだった。西洋画、特に入手が容易な複製画やエッチングによる版画は、広い視野を持つ日本の視覚芸術家に深い感銘を与え、新規的で刺激的な西洋芸術に対する需要は瞬く間に日本で高まった。こういった思想は19世紀において驚異的な速さで日本の視覚芸術を変容させた。このような動きは、はじめは目立たなかったが次第に勢いを増し、さらに高名な芸術家や伝統的な芸術分野（掛け軸など）にも大きな影響を与えるようになった[14]。

ある興味深い貴重な書物が司馬江漢によって残されている。彼は有力な画派である狩野派の絵師だったが、西洋画を学び、1799年に『西洋画談』を著した。彼はその中で東洋画の欠点を論じ、伝統的分野の絵師たちが、西洋画を学ぶ価値のないものと軽んじていたことを指摘した。彼は続いて、西洋美術が毛髪や雄牛といった物体を、単なる線の集合ではなく、いかに全体として写実的に描写するかということを説明し、さらに、陰影法や遠近法について、また油彩の耐久性についても東洋画の技法と比較しながら論じている。彼が最も感銘を受けていたのは、西洋画が、言葉がなし得ないほど正確にイメージを再現できる点だった[15]。

絵師自身が新たな思想や表現方法に対してオープンであっても、確立した画派の中にあってその伝統を壊すことは困難だった。日本における社会秩序を支えていたのは、年功と、自分の立場をわきまえることであった。さらに、芸術教育や、作品制作における分業は、師と弟子の間の緊密だが明確に分かたれた上下関係のもと行われており、概して師は弟子がどんな形であれ自分に反抗することを嫌う。しかし、社会的評価がそこまで高くない芸術分野においては、規則はもっと柔軟で、目新しいものは商機につながる。浮世絵師たちはやがて、西洋の、特にオランダやドイツの製版家や画家が気付いたのと同じ商業的法則に思い至る。すなわち、複製画を増やし、絵画を鑑賞する人びとを増やせば、一点物の絵画や伝統芸術に拘泥するよりも収入を増やせる、ということである。かくして、日本における芸術史は繁栄期へと移り変わっていった。大小会と呼ばれる錦絵師の集まりには、北斎や歌麿、春信、春章といった、後に日本画と西洋画を融合させる者も参加していた[16]。

とりわけ葛飾北斎は最も進取の気概に富んでおり、結果としてヨーロッパで高い関心と評判を得て、その名声は彼の死後も何年にもわたり、日本でも続いた。日本の芸術作品がまとまってヨーロッパ市場に輸入されたのは、フランスのサ

ミュエル・ビングといった先駆的な貿易商が1870年代以降にそこに商機を見いだし、日本に渡って取引を行ってからのことだった。当時の為替レートのおかげで日本製品はきわめて安価だったが、日本の有力者が西洋芸術や工芸に関心を持つようになってからは、逆の市場も形成されていった[17]。日本の芸術家や工芸界はこの新たな商機に目ざとく、ヨーロッパやアメリカでよい売れ行きが見込まれる芸術品の生産を始めた。木版画などであれば、需要が予期せず高まったとしても、複製画を作ることは容易だった。ヨーロッパにおける日本からの影響は非常に大きく、特に印象派やアール・ヌーヴォー、またフィンセント・ファン・ゴッホなどの作品の中にそれを見ることができる。時には日本画の構図がそのまま模倣され、時には西洋画が描かれた壁に浮世絵の版画が掛けられ、時には日本の動植物や色の組み合わせが西洋美術に現れることもあった[18]。

　こういった日本からの影響は、絵画と国民的ロマン主義の黄金期にあったフィンランドにも同時に及び、その芸術にも影響を与えた。しかし、フィンランドの芸術が受けた日本からの影響は、他のヨーロッパの国ほどはっきりと表面化はしなかった。フィンランドでは、遠く離れた日本の異国らしさを取り入れたいという衝動はなく、自然に関するインスピレーションも自国の自然環境から得ていた。フィンランドの場合、日本美術の影響は、他のヨーロッパの国を通して及んできた。他のヨーロッパの国やアメリカとは異なり、フィンランドの芸術家は日本に渡ることもほとんどなく、日本の美術品は、大きな市場と比較するとフィンランドでは手に入りづらかった。しかしながら、自然の描写や簡素な形態言語、色の使い方や構図といった点においては、ジャポニズムは、当時ヨーロッパの流行を熱心に追っていたフィンランドや北欧の芸術家の考え方によく符合するものだった。こういったフィンランドの芸術家としては、ヘレン・シャルフベックやアクセリ・ガッレン＝カッレラ、ペッカ・ハロネン（Pekka Halonen）などがいる[19]。

2. フィンランドにおける視覚芸術の予期せぬ成功

　フィンランドはかつてスウェーデン王国の一部だったが、王国の中でも貧しい後進地域で、その時代は視覚芸術や芸術教育も長らく重視されていなかった。視覚芸術の市場は小さく、それもスウェーデン本土や中央ヨーロッパの少数の芸術家に独占されていた。こういった画家でさえ、芸術作品を制作する仕事には十分にありつけず、絵を描く仕事であればどんなものでも受けなくてはならなかった。フィンランドの農民美術は元来実利的、日常的なもので、美的価値は有史以前のフィンランド美術品にはるかに劣った。昔の狩人たちは、こと自然や動物に対して鋭い観察眼を持ち、描く作品にもそれが発揮されていたが、こういった営みはフィンランドの農耕社会の中ではうまく立ち行かなかった。しかし、フィンランドの代表的な国民的ロマン主義の芸術家たちは、ヨーロッパの最新の流行と、シンプルな形態言語や自然との緊密さを特徴とするフィンランドの原初的フォークアートの間に、意外にも共通の特徴があることに気付いていた。

　フィンランドで芸術家組合が初めてつくられたのは、1785年トゥルクでのことだった。どの工芸分野にも共通することだが、芸術における名匠というものは見本品、つまり自身の技術を見せるために代表作を制作しなくてはならなかった。トゥルクでは、見本品としてはじめは祭壇画が描かれていたが、19世紀中頃までには、馬車の装飾や家の内装といった宗教色の薄い作品へと変遷していった。フィンランドの芸術シーンは概して未発達で、ヨーロッパでよく見られた芸術家や画家同士のやっかみや摩擦はほとんどなかった。一方、スウェーデン本土では画家の組合は体系的に組織されていて勢いがあり、卓越した師や徒弟が中央ヨーロッパからストックホルムに移ってきて活動することもあった[20]。

　フィンランドでは、19世紀初頭の視覚芸術はヨーロッパの芸術シーンとは共通点がほとんどなく、カントの芸術論も、フィンランドには根付く土壌がなかった。しかしながら、トゥルクの組合は、組合員、特に徒弟を対象とした美術学校を1830年に自主的に開校した。はじめは主に描画技術を教えていたが、1843年には一歩進んで「古代美術のクラス」を開講し、そのために複製の石膏像をストックホルムやサンクトペテルブルクから大量に仕入れた。1846年、ロバー

ト・ウィルヘルム・エクマン（Robert Wilhelm Ekman）がフィンランドへと戻って学校長となり、古代美術のクラスで教鞭を執った。エクマンはスウェーデン王立美術院で学んだ後、イタリア、フランス、オランダへと渡った経歴を持っていた。フィンランドに戻った彼は、トゥルク大聖堂に巨大なフレスコ画を描く大きな仕事を得たこともあった。エクマンと、同じくストックホルムで学び、この美術学校を創立したカール・グスタフ・スーデルストランド（Carl Gustaf Söderstrand）が、自身の才能や知識、またヨーロッパ絵画の伝統を持ち込んだことは、フィンランドにとって幸運だった。19世紀半ばに2人がフィンランドに持ち込んだ芸術教育は、イタリアのルネサンスやマニエリスムにおける教育と近かった。解剖学、遠近法や基礎的な描画技術は、あらゆるジャンルの美術にとって基礎となるものだった[21]。

　美術学校の活動の大部分はスーデルストランド自身の出資で成り立っており、彼は給与も受け取ろうとせず、ごくわずかしかない私財を学校の運営に投じた。ここからも分かるように、当時は政府も有力者も芸術や芸術教育を特に重んじてはおらず、支援に値するものとは考えていなかった。安定した給与を受けていたのはエクマンのみで、彼は画家としてもトゥルクの上流階級の間で人気を博した。エクマンには、フィンランド国立美術院を創立しようというもくろみがあり、自身がその長になろうと画策していた。しかし、当時フィンランド美術協会（Finnish Art Society）は新たな首都ヘルシンキで盛んな活動を始めており、1848年には美術学校を開校した。教師となったのはベルン・アブラハム・グーデンヘルム（Bernt Abraham Godenhjelm）で、この学校を運営するためにサンクトペテルブルクから移ってきたのだった。グーデンヘルムはトゥルクの先駆者たちに比べ、芸術教育に対してはるかに近代的なアプローチを取っていたようである。1860年代になると、政府はヘルシンキの美術学校を支援し始め、エクマンの計画は捨て置かれた。またこの時期には、エクマンの美術スタイルに対する異議も唱えられ始めた。この時代、フィンランドの有力者の多くは中央ヨーロッパと密につながっており、その多くはエクマンのやり方もスウェーデン王立美術院も過去の遺物だと考えていた。エクマンは1868年、ヘルシンキ美術学校の職に応募したが、選ばれたのは彼のかつての教え子のアドルフ・ボン・ベッケル（Adolf von Becker）だった。ボン・ベッケルははじめはコペンハーゲン、その

後はデュッセルドルフとパリで学んだ経歴を持っていた。彼がパリとつながりを持っていたことは、フィンランドの次世代の芸術家にとって大きな恩恵をもたらすこととなる[22]。

アドルフ・ボン・ベッケルは、本務としての教職の傍(かたわ)ら、1872年に自身の私立校を開いた。その生徒として、ヘレン・シャルフベック、エリン・ダニエルソン＝ガンボーギ（Elin Danielson-Gambogi）、ヘレナ・ウェステルマルク（Helena Westermarck）、アクセリ・ガッレン＝カッレラなど、フィンランド美術史に名を連ねる画家たちが在籍していた。ボン・ベッケルはその後も遊学を続け、自身の生徒たちにもそうするよう勧めたが、それがフィンランドの芸術家たちの人生を大きく変える要因となった。また、ある世代の女生徒たちは、ヘルシンキでキャリアをスタートした後、ヨーロッパの各地に渡っていき、その世代を代表する画家として身を立てた。女性が美術界にあまり進出しなかった当時としては注目すべきことである。フィンランドでは、スウェーデン語を話すインテリ層や中流階級の間でジェンダーに対して進歩的な認識が広まっており、それにより、才能ある女性の美術分野への進出が促された。彼女たちの中には国内外の美術学校で学び、その後美術界でキャリアを築く者も現れた。一方、こういった美術界への進出は日本の女性にとっては実質的に不可能であり、日本で女性画家が多く現れたのはここ数十年のことなのである。ボン・ベッケルは、自分を凌駕しそうな才能あふれる若い画家に対して非常に批判的だったことでも知られているが、それでもフィンランドの視覚芸術の国際化・近代化において彼が果たした役割は大きかった。

視覚芸術は、他の形式の芸術とともに、国民的ロマン主義の勃興に大きな役割を果たしたが、フィンランドの芸術家が、国内だけでなく海外でも高い評価を受ける作品を生み出し始めるのは早かった。先述のとおり、美術学校はまったくのゼロから発足したのであって、政治的もくろみが絡んでいたわけでもなければ、十分な額の資金があったわけでもなかった。フィンランドで芸術が政府の支援を受け、社会からも認知されるようになると、新鮮で独創的な作品を求める国外の層と、美的価値よりも作品の主題や社会的・政治的意味を重視する国内の層という、まったく異なる2つの鑑賞者層を満足させる作品を生み出し、バランスを取る必要が出てきた。海外で学んだフィンランドの芸術家は、当時流行の芸術スタ

イルを追い求めたが、多くはこういったスタイルをフィンランド的な主題にも適用していった。例えば、ウェルネル・ホルムベリ（Werner Holmberg）はヘルシンキからデュッセルドルフに渡って学んだが、デュッセルドルフ派のスタイルを用い、ドイツロマン主義の視点でフィンランドの風景を描写した。もちろん、ドイツロマン主義によく見られる青々とした夏の景色は、フィンランドの気候にはなじまなかったが、彼がドイツロマン主義を取り入れた目的は、この世界を写実的に描写するのではなく、むしろ世界を理想化・美化して描くことにあった。ホルムベリはドイツで高い評価を受け、ヴァイマルで教授職を持ち掛けられるまでになった。ところが彼は30歳という若さで他界してしまう。非写実的だが細かい風景を描き出すドイツロマン主義が、フィンランドで普及しなかったのは、彼の死も一因であるかもしれない[23]。

　フィンランドの芸術シーンに不朽の痕跡を残し、フィンランド文化の象徴として今日も高い評価を受けている芸術家たちに共通するのは、彼らがさまざまなスタイルの間にある垣根を容易に飛び越えたことだった。ヘレン・シャルフベックは11歳のときにヘルシンキの美術学校に入学した。彼女は腰の怪我のせいで普通の学校に通うことができなかったが、ボン・ベッケルは彼女の才能を認め、授業料も肩代わりし、とりわけフランスのスタイルを彼女に教え込んだ。シャルフベックが17歳のときには作品がコンテストで賞を取るようになり、その後ロシア元老院から奨学金を受けてパリに渡り、同郷の女性の級友たちとともに、女性に優しくリベラルな美術学校に通った。シャルフベックも含め、そのうちの多くが、当時画家の間で人気の旅先だったブルターニュに赴き、そこで絵を描いた。1889年にパリ万博で銅メダルを取った後、シャルフベックはフィンランドに戻り、母校で教鞭を執った。作品を制作していた頃は写実主義、自然主義、表現主義を渡り歩いたが、いずれにおいても彼女特有の敏感な筆致がその作品に表れている。シャルフベックは自分自身の道を貫き、政府の仕事を請け負うことはなかった[24]。昨今、シャルフベックは最も高名なフィンランドの視覚芸術家と謳われることが多い。芸術家としての彼女は、人文的な主題を扱う国際派で、ナショナリズムや政治にはあまり関心がなかった。

　政治的な役割に関しては、アクセリ・ガッレン＝カッレラはシャルフベックとは真逆だった。ガッレン＝カッレラもボン・ベッケルの教えを受けた後、パリに

移って他の画家と協働し、例えば、エドヴァルド・ムンクとはベルリンで合同展覧会を開いた。ガッレン＝カッレラのスタイルは多分に象徴主義的で、それはフィンランドの民族叙事詩『カレワラ』やフィンランドの神秘的な歴史を描く上で効果的だった。しかし、同時にガッレン＝カッレラは進取の気概に富んでおり、さまざまな題材を取り扱った。多くのフィンランド人にとって彼の作品は、フィンランドの黄金時代、そして独立へとつながる国の発展の象徴となっている。シャルフベックがフィンランド芸術の人間的側面の象徴である一方、ガッレン＝カッレラをその政治的側面と切り離すことは難しい。内戦中に彼が白衛軍側で地図を描き、マンネルヘイム将軍の副官を務め、独立国家となったフィンランドの軍旗、シンボルマーク、軍服をデザインしたことは、彼が政治的信念を持ち、「国家としてのフィンランド」という文脈において自分を認識してほしいと望んでいたことを物語っている。その時代背景、また彼の政治的背景を見ると、その後もいっそう政治的な方向に進んでいくと思われたが、ガッレン＝カッレラは、自身の作品からプロパガンダや戦争を美化する要素を排除するよう努めた。ガッレン＝カッレラは、とりわけ国民的ロマン主義の象徴、またカレワラの世界を描いた画家としてフィンランドでは認識されてきたが、他方ドイツやイギリスでは、その自然描写や象徴主義的描写は、現在でも新鮮で力強いものとして評価されている[25]。

　この時期のフィンランドの視覚芸術家は、たいていはこの２人の偉大な画家の間のどこかに位置付けられる。女性画家としては、ファンニ・クルベルグ（Fanny Churberg）、エレン・テスレフ（Ellen Thesleff）、エリン・ダニエルソン＝ガンボーギ、マリア・ウィーク（Maria Wiik）といった、世界の芸術史に名を刻まれた画家がおり、彼女らの業績は昨今、良い評価を受けるようになっている。こういったフィンランドの女性画家たちは、政治色が薄く、時代を超えた主題を好んでいた。このことが、彼女らの作品が今でも関心を集め続け、時を経ても風化しないことの一因かもしれない。もちろん、これは当時の男性画家と女性画家にそれぞれ割り当てられた性役割についても多くを物語っている。政治的、社会的な芸術は男性が、普遍的でより親しみやすい芸術は女性が担ったのである。

　男性画家としては、ペッカ・ハロネン、エーロ・ヤルネフェルト、ヤルマル・ムンステルヘルム（Hjalmar Munsterhjelm）、アルベルト・エデルフェルトと

いった画家たちが、フィンランドの歴史やナショナリズムを描き出す方向性を定めた。しかし同時に、彼らは世界各国の画家と直接につながりを持ち、国際人でもあろうと努めていた[26]。

3. 日本とフィンランドの芸術 ── その違いと類似性 ──

　明治時代初頭においては、西洋芸術を自由に取り入れることが許されていた時期が、短期間ではあるが存在した。明治政府は工部美術学校を創立し、イタリアの芸術家を教師として雇い入れた。しかし、政府は急に方針を変えて西洋芸術を拒むようになり、日本画が政府の援助を受けて優勢となった。それでも、日本画家は西洋思想を取り入れることをやめなかった。例として、遠近法や陰影法、西洋の主題や構図は広く取り入れられた。西洋芸術の流儀は日本で生き続けたが、画家の方は政府の援助を当てにできず、鑑賞者の理解も得られなかった[27]。西洋芸術は国家としての日本にははっきり拒絶されていたが、日本社会には浸透し始めていたのだった。

　フィンランドが自身の見本として選んだのは、ヨーロッパ式の国民国家だった。1917年に独立を果たせた大きな要因はロシア革命だったが、それを実現させたのはフィンランド人の積み重ねてきた文化、政治、経済活動だった。その独立以前から、フィンランドには国民、そして国民国家という概念が存在しており、同時に活発な文化的生活を享受することもできていた。

　フィンランドと日本双方でヨーロッパ芸術が取り入れられて根付き、両国の芸術史は世界芸術史と統合されていった。フィンランドでは、ヨーロッパの近代的ハイカルチャーが取り入れられたのは国家的なもくろみの一環であり、「西ヨーロッパの文化の一部として認められるフィンランド文化」を創造することがその目的だった。江戸時代の日本では、ヨーロッパ文化に対する態度は好意的ではなかった。その後の明治時代に軍国主義が台頭してからは、日本文化から非日本的要素を排除しようという動きが出てきた。フィンランドは政治が発展したことで西ヨーロッパと緊密に協調するようになり、日本は戦後にアメリカと同盟を結んだことで、西洋社会とその芸術シーンの一部に組み込まれていった。今日視覚芸術家を志す者は、フィンランドにいようが日本にいようが同じように、自国の伝

統的芸術と世界各地から集まったインスピレーションとが混ざり合った、ポストモダニズム的な世界に直面する。どちらの国にあっても、視覚芸術家は世界を描き出し、分析する批評的役割を担っている。

　祭典などのスピーチではよく、フィンランドと日本には、自然や芸術と向き合う姿勢に共通点があるといわれる。たいていこれは自然色「侘び」「寂び」的な色）の使用や、シンプルさ、自然に対する畏敬の念を指している。しかし、緻密な仕上げや、素材に関する詳細な専門知識は日本の芸術にとって本質的要素である一方、フィンランドの視覚芸術においては必ずしも重視されることではない。しかし類似点や相違点というものは、常に相対的な現象である。フィンランド人も日本人も、自国の芸術を世界文化の一部として捉えることに抵抗は示さないが、それと同時に近隣諸国の芸術とは区別している。両国ともに、視覚芸術家は国際化の先駆者だった。19世紀終わりから20世紀初頭にかけては、数多（あまた）の日本、フィンランドの著名な視覚芸術家が、教育とインスピレーションを求めて中央ヨーロッパに渡った。それは今日の視覚芸術家も同じかもしれないが、昔と違うのは、フィンランドと日本の間も互いに行き来できることである。

　日本では、まだ国が視覚芸術をしっかりと援助するようにはなっていない。日本では、芸術というものは非政治的で、私的な生活を豊かにし、商業に結び付くもの、という捉え方が基本である。フィンランドでは、国民的ロマン主義の影響のため、国家と芸術のつながりは国を独立に導き、国民国家と国民文化を創造する上で非常に重要だった。日本文化は多分に市場志向型で、一般国民も、高等教育を受けた者でも、生き生きとした多方面にわたる文化的生活を保障されていた。一方フィンランドでは、政府の援助のおかげで、少ない人口にもかかわらず、驚くほど活発な文化的生活が維持されていた。

　フィンランドと日本の視覚芸術を比較すると、長い間、両国の芸術家の間では直接の接触はほとんどなく、本章で論じた時代においては、芸術を取り巻く社会環境は大きく異なっていた。しかし、特に19世紀の文化的・政治的状況は、今日の「類似性」を生み出す方向に向かっていった。現在ではフィンランドと日本の間で芸術分野の交流が活発に行われ、フィン日間の文化関連活動は、実務であれ研究であれ、かつてないほどに活発であり、他のヨーロッパ諸国と比較しても高い水準で行われている。

注・文献

1) Mechelin (ed.), 1893.
2) 日本文化構築に関する論評としては Irokawa, 1989 や Gluck, 1990, 3-41 を参照。
3) Nishiyama Matsunosuke, *Edo Culture. Daily Life and Diversions in Urban Japan, 1600-1868*. Translated and edited by Gerald Groemer (Honolulu: University of Hawai'i Press, 1997), 32.
4) 宮下規久朗『美術の力 表現の原点を辿る』(光文社新書, 2018), 93-98.
5) Ooms, Herman. Early Tokugawa Iideology. In, Nosco, Peter ed. Confucianism and Tokugawa Culture (Honolulu: University of Hawai'i Press, 1984), 27-61.
6) 例として Yamane (ed.), 1994.
7) 例として、Jenny Preston (2016) は唐詩の復興を目指していた書家、関口黄山の例を論じている。江戸時代においては、あらゆる芸術表現が検閲され規制されていたわけではなかったが、彼の場合は作品の政治的要素が仇となり、28歳のとき自宅で殺害された。
8) Kant, Immanuel. Kritik der Urteilskraft. Karl Vorländer (ed.). Modern German version of the Critik der Urtheilskraft, Berlin, 1799; Hamburg: Verlag von Felix Meiner. Unchanged reprint of the 1924 edition, 1954.
9) 「天才」の概念については以下を参照。Murray, Penelope ed. Genius. The History of an Idea. (Oxford: Basil Blackwell, 1989).
10) Merviö, Mika. Interpretation of Visual Arts Across Societies and Political Culture: Emerging Research and Opportunities.(Hershey, Pennsylvania; IGI International 2017), 3-4; Nishiyama, 1997, 69-71.
11) 日本における西洋芸術の勃興については Tsuji, 2005, 342-349.
12) 中国芸術における「空」の概念については、例として Ch'en, 2003: 15-35.
13) Merviö 2018 や本書第10章（カイサ・ブロネル-バウエル著）を参照。
14) Nishiyama, 69-71; Tsuji, 2005, 320-334.
15) 司馬江漢の『西洋画談』全文訳は以下を参照。Traditional Japanese Arts and Culture. An Illustrated Sourcebook, 2006, 173-176.
16) 例として Tsuji, 2005, 320-334.
17) ビングが果たした役割の詳細については以下を参照。Wichmann, Siegfried. Japonisme. The Japanese Influence on Western Art since 1858. Original in German: Japanismus: Ostasien und Europa, Begegnungen in Kunst des 19. Und 20. Jahrhunderts. London: Thames & Hudson, 1981, 8-9, 12, 21.
18) 例として Wichmann (1981) や『ゴッホと日本展』(1992) などを参照。
19) Weisberg, von Bonsdorff and Selkokari (eds.), 2016.
20) Willner-Rönnholm, Margareta. Taidekoulun arkea ja unelma. Turun piirustuskoulu 1830-1981. (Vammala: Turun taidemuseo, 1996), 14-19.

21) トゥルクの芸術家組合の成り立ちについては以下を参照。Willner-Rönnholm, 1996, 32-59.
22) 詳細は以下を参照。Suomen Taideyhdistyksen piirustuskoulu Helsingissä. Lähteillä. *Suomen kansallisgalleria*, http://www.lahteilla.fi/fi/page/suomen-taideyhdistys-suomen-taideyhdistyksen-piirustuskoulu-helsingissä；Suomen Taideyhdistyksen perustaminen. Lähteillä. *Suomen kansallisgalleria*, http://www.lahteilla.fi/fi/page/suomen-taideyhdistys-suomen-taideyhdistyksen-perustaminen.
23) ホルムベリについては以下を参照。Lukkarinen and Pennonen, 2017.
24) シャルフベックの生涯と芸術については以下を参照。Ahtola-Moorhouse and Utriainen (eds.), 2012.
25) ガッレン＝カッレラの生涯と芸術については以下を参照。Gallén-Kallela-Sirén, Kuutti and Nenonen, 2011.
26) 19世紀後期のフィンランド芸術と芸術家については以下を参照。Nordic Dawn. Modernism's Awakening in Finland 1890-1920. Stephan Koja (ed.) (München et al: Prestel, 2005); Pohjoismainen taide 1880- luvulla (Helsinki: Amos Andersonin taidemuseo, 1986).
27) 橋本治『ひらがな日本美術史 7』(新潮社, 2007), 14-66.

第 10 章

建築と超越
—— フィンランドと日本におけるミニマリズム建築の比較 ——

カイサ・ブロネル - バウエル

　本章では、建築におけるミニマリズムを、超越論的現象の観点から、フィンランドと日本の比較によって検証する。フィンランドと日本の文化は、ともに沈黙の文化と見なされており、ミニマリズムとは沈黙のアートである。アートとしてのミニマリズムは無条件に超越と結び付けられてきた。筆者のいう超越とは、超越論的な価値観や意味を指す。哲学者のルートヴィヒ・ウィトゲンシュタインは、意味を言葉と価値という2つの階層に分けている。ウィトゲンシュタインによると、価値とは情緒的なものであり、沈黙の中でのみ経験できるものであることから超越的なものである。

1. ミニマリズムの源

　文化を分析するにあたっては、人間とその生活環境に目を向ける必要がある。実際、文化に宿る精神は、人間と自然、人間と社会とが出会った結果として形成されるものである。人間の創造物としての建築やアートは一般に、こういった関係の機能の一つと見なすことができる。建築家のルイス・カーンは、「アートとは魂の言葉であり、生活を創造するものである。そして何かを創造することは、自然の法則に従って、自分の魂を具現化することである」と述べている[1]。
　自然と歴史は、フィンランドと日本のいずれにおいても、価値規範を形成する上で決定的な影響を与えてきた。環境条件や自然に対する考え方、歴史的特性が、両国において長きにわたり続く文化的価値観を生み出した。フィンランドと

日本の間には地理的・歴史的にはっきりとした違いが多々あるにもかかわらず、両国の文化に一定の類似性が認められることもある。例えば、簡素さや静寂、自然と密接に関わり合ったり、沈黙を味わったりすることは、共通する文化的価値である。

空間の概念にも類似性を見ることができる。フィンランド建築の空間的配置には、日本でいう「間」の概念と非常に近いものが見られる。日本の「間」と同様に、"tila" というフィンランド語にも多くの意味があり、数値化可能な幾何学的空間だけでなく、場所、物理的状態、または精神的状態についても言い表すことができる。日本とフィンランドも、時間経過の中で空間を経験するという点で、空間に対する捉え方が共通している。この空間の捉え方は、いずれの文化においても、その自然観と結び付いている。日本では、神道的な自然観に基づいて自分がいる場所を認識し、フィンランドでは空間として森林を体感する[2]。

哲学や美学におけるミニマリズムの歴史は長いが、様式を指す言葉としてミニマリズムが使用されるようになったのは1960年代になってからである。最初は音楽や視覚芸術において簡素化（リダクティブ）の手法として広まり、その後1980年代には建築分野でも見られるようになった。しかしながら、ミニマリスト建築の最重要スローガン "less is more（少ないことは豊かなこと）" が使われ始めたのは1947年のことだった。これを言い出したのは、モダニズム先駆者の一人であるドイツ系建築家ルートヴィヒ・ミース・ファン・デル・ローエで、このスローガンは自身の作品の設計理念を表すものだった。この分野においては、伝統的な日本の美意識や建築から受けた影響は顕著である[3]。

2. フィンランドにおけるミニマリズムのルーツ

フィンランド文化の起源は、北欧特有の風土や地理のみならず、西のスウェーデン、東のロシア、南のバルト3国やドイツといった外国社会との歴史的つながりにも見ることができる。人口が少ないフィンランドは自然と密接した素朴な生活様式を持ち、20世紀半ばまでずっと農業主体だったため、1960年代以降に現れた都市型の文化はそこまで根付いておらず、農村由来の文化が長くにわたって形成されてきた。そのため、フィンランド文化を形容する言葉としては、簡素、

自然、沈黙といったものが使われてきた。こういった情緒的な基本的美徳は、現代のフィンランド建築やデザインの発展基盤となった文化に影響を与えてきた。

　フィンランドの冬は長くて暗く、その寒冷な自然環境は厳しいが、それらがフィンランド人の気質や精神に影響を及ぼしたことは明らかである。勇敢さ、不屈の精神、意志の強さ、粘り強さだけでなく、愚直で率直な性質は、昔からフィンランド人の特質とされてきた。捉えようによっては打ち解けづらく、内省的で、頑固であるともいえ、そういった性格が表面に出すぎると好ましくないことも起こる[4]。しかし、フィンランド人が自然に対して豊かな感情を持っていること、森林を瞑想の場として捉えていること、サウナをこよなく愛していることや白夜の時期に夏祭りを楽しむことには、詩的で叙情的な趣がある。

　フィンランド文化がキリスト教、特にルター派の影響を受けていることも指摘しておかねばならない。聖書の一節が、信者の心の奥深くに根差す価値観を生み出す例は多い。例えば、「地上に富を積んではならない。天に積みなさい」という一節は、自分を飾るのではなくつつましく振る舞い、心を汚れなく保つことを説くものである。このように、簡素で飾り気のない生活様式を好むのは、宗教に由来するものでもある。

　建築分野に関しては、フィンランドの歴史的な建築はすべて、独立した構造物になっている。歴史的に見ると、人口密度が低く、生活手段として農業を営み、居住者のいない土地がたくさんある国において、そういった建築は一般的であった。よって、ヨーロッパの遺跡に見られるように、モニュメントが都市部に集中しているような状況は、同時代のフィンランドには見られない[5]。

　とはいえ、これはフィンランド建築が外部からの影響を拒んでいたということではない。フィンランドも、スウェーデン王国の統治下にあったおよそ700年もの間、スウェーデンを通してヨーロッパ文化の中心地と接触し、大陸のセンスや様式を取り入れていた。その影響は緩やかで、積極的に海外様式が取り入れられることはなかったが、それでも芸術全般がある程度洗練される結果となった。一方、建築が大いに発展したのは、フィンランドがロシア帝国に属する大公国となり、ヘルシンキが首都となったロシア統治時代のことだった。帝国時代特有の様式で、古風なプロトタイプ的建築ではあったが、フィンランドの地域経済や文化的状況に合わせ、そういった様式が徐々に取り入れられていった。ヘルシンキ中

写真10-1 フィンランド ポフヤンマー州にある伝統的木造建築

心には帝国都市的な歴史的建造物が見られるので例外だが、それまで木造建築が多かった地方の町や首都の住宅地は、現在フィンランドに典型的な小規模な都市環境へと変化した。建築表現の自由化が起こったのは、19世紀末から20世紀初頭にかけてのことだった。

　20世紀、特に第二次世界大戦後においては、新たな産業社会を構築するにあたり、フィンランド建築にも多大な変化があった。戦後期で物資は限られていたが、産業社会構築に向けた取り組みを人びとは前向きに捉えていた。こういった楽観的姿勢は、1917年の国家独立以来、フィンランドのアイデンティティでもあった。この取り組みにおいて最大の功労者はアルヴァ・アールトであった。彼はフィンランドの資源と環境に合わせて、現代建築の新たなパラダイムを構築した。ヒルディング・エーケルンド（Hilding Ekelund）教授はこの時代の建築について、機能、素材と構造の間に、フィンランド固有の簡素さをうまく結び付け、有機的なつながりをつくり出すことに成功していると評している[6]。

　20世紀前半に造られた建築作品の特徴は、明確で簡素な形態言語が生み出す純粋な幾何学構造が好まれたことで、それは禁欲的で控えめな建築手法にも見て取れる。この手法には牧歌的の精神が宿っているともよく評される。アウリス・ブルームステット（Aulis Blomstedt）教授も同様の見解を述べている。「季節のめ

ぐり、月の満ち欠け、雄大な川、または古い苔に覆われた岩のような、古くて恒久的なものの存在が建築には必要である。現代建築において最も重要なことは、こういったものの価値を人びとに気付かせることであると私は感じている」[7]。

3. 日本におけるミニマリズムのルーツ

日本のミニマリズムは、その洗練された歴史・文化や、あらゆるジャンルの芸術の根底にある実存主義哲学の上に形成されている。そのルーツは、道教、儒教、仏教の哲学のみならず、12世紀以降に発展し、16世紀に茶道文化の哲学に具体化された「侘び」の美意識にも起源がある。こういった伝統から生じた美的理念や神道特有の自然への敬意によって、日本のミニマリズムに見られる規範的価値体系が形成されている。その最も純粋な形は「侘び」「寂び」の思想で建てられた茶室や仏閣の石庭で見られるが、その哲学は、時間表現や美的表現にも幅広く取り入れられている。

紀元前4世紀に書かれた老子の詩から生まれた道教は、何世紀にもわたり日本文化の進化に大きな影響を与えてきた。道教の最も本質的な考え方の一つは「無」[8]という考えである（中国語では「ウ」、日本語では「ム」と読まれる）。日本において「無」は、仏教における超越論的な虚無の思想とも結び付けられてきた。この言葉は「すべての存在が生まれ、人間が最終的に戻っていく絶対無」[9]を表している。

しかしながら、無の哲学には別の起源もあり、もともとインド仏教のシューニャター（śūnyatā）という概念に由来しているともされる。日本語でこれに相当するのは「空」であり、すべての存在は相互依存的、言い換えると因縁に依存しており、それ自体で独立して存在するものはないことを意味している[10]。「空」とは「存在」の対義語ではなく、概念化や言語表現が不可能な「空虚」を意味している。すべてのものに実体としての存在はなく、あらゆる存在の実体は「空虚」である。したがって、仏教思想における「空」は、肯定と否定、存在と非存在のあらゆる対立を超越している[11]。

空虚の理念は日本の空間概念「間」にも表れている。「間」の本来の意味は「間隔」であるが[12]、沈黙している時間、何もない空間、または「意味ある虚空」

を指す場合もある。この語は空間的または時間的に経験される何らかの虚空を指しており、西洋言語には相当する語がない。建築または空間配置、詩歌、舞踊または能といった分野でさえも、この空虚の理念を根幹とし、芸術表現は単純化され、その本質部分のみが表現される。

　しかしながら、日本のミニマリズムの発展に最大の影響を与えたのは、侘びの美学と道徳的原則であることは間違いない。「侘び」[13]もまた、西洋言語に翻訳可能な語は存在しない。事実、「侘び」の概念は複数の要素からなっており、それらが合わさって特別な美的理念を生み出し、さらには、「侘びの心」と呼ばれる美意識を生み出す。一般的に「侘び」は、静かでゆったりとした生活、俗事からの解放を楽しむことを唱えるもので、「不足」や「孤独」といった概念を「物欲や不安からの解放」として捉え、表面的な分かりやすい美を取り除くことで、新たな高次元の美を生み出す手法であるとされてきた[14]。

　日本史学者の芳賀幸四郎は「侘び」の特徴である美を①簡素で気取らない美、②不完全で不均斉な美、③質素なありのままの美の3つに分類して定義した[15]。別の分類もあり、例えば、久松真一は日本の茶道文化に関する研究の中で、不均斉、簡素、枯高、自然、幽玄、脱俗、静寂という7つの美的特徴を挙げている[16]。こういった原理によって美的・道徳的価値の総合的体系が形成され、「侘び」の精神に基づいた芸術作品を制作する上で規範となる。

　もう1つの類似する美的概念に「寂び」があり、これは特に茶室や茶の湯の文脈において「侘び」と関連付けられることが多い。「寂び」という言葉は、相反する価値を並び立てることによって生み出される特別な美の趣を表す語であり、例えば開花する花の美しさと、孤独、衰勢、あきらめ、静寂や老化といった概念との対立の中に美が見いだされる[17]。したがって、「侘び」「寂び」の美意識が価値を置くのは、慎み深さや、不完全・不均斉な建物、天然素材で作られたもの、不要なものを排除することであり、その中にはかなさや静けさを味わうことを尊ぶのである。

　簡素であることや、自然であること、偽りのないことに価値を見いだすこの考え方は、中世の日本で発展した「侘び」の美的理念とあわせて、仏教思想の影響も受けている。禅哲学における「真実の本質を探る」という道徳的姿勢が特に、「侘び」と「寂び」に備わる美意識の総体をなす上で影響を及ぼしている。仏教は、

苦は人間が存在する上で避けることのできない本質であると説き、「空」が意味するところ、つまり己の実体が存在しないことを悟らせ、無知からの解放により、超越論的「無」の達成へと人びとを導くことを目指している。こういったさまざまな観点から見ると、「侘び」「寂び」の美学と道徳的価値観が日本文化の中心をなしていることが分かる。

　「侘び」と「寂び」に加えて、日本のミニマリズムの美意識に影響を及ぼす価値観はほかにもある。その一つが「渋い」であり、これは「控えめな美」を表す概念である。「渋い」は通常「静かに醸し出される雰囲気」を指す概念で、華やかではないが洗練された芸術的表現を評価し、色彩豊かな美や華やかなディテールを避けるものである[18]。「渋い」味わいは日本のあらゆるジャンルの芸術に見ることができるが、その美的影響は特に建築とインテリアデザインの分野で顕著である。

4．フィンランド建築におけるミニマリズム

　フィンランド建築の歴史は13世紀のスウェーデン統治時代の始まりまでさかのぼるが、簡素化（リダクティブ）の手法は、現代建築だけでなく、フィンランドの民家や伝統的様式の建物にも見られる。ヨーロッパ風建築様式の影響は、20世紀までスウェーデンやロシア、ドイツを経由してフィンランドに入ってきていた。20世紀は、世界規模で大陸同士が互いの建築に影響を及ぼし合い、建築の発展が起こった時代だった。それ以降、20世紀を通して、日本はフィンランドをはじめとする西洋の建築家に大きな影響を与えていくこととなった。

　フィンランドにおける初期モダニズムの特徴は、主として美的部分や機能的部分にあった。1920〜30年代のロシア・アヴァンギャルドやドイツのバウハウス運動によく見られる明確なイデオロギー的要素は、フィンランド建築には不在だった。アルヴァ・アールトをはじめとする当時の先駆的建築家は、国際的な理論や様式を採用しつつ、美的要素や技術的要素はフィンランドの文化や経済のありように適応させながら、現代建築への道を開拓していった[19]。アールトの有機的な建築は、ミニマリズム様式の基準に合致していないことが多いかもしれないが、彼はバランスの取れた、地域に合った建築芸術の精神的先駆者と見なすこ

とができる。

　フィンランドにおけるミニマリズム表現には、静かな自然環境の中で少ない資源による簡素な生活を送るという、フィンランド人特有の気質が表れていると考えられる。先に述べたように、沈黙や自然、偽りのないこと、簡素さを尊重することは、フィンランド文化において典型的な価値観になっている。一方、こういった価値観に加え、昨今のフィンランドにおけるミニマリズムでは、建築において目指すところがさらに厳密に定義されており、余分なものをすべて削ぎ落としたり、視覚的な質素さを追求したりするといったことがよく行われている。

　1950年代以降、日本建築はフィンランドの建築家に大きな影響を与えた。1960年代にはジャポニズムと呼ばれるはっきりとした流行さえあった[20]。また一方で忘れてはならないのは、日本建築に関する書籍が西洋で初めて出版された19世紀末以降、日本が現代建築の発展に世界規模で及ぼした影響は最も重要であった[21]。特に17世紀の桂離宮が知られるようになって以降、その洗練された簡素さと機能美は広く評価されて西洋諸国で取り沙汰され、日本の伝統建築はミニマリズムだけでなく、モダニズムの発展にも足跡を残した[22]。

　フィンランドの現代ミニマリズムを代表する建築物は多数あるが、その優れた事例のほとんどが教会であるのは偶然ではないかもしれない。一般的な事例としては、建築家のカイヤ・シレーン（Kaija Sirén）とヘイッキ・シレーン（Heikki Sirén）が設計したオタニエミ礼拝堂（1957年）がある。これはレンガと木材でできた質素な建物で、アールト大学構内の小さな森の中にある。簡素な小道が建物の庭へとつながっており、木柵のある昔ながらの農家を思わせる。この礼拝堂自体は簡素な立方体のような空間である。祭壇の後ろの壁はガラスで、建物の内部と森の中が溶け合っているような印象を与える。ガラスの壁の後ろには、白く塗られただけの鋼製の十字架が礼拝堂と森の間に立っている。自然のエッセンスがこの神聖な空間を満たしており、超越論的な雰囲気を生み出している。

　様式としてのフィンランドミニマリズムを最も顕著に表しているのは、建築家アールノ・ルースヴオリ（Aarno Ruusuvuori）が設計した教会であろう。ルースヴオリの最も有名な作品の一つは1961年に建てられたヒュヴィンカー教会で、50年以上がたった今でもフィンランドモダニズムにおける抽象化傾向の優れた事例と見られている。この教会の礼拝堂はピラミッド型の閉鎖された空間で、ア

写真10-2　ヒュヴィンカー教会の内部の様子

プスの上部に天窓が1つ設けられている。ピラミッド型の天井には、折れ曲がった巨大なコンクリート製スラブが渡されており、畝状の梁をなしている。ルースヴオリの設計には、強力な禁欲的美学に裏打ちされた明確な構造的思想が反映されている。

　ルースヴオリが手掛けた教会には、1964年に建てられたフートニエミ教会と、1965年に建てられたタピオラ教会もあり、どちらもコンクリート建造物で、単純な幾何学構造と簡素な建築表現を特徴としている。これら2つの教会の礼拝堂は閉鎖型で無駄が削ぎ落とされているのが特徴であり、この特徴を際立たせているのが打ち放しのコンクリートの壁と、うまく計算して配置されている照明である。これらの教会の建築様式にはスピリチュアルな力があり、いずれもミニマリズムにおけるブルータリズム的傾向を支持する顕著な事例と見られてきた[23]。ミニマリズム建築で知られる日本人建築家の安藤忠雄も、ルースヴオリが手掛けた「沈黙」の教会建築に影響を受けたことを明かしている[24]。

5. 日本建築におけるミニマリズム

　簡素と枯高の理念は、日本文化においても同様に中心的な価値観をなしている。これには、儒教や道教の思想だけではなく、純粋な心（mind, heart, spirit）を重視する仏教思想が反映されている。こういった伝統的思想と「侘び」「寂び」という美的価値との組み合わせにより、日本のミニマリズムは大成されたのだった[25]。

　日本のミニマリスト建築特有の美しい雰囲気は、「侘び」「寂び」様式の茶室や、茶室風の建築である「数寄屋造り」と呼ばれるに様式に見て取れる。それに対して、禅寺の石庭は超越論的な空虚を体現している。

　この超越論的空虚を具現化している建築の最も良い事例は、16世紀頃、京都の龍安寺の境内に造られた石庭である。石庭には、壁で囲まれた何もない広い空間に白砂が敷き詰められ、そこに15個の灰色の石が配置されており、それによって簡素さ、本質性、精神性といった理念を表している。龍安寺といった枯山水様式の石庭は、禅宗の世界観を象徴しており、形而上学的な空虚を意味する「空」の概念と密接に結び付いている。禅寺では、石庭は沈黙と瞑想の場所である。瞑想の目的は、心を落ち着かせ、超越論的空虚、つまり神聖なる「空」を経験することである。

　茶道の大家である千利休が16世紀に建てた茶室待庵は、「侘び」の様式による茶室建築の最も優れた事例といえる。日本最古の茶室といわれ、もともとは秀吉が山崎の城に造らせたものだが、その後現在の所在地である妙喜庵に移築された。茶室待庵は小さく質素な草庵である。その広さは2畳しかなく、1畳が亭主用、もう1畳が客用であり、お湯を沸かすための炉が付いているのみである。加えて、茶花を置く床の間、次の間、小さな台所である勝手の間があり、にじり口や複数の小さな下地窓といったわずかなディテールが慎重に配置されている。見た目には美しさがあるが、その雰囲気は意図的に質素で薄暗くしてある。岡倉天心は待庵について次のように記述している。「日中でも室内の光線は和らげられている。傾斜した屋根のある低いひさしは日光を少ししか入れないから。天井から床に至るまですべての物が落ち着いた色合いである」[26]。

写真 10-3　京都 高台寺の茶室・遺芳庵

　ミニマリズムを象徴するのは石庭や伝統的な茶室様式だけではなく、日本の現代建築にも紛れもないミニマリズム的潮流が反映されている。現代のミニマリズムは一般的に、先述の哲学的・美学的価値観の伝統の延長線上にあると解釈されている。したがって、建築様式としての日本のミニマリズムの基盤を形成しているのは、日本の伝統的な美的精神なのである。先に触れたとおり、芳賀幸四郎の簡素で気取らない美、不完全で不均斉な美、質素なありのままの美の3つの区分はミニマリズムの美的感覚の古典的分類であり、これは現代建築にもよく見られる特徴である。さらに、久松真一が挙げた7つの美的特徴（不均斉、簡素、枯高、自然、幽玄、脱俗、静寂）は、ミニマリズム設計様式の基準となっている。現代の日本建築は歴史主義建築とはかけ離れているが、歴史の中で形成された「侘び」「寂び」の価値観は、今日の日本のミニマリズム建築を支える哲学的・美学的指針をなしている。

　安藤忠雄の建築物は、はっきりとした原型的手法によって建てられたもので、伝統的日本文化の精神を示している。安藤の設計は持ち前の文化的気質から生み出されたもので、そこには神道、「侘び」「間」といった美的理念が反映されている。彼の設計コンセプトはシンプルで、基本的な構造形態と単純な幾何学構造を好み、建材にはコンクリートと天然木を使用し、自然光と影が交錯する、簡素ではあるが力強い空間を創り出す。内部と外部が溶け合うその空間は、自然や「空」

写真 10-4 安藤忠雄が設計した李禹煥美術館

に対する感性によって巧みに構築されている。

　安藤忠雄による最近のミニマリズム建築で印象的なものは、韓国人芸術家・李禹煥の美術館である。この美術館は 2010 年に香川県直島に建築され、展示されている李禹煥のミニマリズム彫刻や絵画は、安藤の建築と親密に「対話」することで、ユニークな調和を生み出しており、結果として独特の総合芸術作品、スピリチュアルな全体芸術をなしている。親密ではあるが普遍的な形而上学的空虚を表すこの美術館の空間には、ミニマリズムの美意識がはっきりと見て取れる。

　ほかにも、ミニマリズム建築家の妹島和世は、その繊細で女性的な手法により評価されている。彼女の作品は、安藤の手掛ける多分に男性的な建築とは異なる。妹島も単純な幾何学構造を好むが、彼女の設計はより色鮮やかで、ガラスなどの現代的な建材を多用している。彼女のミニマリズム作品の一例は、熊野の山間部にある、熊野古道なかへち美術館（1997 年）である。浮き世離れしたこの美しい美術館の特徴は、何層にも重ねられた透明フィルムで創られた空間である。この建築手法には、ミニマリズム同様に現象論的視点も見られるが、それでもなお日本の文化や精神に深く根付いている価値観が表現されている。

6. 建築と超越

フィンランドと日本の文化はいずれも、沈黙が持つ価値に重きを置いている。この価値観は、フィンランド全体に及ぶ文化的姿勢で、フィンランドのアイデンティティに本質的な影響を与えている。日本では、仏教が国の文化の発展に根本的な影響を及ぼしており、己の心を制することの必要性が常に重視されている。仏陀は、静寂の境地に至り、念を抱くことで、心の解放を得ることができると説く[27]。

精神レベルで沈黙を理解し、心を平静にすることで初めて、人はさらに高次の次元を経験することができる[28]。人は超越論的経験を通して、世俗的な心を脱して自分を解放し、調和の領域へと至ることを望んでいる[29]。それと同様に、芸術作品から不要なものすべてが取り除かれ削ぎ落とされたとき、残るのは本質的要素だけである。

日本人哲学者の西田幾多郎は仏教の言葉を使って本質的要素（または存在における神髄の要素）について説明している。西田にとって、あらゆる存在（形と空間）は単に「無」の表面上にある印にすぎない[30]。仏教におけるこの無の概念に相当するキリスト教の哲学的概念は「沈黙」ということになるだろう。マイスター・エックハルトは、「神が永遠なる言葉を魂に語りかけてくるのは沈黙の中である」[31]と語っている。

沈黙の表現の仕方は人によってさまざまである。スイス人哲学者のマックス・ピカートは、著書 *Die Welt des Schweigens*（1948年）（訳書『沈黙の世界』）で沈黙について語っている。ピカートの言葉によると、沈黙とは自存した存在であり、「この存在の力によって、沈黙は、ただ存在のみが価値を有しているところの一つの状態、とりもなおさず神的なる状態を指し示すのである。もろもろの事物のなかに宿されている神的なるものの痕跡は、沈黙の世界との連関を保つことによって保存されるのである」[32]。したがって、真の存在、真の建築、またあらゆる真なるものは沈黙から（または仏教でいう永遠の「無」から）生まれる[33]。ルイス・カーンはこれについて、「芸術としての空間は、ささやかな永遠の感覚を創り出す」[34]と表現した。この「ささやかな永遠」という表現は、真の芸術に

は人を超越論的な沈黙の世界に結び付ける性質があるという、ピカートの言葉を思わせる。

　本物の沈黙を経験することで、実世界において人が規定した限界や、同様に、何が真実なのかということについて超越論的理解を得ることができる。このような理解は人、そして建築や芸術が追求していることである。超越と真実は芸術哲学でも取り扱われる問題である。例えば、哲学者で芸術家でもある李禹煥は芸術を定義する上で超越に言及している[35]。ドイツ人哲学者のマルティン・ハイデッガーにとって、芸術の本質は詩であり、詩は真理の生起[36]である。しかしながら、真理の意味は幅広く、ハイデッガーはその意味を「世界を開示すること」だとしている[37]。芸術における「世界」は移ろいゆくものかもしれないが、ハイデッガーは「世界」を「真理」、あるいは「存在の真理」「存在であることの真理」と定義する[38]。

　建築作品の中には、真理とは何たるかを体感できるものがある。それを目指している例が「侘び」の哲学であり、日本の茶室や禅庭園の多くが、超越論的経験領域への扉を開く力を本来的に持っているのは明らかである。ここでは、物質的な質素さを超越して精神の解放を経験するという「侘び」の意義が強調され、禅庭園は沈黙における空の経験へと人びとを誘う。

　ミニマリズム建築においては、フィンランドでも日本でも、建物のデザインによって沈黙と簡素さの表現が図られている。単純な幾何学構造、建材の「率直」な使用、不必要な要素の排除、原型的空間配置、内部空間と外部との調和、影と光の繊細な相互作用は、「知性を超えた」[39] 美意識を具現化する。ここでは、超越論的な沈黙や簡素さは美的価値を有するのみならず、真理の本質に関する超越論的理解を示しており、建築の本質に秘められたものを明らかにしている。道徳意識および美意識としてのミニマリズムの目的は、精神の解放を示すことであり、それによって、最終的にさらに高次の意味がもたらされるのである。

注・文献

1) *L'architecture d'Aujourd'hui,* no.142, février-mars, 1969, Special issue on the work of Louis Kahn, 1.
2) Kaisa Broner-Bauer, "Arkkitehtuuri ja ihmisen eksistentiaaliset prosessit. Huomioita

rakennetun ympäristön sisäisistä merkityksistä", *Synteesi* 3, 2008, 30-31.
3) ミース・ファン・デル・ローエは、特に住居をデザインする上で、日本の伝統家屋を原型として参考にしている。
4) Kaisa Broner, "Where is Finland? Some Insights into the World of Finnish Architecture", *The Impact of Tradition on Present Day Architecture*, 1983, 11.
5) 同前, 12-13.
6) Sakari Saarikivi, Kerttu Niilonen and Hilding Ekelund, *Art in Finland*, 1952, 101-102.
7) *Finland: Nature, Design, Architecture*. Exhibition catalogue, Museum of Finnish Architecture. N.d.
8) Laotse's 11th poem, *Laws Divine and Human*, 2011, 17.
9) *Japan, An Illustrated Encyclopedia*, 1993, 1116.
10) 同前, 340.
11) 同前.
12) 同前, 904.
13) 「侘び」という語は、動詞「侘ぶ」(気力を失う) や形容詞「侘びし」(心細い、つらい) に語源を持つ。同前, 1677.
14) 同前.
15) Haga Kôshirô, "The *Wabi* Aesthetic through the Ages," in Nancy G. Hume, 1995, 245-251.
16) 同前, 250.
17) *Japan, An Illustrated Encyclopedia*, 1289.
18) 同前, 1361.
19) Kaisa Broner, 前掲, 15.
20) Aino Niskanen, "Murros. Arkkitehtisukupolvet ja uusi estetiikka", *Värikkäämpi, iloisempi, hienostuneempi. Näkökulmia 1960-luvun arkkitehtuuriin*, 2017, 39, 41.
21) このテーマについては筆者の以前の論文で扱われている ("Japanese House and the Aesthetics of Meaning", *The Great Book of Aesthetics*. The 15th International Congress of Aesthetics, Japan 2001, The University of Tokyo, 2003; "Japanilainen talo – rakennustyyppi ja estetiikka", *Hashi* 35, 2014, 12-15)。
22) 例として Kevin Nute, *Frank Lloyd Wright and Japan: The Role of Traditional Japanese Art and Architecture in the work of Frank Lloyd Wright*, Routledge, London/New York, 1993.
23) Eija Rauske, "Karun betonin aika", *Värikkäämpi, iloisempi, hienostuneempi. Näkökulmia 1960-luvun arkkitehtuuriin*, 2017, 97 以下を参照。
24) Kaisa Broner-Bauer, "Aarno Ruusuvuori and the Continuation of Finnish Modernism", Malcolm Quantrill and Bruce Webb, eds., *The Culture of Silence*.

Architecture's Fifth Dimension, 1998, 197, 207-209.
25) 本節の一部は筆者の以前の論文 "Japanese Minimalism: Architecture as Art" (*Arkkitehti* 6, 2015) に基づいている。
26) Kakuzo Okakura, *The Book of Tea*, 1989, 83.
27) Jeffery S. Poss, *Spaces of Serenity* (2015, 11) において引用されている。
28) 「精神が静止すると、感覚は静められ、この状態において至高の知への扉が開かれる」D.T. Suzuki, *The Zen Doctrine of No-Mind* (1990, 16) より引用。
29) 同前．
30) 例として Nishida, *Intelligibility and the Philosophy of Nothingness*, 1958, 29-32.
31) Karlfried Graf Dürkheim, *Le Japon et la culture du silence* (1985, 74) において引用されている。
32) Max Picard, *The World of Silence*, 1948, 18 (訳書：『沈黙の世界』 佐野利勝訳（東京：みすず書房，1964), 13).
33) Suzuki, 前掲, 30. "Seeing into nothingness – this is true seeing and eternal seeing."
34) John W. Cook & Heinrich Klotz, *Conversations with Architects*, 1973, interview with Louis Kahn, 179 以下参照。
35) "Art is Poetry, Criticism, and the Transcendent." Lee Ufan, *L'art de la résonance*, 2013, 19.
36) Martin Heidegger, *De l'origine de l'euvre d'art* (orig. 1935, translated by C. Layet), 2014, 77; Julian Young, *Heidegger's Philosophy of Art*, 2002, 16-17.
37) 同前，19.
38) 同前，22-24.
39) Suzuki, 前掲, 5.

第 11 章

ヘルシンキの母と 3 人の日本人の息子
――マルタ・ケラヴオリの若き友人――

リトバ・ラルバ

はじめに

「親愛なるお母さん、深い愛情を注いでくれて本当に、本当にありがとうございます……」。馬場重徳は、1952 年 10 月のヘルシンキ訪問後、マルタ・ケラヴオリ（Marta Keravuori）女史に宛ててこのように手紙を書きだした。

また、ケラヴオリ女史は桑木務教授との別れをこう描写している。「小さな手がフェンスに伸びてきて、優しく私の頬をなでた」。微かではあるが、愛情のこもった仕草である。

名詞を使って形容詞を作る問題を出されると、若き要芳郎は「先生はすごくお母さんみたい（motherly）だ」とケラヴオリに答えた。

こういったエピソードから、ケラヴオリが 3 人の日本の若者とどれだけ親しい関係を築いたかが分かる。本章では、戦時中の 1940 年代、また 1950 年代初頭にフィンランド人と日本人が築いた個人的関係について検証する。マルタ・ケラヴオリは独学で日本を研究しており、第二次世界大戦後のフィンランドで日本文化を広める上で重要な役割を担った。その活動は多岐にわたり、日本の物語や和歌の翻訳、生け花本の共同出版、複数の新聞や雑誌への日本関連の記事の寄稿、またさまざまなイベントやラジオ・テレビでのプレゼンテーションを行った。彼女が日本の専門家となっていくまでには、無論日本人との交流があった。その中でも、彼女の人生において特別な意味を持つ 3 人の若者がいる。彼女が日本に興味を抱くきっかけになった人物である要芳郎氏は、1940 年、当時 17 歳の頃にケ

ラヴオリと出会った。2人目の桑木務教授は、1941〜44年まで、ヘルシンキ大学で日本語と日本文化を教えていた。3人目は、日本の大学図書館の改革者でもある馬場重徳氏で、ケラヴオリとは1949〜53年にかけて何千冊もの本や雑誌を交換した。

　本章で資料としているのは、ヘルシンキ大学世界文化学科が管理しているケラヴオリのアーカイブであり、それを構成しているのは主に彼女の未刊行の自伝、1953年10月の日本旅行記、ケラヴオリと馬場の間で交換されたほぼすべての手紙といったものである。ケラヴオリは馬場から受け取った手紙を整理して番号を振り、彼に出した自分の手紙も写しを保管していた。桑木のアーカイブからは、ケラヴオリが桑木に送った手紙の写しを使用している。この文書は横浜国立大学の小川誉子美教授が管理するものである。残念ながら、桑木からケラヴオリ宛ての手紙で保存されていたのは3通のはがきのみのため[1]、ケラヴオリと桑木との間のやりとりの全体像をつかむことはできない。桑木は自伝を出版しており、筆者はそれを関連資料として利用した。要関連の資料については、不運にもはがき1通しか残っていない。しかしながらケラヴオリは、1949年にウーシカウプンキの地元紙に寄稿した一連のコラムの中で、数回にわたって彼について言及している[2]。さらにケラヴオリは、多数の新聞や雑誌に日本の友人に関する記事を書いており、例えばEeva誌（1951年4月）では3人の「息子たち」全員が紹介されている[3]。

　ケラヴオリと日本の「息子たち」の世代関係を理解するため、フィンランド人社会学者J. P. ルース（J. P. Roos）の世代論を参照することとする。無論、世代研究を行っている学者はほかにもいるが[4]、ルースの研究は、1980年代のフィンランドにおける社会学分野では目新しい自伝的アプローチによって世代を定義している[5]。このアプローチによる彼の分類法は、筆者の研究資料分析に役立つものである。ルースは、1978年にフィンランド放送会社（YLE）主催のエッセイコンテストで集められた、フィンランド人の自伝を研究した[6]。彼は人生の段階と世代という用語を用いている。人生の段階とは、個人が人生の中で経験する各時期（幼児・児童期、青年期、中年期など）を表すもので、世代とは、「人生の中で同じ歴史的経験や出来事を共有した人びとで形成される層」というのが大まかな定義である。世代について、ルースは生誕年による単純な分類は避けて

第 11 章　ヘルシンキの母と 3 人の日本人の息子　159

おり、柔軟な捉え方をしている[7]。個々の人生は 1 つしか存在しない固有のものだが、それらを比較してみると、時間的（および歴史的）限定、また社会的価値観や人間の発達段階によって形成された類似性があることが分かる[8]。ルースは 1900 〜 80 年代に生きたフィンランド人を 5 つの世代に分類した。第 5 世代については、研究が行われた当時、世代の特徴が形成される中年早期に達していなかったため、ルースはこの世代に名称を付けなかった[9]。アリ・アンティカイネン（Ari Antikainen）らはルースが名付けた各世代を以下のように訳し、第 5 世代にも名称を付けた。

第 1 世代：「戦争と経済不況の世代」（1910 〜 20 年代生まれの人びと）
第 2 世代：「戦後復興と経済成長の世代」（1920 年代半ば〜 1930 年代後半生まれの人びと）
第 3 世代：「激動の世代」（1940 〜 50 年代初頭生まれの人びと）
第 4 世代：「郊外生活の世代」（1955 〜 65 年に生まれた人びと）
第 5 世代：「ロック世代」（1965 年以降に生まれた人びと）[10]

　生誕年を見ると、マルタ・ケラヴオリはルースの分類が始まる以前の世代に属しているようである。しかし、この分類は厳密に生誕年によって分けられているわけではなく、20 世紀前半生まれの世代は、後に続く世代よりも長い期間続いている[11]。

　ルースによると、第 1、第 2 世代の人びとには共通の経験が多いため[12]、ケラヴオリの世代も、ルースのいう第 1 世代と共通点があると考えたい。第 1 世代はフィンランドにおいて不安定な時代であった。1918 年、国土はフィンランド内戦の炎に包まれ、1930 年には世界大恐慌、そして 1930 年代の終わりにはソビエト連邦との間に冬戦争（1939 年〜 40 年）、それに続く継続戦争（1941 年〜 44 年）が勃発した。この時代、フィンランドの人びとの暮らしは困窮しており、家で病死する者も大勢いた。人びとは生活のために幼い頃から懸命に働かなくてはならなかった。当時フィンランドはまだ農業国だったが、社会の格差に気付き始める人も出てきた。第 1 世代の人びとは、幼少期には物が足りず、生命の保障もない生活を余儀なくされたが、第二次世界大戦後の晩年においては経済成長による富を享受することができた[13]。

こういった経験に加えて、ケラヴオリが幼児・児童期と青年期を過ごした時代は、フィンランドはロシア皇帝統治のもと、独自の通貨、郵便局、税関、政府機関を持つ大公国だった。学校ではロシア語が教えられていたが、フィンランドの公用語は変わらずスウェーデン語で、大半の国民が話す言語はフィンランド語であった[14]。また、この時代はフィンランド国民の間で国民運動が盛んだった時期でもあり、これが最終的に1917年のフィンランド独立につながった。フィンランド語は、教養ある人びとの言語として次第に受け入れられていった。ロシアによる検閲はあったが、フィンランド語で出版される文学作品や新聞、雑誌は増えていった。フィンランドらしさを取り戻そうという動きも活発になり、1906年の女性解放運動もあって、ケラヴオリは、スウェーデン系の旧姓ピルマン（Pihlman）をフィンランド系のピラマー（Pihlamaa）に、名前をマーサ（Martha）からマルタ（Marta）に変えた[15]。

女性解放運動は、ケラヴオリが社会格差を強く意識するきっかけになったらしい。ケラヴオリが生まれたウーシカウプンキは、フィンランドの作家で社会主義婦人参政権論者でもあるエルヴィラ・ウィルマン（Elvira Willman）の故郷でもあり、ケラヴオリの姉セシリアはウィルマンと同時期に学校に通っていた。ウーシカウプンキは小さな町なので、ピルマン一家もウィルマンを知っていて、町民がウィルマンの活動を支持していた可能性もあるだろう。1902年、ケラヴオリの父親は長患いの末他界し、ピルマン一家は悲しみに包まれた。ケラヴオリは、4人の子どもに高校を卒業させるため懸命に働く母の姿を間近で見ていた[16]。ケラヴオリは1907年に高校を卒業するが、姉の後を追ってヘルシンキ大学でスウェーデン語を学ぶ夢をあきらめ、小学校で語学教師として働き始めた。

20世紀初め、1904〜05年の日露戦争に関する知らせは、ケラヴオリの世代の耳にも届いていた。オラヴィ・K・フェルトによると、当時フィンランドの新聞はロシアの検閲を受けていたが、日露戦争については中立的立場で報じていた。フェルトはこの姿勢を「日本を支持していた」と解釈しているが、アングラ新聞は明らかに日本を支持していた[17]。翻訳文は検閲されなかったため、新聞はさらに自由に世論を報じることができた。新聞には、日本を支持しているのが透けて見えるようなおとぎ話が掲載されることもあった[18]。ロシアは敗戦し、結果として帝国全土でストライキが起こった。フィンランド大公国でも1905年

第 11 章　ヘルシンキの母と 3 人の日本人の息子　161

にゼネストが起こった。

　ロシア政府は政策転換を強いられた。フィンランドは、4 部会からなる議会を有していたが、当時再編が検討されており、ゼネストによって再編プロセスが加速した[19]。1906 年、フィンランドは普通選挙による一院制議会（エドゥスクンタ、Eduskunta）を成立させ、24 歳以上の男女すべての国民が選挙権を得た。翌年、初の選挙が行われたが、当時 19 歳になろうというケラヴオリはまだ選挙権を得ておらず、投票することができなかった。こういった状況でも、フィンランドは依然としてロシア皇帝の統治下にあったため、皇帝代理人たちは自治を求める気運の高まりを恐れていた。そのためロシアは、エドゥスクンタの議員がメンバーとして選出されることのないフィンランド元老院（政府の機能を持つ）に、ロシア人を任命することでフィンランドの力を抑えようとした[20]。1917 年 3 月のロシア革命を機に、フィンランド独立運動は前進した。そして 1917 年 12 月 6 日、エドゥスクンタはついにフィンランド独立宣言を承認した[21]。しかし、独立後調和は続かず、生まれたてのこの国は分裂に見舞われた。フィンランド内戦が勃発し、労働者や社会主義者からなる赤衛軍と、地主や教員、司祭、公務員を中心とした白衛軍へと国が分かたれたのである。ケラヴオリは当時既婚で、男の子を 1 人もうけていた。ケラヴオリ一家は白衛軍側であったと思われるが、彼女の自伝でその時期のことについては触れられていない[22]。

　フィンランドの歴史の中でも、後年において映画製作者や作家といった物語の語り手たちにインスピレーションを与えた特徴的な時代がある。それは禁酒運動、そして特に、アルコールの使用を禁じた禁酒時代（1919 年～ 32 年）である。熱心なキリスト教信者で酒を飲まなかったケラヴオリにとっては関係なかったようだが[23]、この時代は 1920 年代のフィンランドの雰囲気には大きな影響を及ぼした。第二次世界大戦中、フィンランドはソビエト連邦との冬戦争（1939 ～ 40 年）や継続戦争（1941 ～ 44 年）の真っただ中にあったが、ケラヴオリが要や桑木に出会ったのはそのときだった。フィンランドは継続戦争に敗北し、連合国管理理事会の統治下に置かれた。こういったわけで、フィンランドと日本は、戦争に敗れ他国に監視されるという共通の歴史を持つこととなった。

1. 大正時代（1912～26年）の子どもたち

　次に、要、桑木、馬場のライフストーリーと、ルースの定義した第1世代および第2世代との間に類似点があるか観察する。大正時代は年代的にいうとルースの第1世代に当てはまるが、大正時代の終わり頃は第2世代にも分類することができる。第1世代特有の人生経験は前述したとおりである。しかしルースによると第2世代は、第1世代にはない大きな環境変化を一生のうちに経験しているという。この世代の人びとは、幼児・児童期・青年期には物が足りない時代を過ごしたが、戦後（第二次世界大戦後）と戦後復興後には新時代の繁栄を享受することとなった[24]。

　ここで要、桑木、馬場が経験したと思われる歴史背景と出来事を簡潔にまとめる。日本は、徳川幕府（1603～1867年）の崩壊後、明治時代（1868～1912年）へと移行していく大きな転換期を迎えた。日本は一刻も早く西洋の技術に追いつき、その慣習を取り入れようと努めていた。大正時代の日本はさらに国際化を目指し、西洋の大衆文化の潮流を必死に追っていた[25]。日本が第一次世界大戦で受けた被害は少なく、むしろ戦後は世界中で行われた復興活動から利益を得た。日本では新興産業が成長したため労働力が必要となり、地方から都市部へ人口が移動した結果、社会は変化していった。新たな中流階級が生まれ、教育の重要性を説く新たなイデオロギーが根付いていった[26]。

　ここでケラヴォリの3人の日本の息子を簡単に紹介する。

　馬場重徳は1909年、徳川家に仕えた旗本一族を起源とする裕福な家庭に生まれた[27]。父親は銀行員で、一家は皇居の近くに住んでいた。教育熱心な家筋で、父親のみならず、その姉妹も教育を受け、フランス語教師となった[28]。自分の子どもたちにも最高の教育を受けさせるべく、馬場の父は子どもたちに高学歴の家庭教師を付けていた[29]。馬場は幼い頃からすでに並外れた語学の才能を見せており、叔母たちに教わったフランス語だけでなく、英語、ドイツ語、オランダ語、スペイン語、ギリシャ語も学んだ[30]。旧武家では子女に漢文を教えるのが習わしだったので、当然彼もその知識を持っていた[31]。佐藤隆司教授は短い馬場の伝記を著しているが、それによると、馬場は考古学を学ぶために早稲田大学

に入学したが、父の銀行が経営難に陥り、1929年、より実利的な科目である電気工学にしぶしぶ専攻を変えた。馬場は理論研究を好んでいたが、指導教授の勧めで実務的技術を学んだ。古河電気工業に勤めていた10年で、馬場は整理の行き届いた図書館の重要性に気付き、古河電工が所有していた本や資料の要旨7万5,000件を執筆して目録を作成した。戦時中、馬場は政府傘下の技術委員会で働くよう要請された。戦後、馬場は文部省（現 文部科学省）で働き始め、日本の大学図書館の復旧に取り組んだ[32]。この職務がきっかけで、彼は マルタ・ケラヴオリと本の交換事業を開始し、それが2人の深い友情へと発展していった。

桑木務の先祖は武家で、教育を非常に重視した家筋であった。父親の桑木彧雄は有名な物理学者、叔父の桑木厳翼は名の知れた哲学者であり、ともに東京帝国大学出身者であった。務が生まれる数年前の1911年、父は九州帝国大学で教授職を得た[33]。桑木は1913年に福岡で生まれた。1937年に九州帝国大学を卒業し、そこで助手として働いた後、交換留学で数年ドイツに滞在し、その後ヘルシンキ大学日本研究所の教授となった。このことは小川誉子美による本書第12章にも記されている。

要芳郎は、1940〜44年に在ヘルシンキ日本公使館のトップを務めた昌谷忠公使の里子としてフィンランドに来た。要は6歳で両親を失ったが、その理由は手に入った資料からは不明である。また、昌谷が要を引き取った正確な時期も明らかではない[34]。昌谷は要の母方の叔父であった。ケラヴオリによると、彼女が1940年に初めて要に会ったとき、彼は17歳だった。したがって、彼は1922年ないし1923年生まれだったことになる。要はフィンランドに来る前に外国語を学んだことはなかったが、飲み込みが早かったので、多くの難しい文法パターンも含めフィンランド語をマスターした[35]。

しかしながら、要の人生は、桑木や馬場と比べると顕著な違いがある。要の社会的立場は2人の「兄弟」ほどよいものではなく、少なくとも、彼の実親や里親の家庭では、他の2人の家庭ほど外国語習得が重視されていなかった。要は17歳でフィンランドに来たが、すでに木材加工業で働いた経験を持っていた[36]。これもまた、高等教育は彼の（里親）家族にとって最優先事項ではなかったことを示唆しているようである。本人は教育を受けることを楽しんでおり、フィンランドでは工科大学の課程で学び、建築家になる夢を持っていた。彼はフィンラン

ド初の日本人「テーッカリ」(teekkari、工科大学生) かもしれない[37]。勉学以外にも、要は、日本文化を称賛していたことで知られているフィンランドの著名建築家アルヴァ・アールトの助手として働いた[38]。

以上のことから、桑木と要は必然的に大正世代に属するといえる。馬場は大正時代が始まる3年前に生まれたが、彼の4年後に生まれた桑木と同じ歴史的出来事を体験しているという事実に基づき、同じ大正世代に含めることにする。要は1922年ないし1923年の生まれであるから他の2人よりもはるかに若いが、それでもやはり大正生まれである。

この3人「兄弟」の幼児・児童期当時の日本は急速に自由主義へと傾いていったが、青年期にはナショナリズムが高まり始めた。要、桑木、馬場がケラヴオリと初めて接触した1940年代までに、この大正時代の子どもたちは、第一次世界大戦、1918年の米騒動、1923年の関東大震災（桑木は九州に住んでいたため、それほど影響を受けていないかもしれない）、1925年の成年男子による普通選挙を経験した。また、昭和時代（1926～89年）初期には、日本では国家主義的な論調で報じられた1931年の満州事変や1937年の南京事件が起こり、1930年代におけるナショナリズムの高揚も経験した。ケラヴオリと同様に3人の少年も、敗戦および外国（アメリカ）による占領を経験した。戦後は、馬場と要にとっては経済的に厳しい時期であった。馬場の文部省からの給与はかなり少なかったようである。彼らは生活のために持ち物を売ることも余儀なくされた[39]。ケラヴオリによると、要は時折仕事にあぶれ、非常に貧しかった[40]。

2. 関係の構築

ケラヴオリと3人の子どもたちの人生経験をルースの世代理論でまとめると、要の（知られている限りの）ライフストーリーは、ケラヴオリといった第1世代フィンランド人の経験と合致するのが分かる。桑木と馬場は人生の基盤が安定していたため、まったく同じ経験を共有しているわけではないものの、馬場は父親の銀行の経営不良によって不安定な時期を経験していた。戦時中の物資不足や苦労は彼ら全員に影響を及ぼしてはいるが、桑木は影響が一番少なかったようである[41]。ルースの理論によると、各個人はその世代に特徴的な人生経験すべてを

第 11 章　ヘルシンキの母と 3 人の日本人の息子　165

経験している必要はない。したがって、馬場と桑木のライフストーリーと、ケラヴオリと要が属する世代との間にはつながりがあると見ることができる。一方、3 人の息子たち（特に要）が経験した戦後の復興は、ルースのいう第 2 世代と関連がある。

　ケラヴオリが要、桑木、馬場とそれぞれ結んだ関係を分析するにあたり、年齢差は見逃せない要素である。ケラヴオリの実の息子 2 人は、桑木や要とだいたい同じ年頃である（長男ケイヨは 1914 年生まれ、次男トゥイケは 1921 年生まれ）。これによって、ケラヴオリが 3 人の若者に対して抱いた母親のような感情が強まったと思われる。彼女が桑木に宛てた手紙（1962 年 12 月 7 日）によると、ケラヴオリ自身の息子たちは大正生まれの子どもたちであり、それゆえ頼りになる人間である（当時の日本人の一般的な認識[42]によると）ことをケラヴオリは喜んでいる。ケラヴオリ自身も大正時代の 1913 年に結婚したことから、彼女は自分を大正世代として見ている[43]。そのため彼女は、少なくとも晩年においては、日本の友人たちと自身の人生の間に類似点を見いだそうとしていたようである。

　ルースの研究では宗教やイデオロギー的要素は対象とされていないが、そういったことも検討する必要がある。ケラヴオリは非常に信仰心に厚い、熱心な福音ルター派のキリスト教徒であった。ケラヴオリがフィンランドで知り合った日本人のほとんどは、昌谷家、要、馬場含めキリスト教徒であったことは興味深い。キリスト教のおかげで、彼女がこういった日本人とコミュニケーションを取るのが容易になったと考えられる。キリスト教信仰について、桑木とはほとんど話していなかったのは間違いない。1953 年に彼女が日本を訪問した際の旅行記には、桑木宅に滞在し、異なる宗教に触れるという経験をしたことが綴られている[44]。日本の家庭に多く見られるように、桑木宅にも家庭用の仏壇が置かれていたのだった[45]。

　本章のはじめに、ケラヴオリと 3 人の息子たちの関係を示す手紙でのやりとりや場面を紹介した。桑木や要がケラヴオリに対しどのような感情を抱いていたかを示す資料はなく、彼らとの関係はケラヴオリ側からしか描写されていないため、筆者の解釈がすべて正しいわけではないかもしれない。それでもなお、彼らの関係が描かれている心のこもったやりとりや、美しい言葉の数々を紹介したい。

　馬場はケラヴオリとのやりとりの中で、かなり早い段階から感情を強く表現

し始めている。手紙のやりとりや本の交換が始まって数か月の頃、彼は、「私はまだあなたにそこまで尽くすことはできていませんが、あなたとその母国のために、人生の最後まで、できる限りのことをしていきたいと思っています。私のことをいつも心に覚えていてください」と綴っている[46]。この関係は「彼らの人生の最後まで」は続かず、1960年代に立ち消えになった。馬場は別の活動で忙しかったのだろう。それでも、馬場がヨーロッパ数か国を巡って大学図書館に関する情報収集をした際は、フィンランドに2週間滞在し、1952年10月にケラヴオリの家でも世話になっていた。ストックホルムから出したお礼状の中で、彼が使っている表現は驚くほど温かい。

> 親愛なるお母さん、あなたのところにいる間、深い愛情を注いでくれて本当に、本当にありがとうございます。涙を流すのは私たちの関係にとって良くないと思い、泣くまいと堪えていたのですが、あなたのところを出発した後、どうしても涙が流れてしまいました。あなたは何と心優しいお母さんなのでしょうか。私の生みの母同然です。これまで、とても温かい、心のこもった手紙からとても深くあなたを理解していたつもりでしたが、あなたの深い愛を理解するには私はまだあまりにも浅はかでした……「抱っこ」[47]して心からのさよならを言うことができなかったことをお許しください。

ケラヴオリの旅行記[48]には、1か月の日本旅行を終え、空港で帰国便を待つ最後のひとときについて次のように描写されている。

> 私がちょうどゲートの外に出ようとしたとき、小さな手がフェンスに伸びてきて、優しく私の頬をなでた。それは桑木教授から「彼の母」に対する別れの挨拶だった。桑木夫人は以前私にこう語った。彼の母親はもういないため、彼は実の母親のように私を愛するのだ、と[49]。

もともとは、こういったの感動的な描写がきっかけで、筆者はケラヴオリの対人関係を研究し始めた。しかし、ジェンダーに関する点も含め、今後さらなる研究が必要である。彼らの関係は当事者全員にとって有益であった。筆者は、マルタ・ケラヴオリ自身が、どの程度までこの母親的人物像の物語を作り、語っていたのかにも関心がある。「ヘルシンキのおばさん」[50]という愛称は、1952年ヘルシンキ五輪の際、ジャーナリストの渡邉忠恕がケラヴオリに付けたもので

第 11 章　ヘルシンキの母と 3 人の日本人の息子　*167*

写真 11-1　来日したケラヴオリと大原女たち

ある[51]。一方で、馬場は 1950 年、ケラヴオリを「お母さん」と呼んでおり、前述のとおり、要はすでに 1940 年代初頭には「お母さんみたい」なケラヴオリに出会っていたのだった。

おわりに

　これまで見てきたとおり、ルースの世代理論は若干時代をさかのぼって適用することが可能で、違う国の人であっても、個人の人生に投影することができる。20 世紀前半のフィンランド人と日本人は、各世代で類似した人生経験を持っているようである。しかし、ケラヴオリの息子たちの中でも、桑木は他に比べてそれほど物不足は経験しておらず、恵まれた人生だったようだ。これに言及することで、戦時中のヨーロッパの生活が楽だったと言いたいわけではない。馬場は家族の財政難と戦後の低所得によって不安定な人生を送った。要は孤児で、日本の復興期に厳しい経験をした。ケラヴオリも若いときに父親を失い、彼女の同時代

の人びとや、ルースの第1世代の人びとと同様、青年期に苦労を重ねた。

　当然ながら、ケラヴオリのこういった人間関係は、同世代の人びとのつながり意識によってのみ築かれたものではない。しかしながら、同じような人生経験を共有することは、ヘルシンキの母とその日本人の息子たちが、互いに密接なつながりを築く上で一助となったのだ。

注・文献

1) 桑木からのはがきはケラヴオリのアーカイブに含まれている。
2) Uudenkaupungin Sanomat (Jan. 18, Feb.1 & 15, March 8 & 22, June 2, and Aug. 16 & 30).
3) Graziella, "'Itä on itä, länsi on länsi...' Mutta kerran ne kuitenkin kohtasivat toisensa," Eeva, 1951, no. 4 (n.d.), 28-29.
4) 例として、エリック・アラルト (Erik Allardt 1981) やマッティ・アレスタロ (Matti Alestalo 2007) は自身の理論に加え、クリステル・キルマン (Christer Kihlman)、ヤン＝マグヌス・ヤンソン (Jan-Magnus Jansson)、マッティ・ヴィルタネン (Matti Virtanen) といったフィンランド研究者や、ハンガリーの著名な社会学者であるカール・マンハイムの理論を導入している。
5) Allardt s. 268 (アラルトはルースの1980年の研究にも言及しているが、本章では同じテーマを扱った1987年の研究を参照する).
6) J. P. Roos, *Suomalainen elämä - Tutkimus tavallisten suomalaisten elämäkerroista*, 2., Suomalaisen Kirjallisuuden Seuran Toimituksia 454 (Karisto, Hämeenlinna: SKS, 1987), 35-36. この研究では、1980年にヘルシンキ大学の学生組合が収集した自伝や、1934〜35年にかけてヘイッキ・ワリス (Heikki Waris) が集めたアメリカ系フィンランド人の自伝が用いられている。
7) 同前、32.
8) 同前、32.
9) 同前、51-52.
10) Ari Antikainen, ed., *Living in a Learning Society: Life-Histories, Identities, and Education, Knowledge*, Identity, and School Life Series 4 (London; Washington, D.C: Falmer Press, 1996), 14.
11) Roos, *Suomalainen elämä - Tutkimus tavallisten suomalaisten elämäkerroista*, 53.
12) 同前、53-54.
13) 同前、53-54.
14) 13世紀以降1809年までフィンランドはスウェーデン王国領だった。

15) ケラヴオリの自伝, 160-161.（ゼネスト後に大規模な改名ブームが起こった。1906 年 5 月 12 日には 3 万 5,000 人以上のスウェーデン系フィンランド人がフィンランド名へと改名し、ケラヴオリもその一人だった。詳しくは以下を参照。Sirkka Paikkala, "Se tavallinen Virtanen: suomalaisen sukunimikäytännön modernisoituminen 1850-luvulta vuoteen 1921", 2004, 521.）
16) ケラヴオリの自伝, 156-157. マルタは一家の中で下から 2 番目の子で、上に 5 人の兄・姉と、下に弟が 1 人いた。
17) Olavi K. Fält, "Eksotismista realismiin: perinteinen Japanin-kuva Suomessa 1930-luvun murroksessa", 1982, 65, 67.
18) Ritva Larva-Salonen, "Mukashi, Mukashi, Olipa Kerran Japanilaissatuja Suomessa: Katsaus Japanilaisten Satujen Käännöshistoriaan | Ennen Ja Nyt", *Munkkien Rakkausrunoista Mishimaan Ja Mangaan: Poimintoja Japanin Kirjallisuushistoriasta*, November 18, 2016, http://www.ennenjanyt.net/2016/11/mukashi-mukashi-olipa-kerran-japanilaissatuja-suomessa-katsaus-japanilaisten-satujen-kaannoshistoriaan/. Eg. Lördagen nro 33, 13.08.1904, 266.
　"Kignmai och Kaimaru. En saga från Japan" は、日本の戦争の英雄の物語だが、モチーフになった物語が日本のものではないことは確かである。
19) Osmo Jussila, *Suomen Suuriruhtinaskunta: 1809-1917*（WSOY, 2004）, 705. また Klinge, 2011, 90 も参照。
20) Matti Klinge, *Lyhyt Suomen Historia*, Reprint（Otava, 2011）, 95.
21) 同前, 97.
22) ケラヴオリの自伝は、彼女が日本に関心を持っていた時期のことを中心に記述されている。彼女の一家は上流寄りの中流階級で、この階級の人びとの多くは白衛軍を支持していた。
23) ケラヴオリの旅行記, 1953 年 10 月 14 日.
24) Roos, *Suomalainen elämä - Tutkimus tavallisten suomalaisten elämäkerroista*, 54.
25) Olavi K Fält, "Japani kulttuurivirtojen suvantona", in Japanin kulttuuri（Helsinki: Otava, 1994）, 137-139.
26) Mark Jones, *Children as Treasures: Childhood and the Middle Class in Early Twentieth Century Japan*（Cambridge, Mass: Harvard University Asia Center, 2010）, 16-20.
27) 馬場忠徳, 2017 年 4 月 22 日の e メール.
　以下も参照。Takashi Satoh, "Restoration of Japanese Academic Libraries and Development of Library and Information Science: The Contributions of Shigenori Baba," 1, http://webdoc.sub.gwdg.de/ebook/s/2001/chf/www.chemheritage.org/historicalservices/asis_documents/asis98_satoh.pdf（2017 年 4 月 17 日閲覧）.
28) 馬場忠徳, 2017 年 1 月 13 日.
29) Satoh, "Restoration of Japanese Academic Libraries and Development of Library

and Information Science", 1.
30) 馬場忠徳，2017年4月22日のeメール．
31) Satoh, "Restoration of Japanese Academic Libraries and Development of Library and Information Science", 1.
32) Satoh, "Restoration of Japanese Academic Libraries and Development of Library and Information Science".
33) John Blackmore, ed., *Ernst Mach: A Deeper Look: Documents and New Perspective*, Boston Studies in the Philosophy of Science (Kluwer Academic Publishers, 1992), 315.
34) Marta (Ulla-Maija) Keravuori, "Aamunmaan lasten parissa. II. Orpolapsi.", *Uudenkaupungin Sanomat*, January 2, 1949. 同書によると，日本では，子は親の死後親類に引き取られるものであり，このため要も昌谷家に引き取られることとなった。しかしその正確な時期については触れられていない。
35) Ulla-Maija（ケラヴオリのペンネーム），Uudenkaupungin Sanomat 30.8.1949.
36) "Tästä puhutaan. Yoshiro Kaname.", *Suomen Kuvalehti* 1944, no. 19（May 13, 1944）.
37) "Tästä puhutaan. Yoshiro Kaname."
38) 同前．
39) 馬場の手紙，1950年9月26日．
40) ケラヴオリの旅行記，1953年10月4日．
41) 1944年にフィンランドから帰国した後、桑木は九州大学、その後中央大学で教授を務めた。百瀬宏教授は1945年1月もしくは2月に桑木と会っている。桑木は赤いセーターを着ており、戦時中の厳しい時代にそういった明るい色を着ることは珍しく、当時若かった百瀬は驚いたという（百瀬，2017年1月20日）。
42) フィンランド独立45周年に際し、桑木の挨拶がYLEラジオで放送された。そのスピーチの中には、大正世代についての説明もあった。
43) 桑木に宛てたケラヴオリの手紙，1962年12月7日．
44) ケラヴオリの旅行記，1953年10月4日．
45) 桑木敏のeメール，2017年4月29日．
46) ケラヴオリに宛てた馬場の手紙，1950年4月26日．
47) ケラヴオリに宛てた馬場の手紙，1952年10月22日．
48) ケラヴオリの日本旅行の詳細は、本書第12章（小川誉子美）参照。
49) ケラヴオリの旅行記，1953年11月3日．
50) 馬場は「ヘルシンキの小母さん」と呼び、ケラヴオリもこれには喜んでいた。しかし日本のメディアは1953年の日本訪問を取り上げる際、共通して「ヘルシンキのおばさん」と呼んだ。
51) 渡邉忠恕はシーリ・ピトケネンと渡邉忠雄の息子である。ケラヴオリは1910年にプンカハルユ（Punkaharju）で渡邉忠雄に会っている。

第 12 章

日本におけるフィンランドの紹介
―― 戦後 20 年間の活動の内容と意義 ――

小川 誉子美

はじめに

　1960 年代後半に小さなピークを迎えた日本からフィンランドへの渡航は、その後の諸協定の締結に伴い、1980 年代にはその流れが一気に高まった。その一方で、フィンランドに関する情報は、戦後間もなく日本にもたらされていた。1949 年に北欧文化協会が産声を上げ、1951 年に『フィンランドの文化』や『独立への苦悶 ― フィンランドの歴史 ―』が、翌年にはフィンランド語の文法書『フィンランド語 4 週間』が、そしてさらに 1962 年からフィンランド語辞書が続けて 3 冊出版された。また、1953 年に来日したフィンランドの知日家について、地方紙などメディアがこぞって報じたこともあった。本章は、終戦後の混乱の続く時代から、人びとの往来が徐々に始まる 1960 年代までの約 20 年の間、フィンランドを紹介する活動とそれを促進した要因について論じるものである。

1. フィンランドを紹介した人びとと著作物

　戦前の日本では、フィンランドについて、陸上競技の英雄パーヴォ・ヌルミをはじめとするスポーツ界の活躍や対ソビエト戦争など、報道からその国情を知った。その後、1952 年に開催されたヘルシンキオリンピックは、日本が戦後初めて参加したオリンピックであり、国際社会に復帰したばかりの日本にとって記念すべき大会となった。1960 年代には、デザイン、建築、音楽、医学、政治学等

の分野を中心に、研究者や専門家がフィンランドに渡るようになった。画家の東山魁夷もその一人である。東山は、1962年にフィンランドを訪問した後、『二つの月』(1963)『白夜光』(1965) などを描き、フィンランドの風景をモチーフとした絵画は、彼の作風を世に印象付けた。後に出版された『白夜の旅』(1980)『森と湖と』(1984) などの紀行文は、フィンランドの風景を知らしめることとなった。1960年代、世界各地で学生運動が激しくなると、日本を脱出し、北欧を経由してヨーロッパを放浪する若者も現れた。五木寛之の小説『青年は荒野をめざす』(1967) は、夢を追う若者たちをいっそう駆り立てることになった。日本版の『ムーミン』がテレビで放映され、お茶の間に登場したのは1969年であった。終戦の年から1960年代半ばまでの20年間、どのような人びとによって、どのようなフィンランドが紹介されたのだろうか。

　学術研究の基礎であり、その地域の思考や行動を理解する上でも重要となるのは言語であるが、すでに1952年にフィンランド語の学習書が出版された。『フィンランド語4週間』(大学書林, 1952) である。これは、日本で初めてのフィンランド語文法書であり、小泉保による『フィンランド語文法読本』(大学書林, 1983) が出版されるまで、日本語による唯一の本格的な文法書であった。

　執筆者の尾崎義は、1913年以降、スウェーデンを中心に22年間北欧に滞在した外交官であった。在フィンランド日本大使館には、1963年から68年まで勤務した。帰国後外務省を退職し、創設されたばかりの東海大学の北欧文学科に着任するが、翌年他界した。尾崎は語学の才能に恵まれ、英語・ドイツ語のほか、スウェーデン語、デンマーク語、ノルウェー語に長け、フィンランド語は終生の目的としていたという[1]。特に第2の母語というほどスウェーデン語に長けていた尾崎は、ラーゲルクヴィストやリンドグレーンなどの文学や児童文学を多数翻訳し、『スウェーデン語4週間』(大学書林 1955) や、『スウェーデン語基礎1500語』(大学書林, 1958) なども出版している。そうした尾崎のフィンランド語研究は、『フィンランド語4週間』の前書きによると、ストックホルム大学、ベルリン大学、ウプサラ大学で講義を受講し、指導を受けたことをもとに、日本でルーテル教会牧師のサボライネンらの協力を受け完成したという。尾崎がフィンランド語文法書を出版したのは、フィンランドに赴任する10年以上も前のことであり、専門のスウェーデン語文法書より早かった。

日本で初めてのフィンランド語辞典は、ハンガリーに滞在しツラン文化圏[2]の研究で知られた今岡十一郎によって編纂された。今岡は、1922〜31年までハンガリーに滞在し、ハンガリーの言語や歴史、文化を研究し、ツラン運動家として数々の執筆や講演を行った在野の研究者である。こうした今岡の活動に関しては日本とハンガリー双方で詳細が報告されているが、今岡とフィンランドやフィンランド語との関わりについてはほとんど知られていない。

今岡はフィンランドには1930年に一度訪問したことがあるというが、その言語に関心を寄せるようになったきっかけは、言語学的にハンガリー語と同族であると言われているフィンランド語が、どれぐらい似ているのかという言語学的好奇心から得た知見を、辞書という形で還元したいという思いからであったという。1943年に、外務省の市河彦太郎から、在京のフィンランド大使館付きのアウノ・カイラ（Auno Kaila）武官を紹介され、フィンランドの国情についての基礎的知識を学ぶ機会を得、芬英、芬独、芬仏辞典を用いて辞書の草稿を作成し始めた。しかし思うように進まず、1955年に、フィンランド人の母を持つジャーナリスト渡邉忠恕から、牧師のアルトゥリ・カレーン（Artturi Karén）を紹介されたのをきっかけに、ようやく軌道に乗ったという。カレーン夫妻から受けた協力については、1963年の辞書のあとがきに次のように記している。

> まる6年間、私が在京フィンランド福音ルーテル教会本部に先生をたずね、午前中ずっと机をならべて逐字的に語義を追うという二人の日課が続いた。当時、スエーデン語の講師や料理の先生をされていたイレーネ夫人には芬瑞辞典によって多くの不明な言葉を調べていただいた（…）いつも6・7冊の辞書を座右にし、どんな容易な単語でも一言一句おろそかにしないカレーン先生の態度には、ほんとうに頭が下がった。いまこの稿を終えて、しみじみとこのようなカレーン夫妻の熱意がなくして本事典は生まれ得なかったことを痛感する。

このようにして編纂された1冊目の『フィンランド語辞典』（1963）は、約2万語を収録する696頁に及ぶ大著である。2冊目の『ローマ字フィン・日辞典』（1965）は、フィンランド人日本語学習者を念頭に作成されたものであった。ヘルシンキ大学には小泉保氏のもと日本語を学ぶ約50人の学生がいたが、彼らの間でこの『フィンランド語辞典』（1963）が反響を呼び、こうした声に応えて『ロー

マ字フィン・日辞典』(1965) が作成されたのである。3 冊目の『フィンランド語小辞典』(1966) は、『フィンランド語辞典』の簡易版であり、その半数の 1 万語を収録する全 202 頁の辞書である。前書きには、今岡が専門とするフィン・ウゴル語群とその祖語について紹介しているが、巻末には、身近な単語集やフィンランドの生活情報とともに、フィンランドを訪れる日本人向けに 16 の場面の簡単な会話例も付され、実用を目指したものであることが分かる。

　辞書の編纂という大業を成し遂げた今岡十一郎とはどのような人物だったのだろうか。今岡がハンガリーに渡ったのは、来日中のハンガリーのツラン運動家バログ・ベネディク (Balogh Benedek) のドイツ語通訳を務めたことがきっかけであった。1922 年から 10 年の間、ツラン文化圏の言語文化の歴史を研究するかたわら、日本語や日本文化を教え、数々の講演、執筆活動を行った。ブダペストでは、ウラル・アルタイ言語学やトルコ語学を学び、言語や民族の起源に深い関心を持っていたが、やがて、研究の対象は、ハンガリー語と同族とされるフィンランド語にも及ぶようになった。帰国後は外務省に勤務し、執筆活動を続けたが、第二次世界大戦後、日本はアメリカを中心とした連合軍の占領下に、ハンガリーはソビエトの占領下に入ったことにより、それまでのような活動も行き来も不可能となった。こうした状況下で、大戦中に始めたブルガリアの文化や歴史の研究や[3]、フィンランド語辞書の作成に力が注がれていく。フィンランドには 1930 年に訪問しているというが、フィンランドやフィンランド語のルーツをテーマとして小冊子『フィン・ウゴル研究』(日本フィン・ウゴル協会) のシリーズ、『第 1 集 スオミ国のこと』(1969)『第 2 集 ウラル・アルタイ・その他』(1970)『第 3 集 東ヨーロッパの民俗生活その他』(1971) を作成し、ドイツ語やハンガリー語によるフィンランド語研究の抄訳や、フィンランド在住の若手研究者の記事を掲載し、また、オウルの町や公害問題なども紹介した。

　なお、『フィンランド語辞典』(1963) の出版費用は、文部省科学研究成果刊行費補助金により 3 分の 1 を補うことができたというが、ほかはすべて今岡の自費であった。彼は、「専門的なものがでるまでの一時的なつなぎ」と記しているものの、この渾身の 3 冊は、日本のフィンランド語学習者だけでなく、フィンランドの日本語学習者にも配慮されていたので、双方の学習を促進したことは間違いないだろう。

戦前のヨーロッパに駐在し、フィンランドの歴史や国情を紹介したジャーナリストに、斎藤正躬がいる。彼は、同盟通信社特派員として、リスボンやベルリンを経て、1941年からストックホルムに駐在し、1946年に帰国した。彼のフィンランドや北欧に関する執筆は、1950年代前半までに集中する。1951〜52年にかけて書かれた『独立への苦悶―フィンランドの歴史―』（岩波新書，1951年）、「フィンランドの祖国解放」『改造』33号（改造社，1952）では、フィンランドの独立に至る歴史を、「ヨーロッパの小さな民主主義国―フィンランド」『世界』80号（岩波書店，1952）では、フィンランドにおける協同組合の発達の歴史を紹介した。

一方、一般読者に向けた『世界の国々11　北ヨーロッパ』（国民図書刊行会，1951）では、「平和愛好の国スウェーデン」「フィヨルドと芸術の国ノルウェー」「敗戦国から立ち上がったデンマーク」とともに、「自由のために戦い抜いたフィンランド」などの章が収められ、自由と独立のために戦う、スポーツと文化の国として、フィンランドが描かれている。本シリーズは、ほぼすべてのページに写真が挟まれ、上質な紙を使い、表紙は目を引くカラーのカバーがかけられ、350円という当時としては高価な図書であった。このほか、『北欧通信』（1947）や「ヘルシンキ風物誌」（1950）などの随筆を執筆し、児童向け図書『世界のこども12 北ヨーロッパ編』（平凡社，1955）にも協力している。

ストックホルムに駐在していた斎藤がフィンランドを訪問したのは、フィンランドの新聞研究のためであった。スウェーデン記者の論調がフィンランド国内のスウェーデン語新聞の論調につられる傾向を感じたため、しばしば引用されるフィンランド紙の傾向を調べるために、1943年に初めて訪れたという[4]。斎藤は、294頁からなる『北欧通信』で「フィンランドの悲劇」という一節を設け、7頁にわたりフィンランドの独立戦争について記している。そして1951年には、『独立への苦悶―フィンランドの歴史―』という一冊の新書となり、フィンランドの独立史が広く知られるきっかけとなったのである。斎藤は、日本がまだ占領下にある時期に、遠いフィンランドの歴史に関する書を執筆した目的について次のように述べる。

戦後のアジアには、「独立」を旗印にした、民族主義の嵐が、際限もなく吹き荒れ

ている。(…)「独立」はどのように芽生えたか？ どのように闘われたか？ そしてどんな方向に進んだか？ 混迷するアジアにとって、フィンランドの歴史は、一本のたいまつとなり、暗くきびしいその行く手を、明るくてらしてくれる。(…) 私がこの本を書いた理由は、今日のアジアにたいして、フィンランドは、かならず何かを教えてくれると思うからだ。フィンランド史の中で、いちばんわれわれの心をひく部分は、この国がロシア帝国の治下に入ってから、独立を完成するまでの烈しい「抵抗の時代」であろう[5]。

さて、この書は、占領下の日本で講和条約の締結に向け、全面講和か単独講和かをめぐり意見が対立する中で生まれたものであった。当時、岩波書店は全面講和論の論陣を組むため、スイス、トルコとともに、フィンランドの歴史を取り上げる3部作を企画し、その1つ、フィンランドの独立史について斎藤が担当したのであった[6]。同時期に、雑誌『改造』(改造社) は、「独立と再軍備する日本」「苦悶するヨーロッパ」(1951年3月)「不平等条約と民族の解放」(1952年5月)「真の独立のために」(1952年6月)「独立の断層」(1952年7月) などの特集を組んだ。斎藤の記事「フィンランドの祖国解放」は、特集「不平等条約と民族の解放」(1952年5月) の一つで、東南アジア、中国、日本、中東の記事とともに掲載された。

さて、斎藤が伝えたもう1つのフィンランドがあった。彼は、1944年にも保養を兼ねて好きなフィンランドへ2週間ほど出かけた。フィンランドの街並みや文化に魅せられていき、「ヘルシンキ風物誌」(1950) では、街づくりやデザイン、文化にも言及している。こうした旅行者の視点からの印象は、斎藤が伝えるフィンランドの解説にも反映され、その行間に文化への愛着や尊敬の念が垣間見られる[7]。

同時期に、フィンランドの文化面について広く詳細に紹介したのが桑木務 (1913～2000) である。桑木は、1939年から日独交換留学生 (文部省在外研究委員) としてドイツで哲学を学び、1941年からヘルシンキ大学の客員教授として日本思想、日本語を教え、1944年に帰国した。1949年から共立女子大学で、1952年からは中央大学で哲学、倫理学を講じ、1949年には尾崎義 (前述)、高井泉 (デンマーク農業) らとともに北欧文化協会を設立し、初代会長 (1949～56) を務めた。桑木は、これまで紹介した3名と異なり、3年以上もフィンラン

ドに滞在した経験があり、広いネットワークを持っていた。本節では、桑木の戦後の活動とともに、戦前にフィンランドへ渡った背景をその制度から紹介し、最後に、教え子の活動を通じて、戦後の日本に与えた影響について論じる[8]。

桑木は、専門の哲学・倫理学に加え、フィンランドを中心とした北欧に関し、多くの著述を残した。その数は、中央大学退職時に公開された著作目録によると[9]、「哲学・倫理学関係」の執筆は、「(A) 著書・訳書」が19点、「(B) 単行本、事典に含まれたもの」が16点、「(C) 雑誌・新聞などに寄稿した論文・論述および放送のうち主要なもの」が約100点確認できる。これに対し、「北欧文化関係」の執筆は、「(A) 著書」が1点、「(B) 単行本、事典に含まれたもの」が32点、「(C) 雑誌・新聞などに寄稿した論文・論述および放送のうち主要なもの」が25点、総計58点が記されているが、筆者が現物を有するものがリストにないことから、大小合わせると、この数より多いと思われる。本業のかたわら行われたフィンランドに関する執筆活動としては、この時期ほかに類を見ない。以下、早期のものを中心に見ていく。

まず、(A) のカテゴリーに記されたのは、北欧文化叢書第1集『フィンランドの文化』(1951年, 全85頁) である。この小冊子では、文学、音楽、建築、自然科学などの15の分野からフィンランドを紹介した。執筆者は、桑木を筆頭に、市河かよ子、徳永康元、馬場重徳、織田幹雄や、リスト・トゥオミコスキ (Risto Tuomikoski)、テーネ・ニエミ (Tyyne Niemi)、マルタ・ケラヴオリら15名が名を連ねる。巻末には、年表のほか、語学入門書、フィンランドの概説書など文献リストも付され、目次には英文も添えられた。この叢書は、北欧文化協会主催のフィンランド図書展示会や、フィンランド文化講演会の開催と並んで計画されたものであり、フィンランドの文化を各方面から紹介する冊子としては最も古いものである。

(B) のカテゴリーの事典には、『世界詩人全集』『世界名詩集大成』『少年少女世界文学全集』などのシリーズが並び、エイノ・レイノ、シランペー、ユルハ、コスケンニエミ、トペリウスらの作品を紹介している。『世界文化地理体系』『現代地理体系』では、フィンランドをはじめ、北欧全域の文化や国情について紹介している。最も古いものは、『世界現勢事典』(1952年, 東京堂) である。北欧諸国・スウェーデン・ノルウェー・デンマーク・アイスランド・フィンランドの

6項目すべてを桑木が担当した。ほかのヨーロッパ諸国の執筆者は、戦前のヨーロッパを経験した外交官、ジャーナリスト、元留学生たちであった。

　(C) のカテゴリーの雑誌・新聞を通じた記事では、戦時下のヘルシンキ大学、カレヴァラや詩歌、芸術、また、日本にゆかりのある人物として、G. J. ラムステット、M. ケラヴオリを紹介している。その一つに、1952年、『市政』(全国市長会) の特集「フィンランドの国民気質」がある。桑木は、「独立記念日」「親日家たち」「カレヴァラの英雄たち」「国民文学の流れ」「シベリウスなど」という5号にわたる特集を組み、フィンランドの歴史や芸術、学問について紹介した。

　桑木の一連の著作活動から、「ヘルシンキの思い出」(1966) を掲載する『婦人之友』や、「フィンランド、ノルウェーの百科事典」(1966) を掲載する『學燈』など、広い読者層に発信されていたこと、このリストが作成された退職時の1983年にも執筆されており、長きにわたりフィンランドと関わっていたこと、その内容は、フィンランドの芸術や文学、社会を説明するにあたり、人物や事象を一つひとつ取り上げ、丁寧に紹介していたことが分かる。また、テレビやラジオを通じた広報活動も早くから行っていた。高井泉 (北欧文化協会3代目理事長) は次のように回想する。

> フィンランドのカレワラ祭は、初代桑木理事長や森本理事など大変なご努力によって始められ、今は当協会の大事な年中行事の一つとなり、テレビやラジオなどのマスコミを通じてフィンランドの文化を広くわがくにに紹介され、このごろ二月が近づくと各方面から電話や手紙でその内容の問い合わせが殺到するほどわがくににカレワラの名が普及してきたことは、桑木先生の絶大なご功績の賜ものであることを忘れてはなりません[10]。

　その活動は、さらに、北欧文化協会の月例会の運営をはじめ、フィンランドに渡航する者への情報提供、自宅でのフィンランド語の教授など、多岐にわたる。特に注目すべきは、戦前のヘルシンキ大学の多彩な教え子たちと、帰国後も書簡を通じ双方の情報を伝え合っていたこと、桑木がフィンランドを再訪した折にも、フィンランドのメディアを通じてメッセージを送るなど、行き来が不自由な時代ではあったが、フィンランドにおける対日文化活動にも声援を送っていたこ

とである。

　フィンランドで初めて日本語について講じたのは、記録上、1937年のG・J・ラムステットであったが、他のヨーロッパではどうだったであろうか。最も開始の早かったオランダ、イタリア、フランスでは、明治維新よりも前から日本語が教えられ始めた。日本からヨーロッパに渡った日本人講師の記録は、1873年ヴェネチア王立商業学校の吉田要作[11]にさかのぼる。ドイツのベルリン大学は、ドイツ人とともに、対象言語の母語話者が教壇に立つというシステムであったことから、多くの日本人が教えた。童話作家の巖谷小波はその一人である。また、日露戦争前のロシアのウラジオストク東洋学院で教えていた日本人講師は、帰国後斬殺されるという事件が起こるなど[12]、日本人講師の運命はさまざまであった。戦間期には日本語講座が増えるが、特に、1930年代後半には、日本とドイツ、ハンガリー、イタリア、ブルガリアとの間で文化協定が締結されたことで、教壇に立つ日本人講師はさらに増えることとなった。

　各国と締結した文化協定のもとに、10以上の事業が計画された。その一つが日本語講座の開設であった。1943年秋、ブルガリアのソフィア大学に初めての日本語講座が開設され、ウィーン大学で学ぶ渡辺護が講師として着任したのも、文化協定によるものであった。ドイツやイタリアでは、文化協定のもと、日本人講師に対し、現地の大学から支給される給与の補助として謝金が支払われた。文化協定が締結されるまでは、謝金は外務省によって満州事変啓発費、文化事業費などの費目から捻出されるなど、予算面において現地の大使館が日本語講座に関わっていた。

　こうした政府の動きとは別に、ヨーロッパ事情に詳しい知識人たちが、日本学講座の設立に関わるようになった。彼らはヨーロッパにおける日本理解の低さを痛感し、中国研究科はあるが日本研究科が少なく、戦間期の日本の政策が中国の視点から語られてヨーロッパに流布していることに危惧を感じていたため、日本研究の必要性を訴え、自ら資金を提供し日本研究所を設立した。佐多愛彦（大阪医学校校長、日独協会会長）や本山彦一（大阪毎日新聞社長）はドイツのライプチヒ大学に日本研究所を、三井財閥の三井高陽男爵は、ウィーン大学に日本研究所を開設し[13]、ハンガリー、チェコ、フィンランドなどに多額の寄付を行った。フィンランドには、1934年に2万マルクが投じられ、図書が購入された。その

7年後の1941年、桑木がヘルシンキ大学に着任した。桑木が退職したときの略年譜には、「昭和16年（1941年）9月15日、フィンランド国ヘルシンキ大学客員教授として着任。日本研究施設 Japanilainen Laitos 設立」とある。両国の間には、文化協定が締結されていなかったため、桑木の派遣は、政府予算ではなく、三井の資金によるものと推測される。

　1941年以来、桑木はヘルシンキ大学で日本思想や日本文化、日本語の講義を担当していたが、1944年の9月、国交断絶に伴い帰国した。日本語講座は、受講生の中で秀でた成績を収めたケラヴォリによって翌年まで引き継がれた。50代半ばで日本語を学び始めたケラヴォリは、その後、日本語の教科書作成、童話や和歌などの翻訳を通じて、日本文化をフィンランドに紹介した。また、ヘルシンキを訪問する日本人を親身に世話し、彼らから「ヘルシンキのおばさん」という愛称で親しまれた。1953年、結婚40周年を祝った彼女のもとに、65歳の誕生日プレゼントとして、日本への往復航空券が届けられた。これは、桑木や五輪関係者が発起人となり、かねてから訪日を夢見ていた彼女に、それまでの好意をねぎらおうという関係者の謝意から実現したものであった。日本での歓待ぶりは、「もし女王であってもこれ以上の扱いは受けなかった」（Helsingin Sanomat 1953.11.28）と述べていることからも推測されよう。

　ここで注目したいのは、来日時には一挙一動が取材され、また来日前の1951〜64年までは、一般紙や雑誌でも活動の内容を報道していることである[14]。来日（1953年9月28日）に関しては、半年以上前から、「ヘルシンキの恩人を招く」（東京新聞1953年2月27日）「ヘルシンキのおばさんが来る　日本の秋をたずねて」（同年9月12日）という見出しで、それぞれ写真入りの記事が掲載された[15]。

　業績について、「わが国のすぐれた文化」を紹介していること、「日本には古代からすぐれた文化があることを示すもの」として、フィンランドの新聞の書評で紹介されたこと、歓迎会やインタビューでのエピソードとして、箱根旅行の後、「日光を見るまでは結構といえぬ」をもじり、「私にはやっぱり、箱根の温泉気分の方が日光より結構」と言ったこと、奈良では、「天の原ふりさけみれば……」と古今和歌集の一首をすらすら口ずさんで周囲の人たちを驚かせたこと（『東京新聞』1953年11月2日）、さらに玉川学園で、「私は毎日毎日をお祝いのような

気持ちで楽しく過ごしています。毎日面白く楽しく暮らしているうちにあの浦島太郎のように家へ帰るのを忘れはしないかと心配です。どうか私を1か月たったらフィンランドに帰してください。お願いします」とおとぎ話を引用しながらスピーチを行ったことが報じられた。

　ケラヴオリの活動の紹介が集中している1950年代初めの日本は、敗戦の混乱から徐々に回復しつつあったとはいえ、主権を取り戻したばかりの不安定な社会情勢の中にあった。そんな中、ケラヴオリが紹介したのは、敗戦をひきずる日本ではなく、短歌を通じた歴史や自然観、また、美意識や繊細な心情であった。こうした日本紹介は、占領期を脱したばかりの日本で、古くから持つ良きものを日本人に再認識させ、自信や希望を与えたのではないだろうか。ケラヴオリは、制度組織の中で体系的な訓練を受けたわけではなかったが、その活動は、当時の日本人を鼓舞激励し自文化への誇りを惜しみなく注ぎかけることとなった。桑木によってまかれた種は、このような民間外交家を育て、図らずも、桑木が伝えた日本文化をケラヴオリの視点から披露され、人びとに再認識させるという形で、実を結んだともいえるのではないだろうか。

2. 活動の対外的・国内的背景

　前節では、日本の連合国による占領下にあった時代から独立へと向かう戦後の転換期に、日本にフィンランド語やフィンランドの歴史や文化を紹介した、4名の、外交官、在野の研究者、ジャーナリスト、大学客員教授を取り上げ、著作を中心とした活動を見てきた。

　さて、一連の活動は戦後間もなく開始されたが、日々の生活にも困窮する占領下の日本で、アメリカの情報ではなく、日本からはるか離れたフィンランドや北欧の情報は必要とされていたのだろうか。桑木は、自らの活動を「フィンランド文化入門概説書」の作成であったと語るが、当時の日本でその活動にどのような意味があったのだろうか。戦前の欧州に駐在したジャーナリストの中に、戦後北欧について紹介をした者がいる。その一人である前述の齋藤正躬は、同盟通信社の特派員として駐在したスウェーデンについても多くの著述を残している。彼のエッセイの一つは、小学校の教科書に掲載され、スウェーデンという国が広く知

られることになった。斎藤は、この中で、スウェーデンを「百五十年以上も戦争をしたことがないという平和郷」「百万長者もいない代わりに、あしたのパンにこまるというような貧しい人もいない幸福な国」と形容している[16]。

では、この「平和郷」「幸福な国」と形容される北欧のスウェーデンが、この時期に研究対象となった背景にはどのような事情があったのだろうか。朝日新聞社の特派員としてストックホルムに駐在した渡辺紳一郎は、1947年に出版した随筆の中で、現在の理想郷であるスウェーデンも、かつては軍国主義的国家であり、政治的に一等国だったのであるが、戦争に敗れて海外の植民地を失い、インフレに陥り、国民は食うや食わずの生活を送っていた時代があったと述べている。そして、当時の日本の状況と重ね[17]、日本の戦後の復興には、スウェーデンの政策が手本になると主張したのである。こうした、「現代の理想郷」に生まれ変わった国々を研究し、日本再建の目標にしようという発想は、北欧文化協会の設立の理念でもあった。協会創設者の一人である高井泉は次のように記している。

> 顧みれば、終戦直後は、言語に絶する社会の不安、人心の荒廃、また夢を失った青年たちの虚脱状態——いったい日本の将来は、どうなるのだろうかと、ただ唖然とするばかりでした。よし！ こうなったら再建日本は、あの文化の高い豊かな北欧のような文化国家の建設を目標にしたいものである、と期せずして生まれたのが北欧文化協会でした[18]。

一方、桑木も1973年、17編からなる「特集フィンランド」を取りまとめ、冒頭の「フィンランド特集号に寄せて」で、戦後の日本の風潮について次のように回顧する。

> 戦後の日本の風潮は、自らを5等国？と卑下する余り、従来の思いあがった大国主義から転じて、小国にもそれぞれの価値を認めた親しい仲間意識をもち、また平和主義の見地からスイスやスェーデンを、福祉国家を標榜してイギリスや北欧諸国をひとは盛んに研究しだした[19]。

占領下および冷戦下において、アメリカ的価値観、文化が一気に浸透する日本では、それに対抗する気運も相まって[20]、北欧の価値観や社会に関する知識が

重要性を帯びた。北欧諸国の中でもフィンランドは、大戦中戦禍に苦しんだ国であるが、その後の歩みへの敬意とともに、言語の起源をはじめ、歴史的に日本に近しいと感じさせる要素にあふれていた。戦前の欧州経験者たちによるフィンランドの紹介は、テーネ・ニエミら在日フィンランド人宣教師らの助力もあり[21]、着実に成し遂げられたのである。

　当時の活動は、主に、フィンランド語やスウェーデン語、また、ドイツ語等による専門書に基づいて行われた。1970年代になると、次の世代が、本格的な実証研究に着手し、独自の研究成果を発表し始めるが、それを支えた60年代までの活動も、当時の社会で大きな意味があったのである。

注・文献

1) 『故尾崎義氏追悼　よき人をしのぶ』私家版, 1970, 32.
2) 中央アジアが起源とされる民族の統一性を主張する運動。1920年代、ハンガリーで盛んであったという。今岡は、『ツラン民族圏』『ツラン運動とは何か』『ツラン詩文学全集』など、多数の著作を残している。
3) 『ブルガリア』（1962）の前書きによると、今岡十一郎がブルガリアの紹介を思い立ったのは、1943年に日勃文化協定が締結され、互いに文化と国情を紹介する友好機運が生じた時期にさかのぼるという。その後「ブルガリアの全貌」と題する著述を脱稿し六盟館発行で印刷の予定であったが、1945年5月25日の東京大空襲によって一切は灰に帰したという。
4) 斎藤正躬『北欧通信』（月曜書房, 1947), 148-149.
5) 斎藤正躬『独立への苦悶』（岩波書店, 1951), i-iii.
6) 百瀬宏先生のご教示による。
7) 齋藤正躬「ヘルシンキ風物誌」『日本評論』25号（日本評論社, 1950), 51-52.
8) 筆者は、桑木土思子より多数の遺品を譲り受けた。日欧各機関所蔵資料をもとに、フィンランドをはじめ、ヨーロッパの日本語講座の実態について、次のもので明らかにしてきたので、内容については、そちらを参照されたい。小川誉子美『欧州における戦前の日本語講座―実態と背景』（風間書房, 2010); Ogawa, Yoshimi, "The Complete Picture of ,'Keynote of Japan's History'. Tsutomu Kuwaki's first academic lecture in Helsinki". URALICA, No.13, The Uralic Society, 2003, 75-86; 小川誉子美・重盛千香子「ウィーン領事養成学校の日本語講師ド・チョンホについて―フィンランドと日本の資料による新解釈」『日本語・日本語教育の研究―その今、その歴史』3A（ネットワーク, 2013), 215-226ほか。
9) 『紀要』第30号, 中央大学文学部哲学科, 1984, 17-30.
10) 『北欧』第4号, 北欧文化通信社, 1973, 108.
11) 吉田は横浜のフランス語伝習所の卒業生で、日本に戻ってからは鹿鳴館の館長を務めた。

12) 小川誉子美「新聞が報じた日本語教育：日露戦争前後の極東ロシア」『ことばと文字』2（日本のローマ字社，2014），27-33.
13) ドイツで交通史を学んだ三井高陽は、ウィーン大学日本研究所の設立に当たり、講座の学術性に厳格な姿勢を示していた。初代所長 岡正雄（民族学、ウィーン大学博士号取得）が一時帰国をし、諸事情で人事の交替があった際には、手続きや内容を不服とし、資金を取り下げてしまうという経緯があった。ウィーン大学日本研究所に関しては、構想の段階から詳細な記録が残るが、フィンランドに関しては現在のところ確かではない。
14) 小川誉子美「大戦下日本語学習者の活動 ― フィンランドの知日家M.ケラヴオリの場合 ―」『総合学術学会誌』第4号（日本総合学術学会，2006），13-20.
15) ケラヴオリの日本旅行については、本書第11章（リトバ・ラルバ）を参照。
16) 「読書週間、ストックホルムの少年少女」『国語6年の2』日本書籍株式会社，1951年文部省検定済，29-34.
17) 渡辺紳一郎『スウエデンの歴史を散歩する』（朝日新聞社，1947），1-2.
18) 北欧文化協会『故 尾崎義氏追悼 よき人をしのぶ』私家版，1970，3.
19) 北欧文化通信社『北欧』第4号，1973，8.
20) 吉武（2003）は、スウェーデンや北欧諸国が、平和、福祉、幸福のイメージを増幅するような形で語り継がれていったことに対し、「冷戦下の日本政府は、アメリカと安全保障条約を締結して西側陣営を選択したため、政府の外交政策を批判する野党勢力は好んで中立諸国（北欧諸国ではとくにスウェーデン）を取り上げ、政府との対決の道具に使ったのである」（吉武信彦『日本人は北欧から何を学んだか』新評論，2003，94）と指摘する。
21) 尾崎義、今岡十一郎、桑木務の著書のあとがき等には、彼女の助力への謝辞が述べられている。

第 13 章

親密な音色
―― 日本におけるフィンランドのカンテレの受容 ――

チェン・イン・シェン

　19世紀、フィンランド民俗学を研究していた初期の学者たちは、フィンランドの民族楽器カンテレが、もともとはフィンランド東部でルノ（フィンランドの詩歌）の伴奏や、即興の演奏に使われていたことを発見した。この100年間で、カンテレ演奏は音楽家たちの手によって大きく変容し、さまざまな大きさのカンテレを用いた多種多様な演奏スタイルが創られてきた[1]。本章では、比較文化の観点からカンテレの位置付けを再考し、「親密な距離」[2]という概念を用い、カンテレが日本でどのように受容されてきたか検討する。また、地域のサークル活動を通して、カンテレの受容を促進している日本人カンテレ愛好家たちにとって、親密な距離とはどのようなものか調査する。

　日本には、世界中からさまざまなジャンルの音楽が普及し、熱心な愛好家の消費対象、また演奏対象となってきた。その中には歴史的に深く根付いているものもあれば、ごく最近になって持ち込まれ、外国音楽市場に加わったものもある。関連研究でも、ジャズ[3]、ヒップホップ[4]、ハワイアン[5]、ルンバ[6]、サルサ[7]から、タンゴ[8]、カントリー[9]、ゴスペル[10]まで、世界各地の多種多様なジャンルが研究されている。フィンランドのカンテレも、日本の音楽サークルで演奏される外国楽器の一つとなっている。

　本研究の理論的枠組みは、人類学者ミッシェル・ビジェンホー（Michelle Bigenho）が日本でアンデス音楽を研究した際に構築した「親密な距離」の概念から着想を得ている。「親密な距離」とは、地理的・歴史的に直接的な関係はまったくないが、活発な音楽交流を持つ2国間の関係を指す。ビジェンホーによ

ると、ボリビアから日本へアンデス音楽が入ってきたのは、ボリビア先住民と日本人には古くからつながりがあると当時の日本人愛好家が考えていたこと[11]、ボリビア人音楽家のマーケティング活動があったこと[12]が要因だったと考えられる。ビジェンホーとは異なり、本研究では2国間の関係は検討せず、日本側の熱心なカンテレ奏者にのみ焦点を置く。カンテレの魅力は単なる異国情緒的側面だけではなく、その独特な音色と包み込むような一体感が人気の要因であると筆者は主張する。

　本章で使用したデータは、2016年夏に2つのカンテレキャンプで行った聞き取りと参与観察、2016年秋に東京と札幌のサークルで行ったフィールドワークおよび2017年に実施したオンラインアンケートから得たものである。本章は3節から構成される。まず、日本におけるカンテレ音楽の状況、次に、カンテレの音色に魅了される日本人愛好家、そして最後に、日本のサークルで受け入れられたカンテレの特徴について説明する。

1. 日本におけるカンテレ音楽の状況

　博士論文でカンテレを扱ったカール・ラフコネン（Carl Rahkonen）を除き[13]、カンテレを研究しているのはたいていフィンランド人民俗学者・民族音楽家で、研究の焦点は楽器の構造やカンテレ音楽だった。こういった主流研究とは異なり、本研究は、日本で高まるカンテレに対する関心を明らかにすることを目指し、比較文化の観点からカンテレの位置付けを再考する。

　日本での正確な関心の高さについては、今までのところ、日本のカンテレコミュニティに関する統計や学術研究が存在しないため、定義することが難しい。しかし、フィンランドの楽器メーカーのコイスティネン・カンテレ（Koistinen Kantele）と、過去15年にわたり日本にカンテレを紹介してきたフィンランド人カンテレ奏者エヴァ・アルクラ（Eva Alkula）は、日本のカンテレ人口はフィンランドに次いで世界第2位ではないかと推定している[14]。

　日本に初めてカンテレが紹介された時期は1970年代までさかのぼる。1970～80年代には、フィンランドを訪れた日本のビジネスマンや学生がカンテレを目にしていた。フィンランド人（またはフィンランドの友人を持つ者）からカンテ

レをプレゼントされた者もおり[15]、それを個人または小グループで演奏したことで、カンテレが日本で知られるようになった。しかし、カンテレに関する活動がさらに一般に知られるようになったのは、1990年代初頭になってからのことだった。カンテレの演奏を教えていたのは主に東京と札幌の音楽サークルで、カンテレ関連の活動をリードしていたのは主に4名の人物、東京のはざた雅子と桑島実穂、札幌の佐藤美津子とあらひろこだった。彼女らがカンテレを学んだのは、フィンランドの教育機関（シベリウス音楽院）またはカンテレキャンプ（イロマンツィ・カンテレキャンプ、ソンメロ・カンテレキャンプなど）といった場だった。例えばはざたは、1985年にラハティのカンテレサマーキャンプに参加し、1988年にはヘルシンキのシベリウス音楽院でリトヴァ・コイスティネン（Ritva Koistinen）に師事し、39弦コンサートカンテレを学んだ[16]。こういったカンテレ音楽シーンを牽引する人物たちは、日本においてカンテレの指導、パフォーマンス、ワークショップといった活動を重ねることで、それぞれのキャリアを築いていった。ソロアルバムの制作だけでなく、地元のミュージシャンやアーティストともコラボレーションし[17]、日本各地でコンサートも開催して回った[18]。

　日本でカンテレが人気を博しているこの状況は、フィンランドが日本で仕掛けた精力的なブランディング戦略の一つの成果と見ることができる。ラウラ・イパッティによる本書第3章にあるように、フィンランドのブランディング戦略は日本で成功を収めたと考えられている。フィンランドのデザインや教育などは日本ではよく知られており、フィンランドに対する人びとの興味を喚起している。実際、カンテレクラブのメンバーには、フィンランド関連の別の活動を通してカンテレに出会った者が多く、カンテレを弾き始める以前に、何年も趣味でフィンランド語を学んでいたケースもある。カンテレを弾く人びとの中には、フィンランド協会または北欧文化協会のメンバーもいれば、日本のフィンランド建築クラブのメンバーもいる。そしてその多くがペサパッロ（フィンランド式野球）、ヒンメリ作り（藁や葦を使ったフィンランドの伝統装飾）、フィンランド料理作りといった文化イベントにも積極的に参加している。

　フィンランドのカンテレバンドやミュージシャンに対し、過去20年にわたってコンサートやワークショップの開催が要請されているが、それはカンテレに対する関心が高まっている証拠あるいはその結果と考えることができる。同時に、

カンテレワークショップが人気を博していることには、奏者としてではなく、鑑賞者としてカンテレ音楽に詳しくなりたい、という日本人愛好家の意識が表れている。東京在住の奏者である高橋翠によると、日本のカンテレ関係者は、プロ奏者、趣味で弾く人、カンテレ音楽ファン（コンサートに行く、録音を鑑賞するのみ）の3タイプに分類できるという[19]。筆者がフィンランドのカンテレサマーキャンプや日本のカンテレクラブで出会った愛好家たちは、ほとんどが20～80歳の女性である。その経歴は、大学生や会社員からフリーランス、教師、主婦までさまざまである。彼女たちがカンテレに熱中するようになったのは、フィンランド文化に興味があったから、カンテレの音色が気に入ったから、といった理由である。

　札幌は都市としては比較的小さく、外部からのサポートが大きいため、カンテレ関連活動は東京よりもはるかに活発で、広く認識されている。第7章でも言及されているが、フィンランドと北海道の関係は1970年代以降に発展し、1976年に設立された北海道フィンランド協会はフィンランド文化のプロモーション活動を行っており、札幌カンテレクラブに対しても大きな支援を行っている。1990年代初頭に設立された札幌カンテレクラブは、北海道フィンランド協会の文化サークルの一つである。1990年代半ば以降、フィンランド人カンテレ奏者数名

写真13-1　1990年末に札幌でカンテレを教えるエヴァ・アルクラとあらひろこ

が協会の招待を受けて北海道を訪問し、「本物」のカンテレ音楽を札幌にもたらした[20]。札幌カンテレクラブとは別に、北海道最大の新聞社である北海道新聞社もカンテレクラブを有しており、同社の文化センターで練習を行っている。札幌のカンテレ人口の合計はおよそ100人と推定される。これは、クラブのメンバー、もしくは講師の佐藤やあらからプライベートレッスンを受ける人たちである。

カンテレを弾くことがクラブの主な活動であるが、フィンランド民謡を歌う人もいる。札幌カンテレクラブは市内中心部の札幌市男女共同参画センター内でクラスを開講している。クラスはメンバーの希望する時間により2グループに分けられている。午前クラスは、夕方に孫の世話をする年配者が多く参加しており、レッスンは月1回行われている。残りのメンバーは木曜夕方のクラスで、月2回のレッスンを受けている。

2016年11月に筆者がフィールドワークを行った際、カンテレクラブのメンバーは、ピックヨウル・パーティー（フィンランド語で「小さなクリスマス」の意）に向けて曲を練習しているところであった。これは、クリスマスとフィンランドの独立記念日を祝って12月第1週に開催される、このクラブの最重要年間行事である。クラスの後、メンバーはリハーサル時間やコンサート宣伝用ポスターの配布についてなど、活発に話し合っていた。カンテレクラブはメンバーがリラックスして交流する場でもある。クラスが終わると、同じビル内の地下にある居酒屋で食事をすることも多い。

2. 音色へのあこがれ

小規模グループでカンテレが人気を博していることは、フィンランドに対して日本人が概して好意的なイメージを持っていることとつながっているが、フィンランドに対する見方は地域によって異なる。フィンランドと日本の間に類似性を見いだすのは、特に札幌の人びとに多い。カンテレに親しみを覚える愛好家が札幌に多いのは、彼らが初めてフィンランドに旅行した際に、我が家にいるような感覚を予期せず経験したからである。日本とフィンランドは互いに非常に遠く離れており、地理や人口もだいぶ異なっているが[21]、情報提供者によると、特に美

的感覚や文化的価値観の点で、両国の間には印象的な共通点があるという[22]。第10章で論じられているように、日本とフィンランドのデザインはいずれも自然から受けるインスピレーションをモチーフにしており、静寂に美的価値を見いだすフィンランドの文化[23]は、日本の「侘び」「寂び」の概念[24]と共通するものである。こういった点はカンテレの演奏にも見られ、強い親密感を呼び起こす。

　カンテレを弾く人びとの中には、クラブで日本人講師から教わるだけでなく、本場のミュージシャンからさらにレッスンを受けるため、フィンランドのカンテレサマーキャンプに参加する人もいる。こういったキャンプに参加することは、カンテレ愛好家が共通してあこがれていることである。フィンランド滞在中に、CDを購入したり楽器作りのワークショップに参加したり、また、バルト3国の楽器博物館を訪れて、カンテレに似た楽器ツィターについて学ぶ者も多い[25]。こういった「テーマに則した旅行」は単純な観光と違い、フィンランドやカンテレの文化を探究することを大きな目的としており、人類学の分野で言われる「観光のまなざし」に当てはまるものでもある[26]。

　札幌在住のカンテレ愛好家で講師でもある佐藤美津子は、彼女の言う「本物のカンテレ」[27]を学びに、10年以上にわたりほぼ毎夏フィンランドを訪れている。筆者と佐藤は、2016年のイロマンツィ・カンテレキャンプと、2017年にフィンランド人ミュージシャンのミンナ・ラスキネン（Minna Raskinen）が開催した民族音楽コースで会ったことがある。彼女は当時、コンサートカンテレの習得に専念していたが、他のさまざまなサイズのカンテレについても学んでおり、10年にわたって教材を収集し、日本に持ち帰った。佐藤は長年ピアノ講師として活動した後、2000年代初めから札幌でカンテレ講師としての活動を始めた。そのため佐藤は、クラシック音楽の教授法に影響を受けつつ、定期的にフィンランド人ミュージシャンからカンテレを学んでいる。彼女によると、しっかり上達するためには、楽器を体系的に学ぶことが不可欠という。彼女の見解では、楽譜を読むことは、カンテレ音楽への正しいアプローチである。佐藤は自身のブログにフィンランドでのカンテレ旅行記を綴っており、それによって、カンテレ関連の情報を日本に紹介するだけでなく、これからカンテレを習おうとする者に向け、フィンランドにおけるカンテレがどういったものか知ってもらおうと取り組んでいるのだ。

第13章　親密な音色　　191

　日本人がカンテレに魅せられるのは、フィンランド文化が魅力的であることに加えて、カンテレが独特な音色を放つためであり、その音色を表現する際、「やわらかい」、「優しい」、「澄んだ」、「自然な」、「伸びのある」といった言葉が何度も使われる。こういった回答は、フィンランド人や他の外国人奏者の回答と大差はない。しかし、カンテレと13弦の和琴を比較する際は、ある情報提供者はそれぞれ対して正反対の表現を用い、琴は「大地から沸き立つ音色」でダイナミックな変化があり、それに対してカンテレの音色は「天から降り注ぐきらめき」のようだと形容する[28]。

写真13-2　カンテレのレッスンを行う佐藤美津子（右）

別の情報提供者によると、琴の音色を聴いて連想するのは日本だけだが、カンテレの音色はさらに幻想的な感情を喚起するという[29]。奏者のうちほとんどは琴の音色よりもカンテレの音色を称賛しているが、これは音楽の好みによるものといえる。ほとんど皆がジャズや民族音楽の愛好家で、琴を演奏したことがある者はほとんどいなかった。筆者の知る限りでは、琴の演奏経験があるのは東京のはざたのみである。

　カンテレ奏者がその音色について話す際は、個人的な感情や自然に囲まれたフィンランドの情景も語りに反映される。筆者は、過去20年にわたり札幌のカンテレクラブに参加してきた5人の年配者から聞き取りを行った。その中の一人はカンテレ演奏経験について、「約25年前、フィンランドを旅して、ハメーンリンナにある一般公開したばかりのシベリウスの生家を訪問しました。そこの湖に行きましたが、その風景と自然にとても感動しました。エヴァ・アルクラが1999年に来たときに、初めてコンサートカンテレを聴きました。彼女の音楽を

聴くとフィンランド訪問の記憶がよみがえりました。今でも顔をかすめたあの風を感じることができます[30]」と語った。カンテレの演奏は健康に良いというイメージもある。聞き取りを行った年配者の中には、指を使うと脳を活性化できるから、カンテレの演奏は健康的だと考えている者もいる。こういったことは、カンテレ仲間との間に育まれる友情とともに、これだけ長い期間彼女らが演奏を続ける上で大きなモチベーションとなっていた[31]。

カンテレの音色は「癒し」とも捉えられており、こういった反応はフィンランド人にはほとんど見られない。例えば、東京のあるメンバーは、2011年東日本大震災の地震復興支援ソングである『花は咲く』を演奏するときに癒しを感じると言う。この曲は彼女の講師である石井晴奈がアレンジし、東京カンテレクラブで教えていたものである。被災地である岩手県出身の彼女にとって、『花は咲く』は特別な意味を持っており、それゆえに彼女のお気に入りのカンテレ曲になった[32]。

3. 包み込むような一体感と（スピリチュアルな）自己

最も伝統的なタイプである5弦カンテレは、今も昔もカンテレ奏者がクラブで最初に手にするものである。シンプルで簡単な演奏方法は、特に音楽経験がない人にとっても魅力的である。札幌のとある愛好家は、カンテレを初めて演奏した際、経験豊富なメンバーと一緒だったにもかかわらず、ためらいや不安を感じずに演奏できたことに衝撃を受け感動したと語る。自分でも演奏できる、仲間に入れるという感覚は自信を生む。トマス・トゥリノ（Thomas Turino）は著書『ミュージック・アズ・ソーシャルライフ』の中で、音楽制作を4タイプに分類している。その一つが参与型パフォーマンスで、「アーティストと聴衆という区別がなく、参与者と潜在的参与者がそれぞれ別の役割を果たすというタイプの芸術活動であり、その最も重要な目的は、できるだけ多くの人びとを何かしらの形でパフォームする側に巻き込むことだ」[33]と説明されている。5弦カンテレの特性によって、参与型パフォーマンスが可能になる環境が生まれ、それがカンテレを弾く日本人にやりがいを感じさせると考えられる。

フィンランドに行ってコースを受講する愛好家もいるが、ほとんどのメンバーは日本人講師からレッスンを受けているだけである。クラブで教える曲目は講師

第 13 章　親密な音色　193

の好みによってさまざまである。クラブでは、フィンランド民謡、外国民謡、クラシック、ポップスや日本民謡を教えている。カンテレ固有の曲目を中心に習う人もいるが、そうでない人がほとんどである。むしろ、純粋に楽しみたい、クリエイティブなことをしたいと考えて演奏する人が多い。筆者が出会ったとある札幌のメンバーは、有名なテレビゲーム『ファイナルファンタジー VII』の作中曲をカンテレ向けにアレンジし、東京でのゲームファンの集いで披露するつもりだと語った。彼女はクラブで演奏スタイルを磨き、その独特な指使いの技術は周囲の人びとから高く評価されていた。

　5弦カンテレの伝統的即興演奏を取り入れているのは、札幌カンテレクラブのあらひろこのグループである。あらは通常、レッスン冒頭で順番に即興演奏するよう受講生に指示する。このやり方だと、ミスを恐れることなく演奏できるので、メンバーに喜ばれている。とある情報提供者は、「あらさんは、5弦カンテレを演奏しているときに間違った音なんかないと言います」[34]と語る。カンテレ奏者の中には、とりわけ即興演奏を好む人たちがいるが、これは日本の音楽教育では即興演奏が取り上げられないためである。即興演奏は創造性を刺激し、尊重するものと捉えられており、これはフィンランドの教育理念にも共通する、非常にフィンランドらしい点であると評価されている。

　札幌のメンバーであるこうのちえは、5弦カンテレを「自分の一部」[35]と呼び、自分と一体化させている。私たちが出会ったのは、彼女が友人と一緒にパフォーマンスの練習をしていたときだった。素晴らしい即興演奏を行うためには、集中してカンテレをうまくチューニングしなければならない、と彼女は語る。カンテレを適切にチューニングする、という思想は、フィンランドのカンテレミュージシャンであるアルヤ・カスティネン（Arja Kastinen）を見習ったものだった。カスティネンはカレリアカンテレのさまざまな伝統的音階・旋法に通じており、こうのはこういった伝統をとりわけ気に入っていた。こうのによると、良いチューニングとは、自分がどういった精神的状態にあるかを知覚させてくれる最適な振動のことを指し、それゆえにそれは癒しの力に近いと語る。こういった理由で、クラブメンバーの中には人前で演奏するよりも、家で1人で演奏するのを好む人もいる。こういった人びとは、カンテレを親密な楽器と捉えている。カンテレキャンプを選ぶ上で、即興演奏の扱いが判断基準になる場合もあり、キャン

プの講師が即興演奏を重視しなかったら、期待外れに感じる参加者もいる。そういった人びとにとっては、カンテレの可能性を探ることが重要で、即興演奏のプロセスも楽しいものなのでである。それとは反対に講師の方は、人前で演奏できる力を育てるために楽曲を教えているのかもしれない[36]。

　高価なコンサートカンテレに比べて、5弦から15弦までさまざまな形状の小型カンテレは、シンプルで包み込むような一体感を得られるため、日本のカンテレサークルで広く演奏されている。年齢も関係なく、過去の音楽経験も必要なく、持ち運びも簡単である。ジャズ[37]やフラメンコ[38]といった外国音楽の日本人愛好家は、従来の日本的価値観に逆らうための手段として、そういった音楽を一時的に愛好していることが研究によって明らかになっている。しかしながら、日本でカンテレが受容されたケースにおいては、今のところ、社会の圧力に逆らうために演奏しているという傾向を示唆する証拠はない。むしろカンテレが好まれるのは、演奏時にカンテレに対して親密さが感じられることが関係している。

　1990年代に日本に紹介されて以来、フィンランドのカンテレは、東京や札幌の音楽サークルで習うことのできる外国の楽器の一つになった。日本で高まるその人気は、ある程度において、フィンランド文化に対する日本人の好意的な姿勢が反映されていると解釈することができる。日本におけるカンテレのケースでは、フィンランドとのつながりを思い出させることや、カンテレの魅力的な音色、小型カンテレの包み込むような一体感が、「親密な距離」を愛好家に感じさせている。

　本研究では、カンテレがフィンランドから日本へと渡り、受容されるに至った要因を論じた。日本人カンテレ愛好家が親密さを感じていることや、個人の創造性を発揮するため、さらには癒し効果のためにカンテレが演奏されていることが、そういった要因として挙げられる。5弦の小型カンテレであれば、さまざまな経歴を持つあらゆる愛好家が、シンプルかつ簡単に演奏することができる。このフィンランドの民族楽器が受容され、講師が「本物」の伝統的曲目と演奏技術を重視して教える一方、熱心な愛好家は新たな曲目や演奏スタイルを生み出している。

注・文献

1) フィンランドの現代カンテレシーンにおいて、カンテレは単なる民族楽器ではなく、さまざまなジャンルの音楽を取り込み多用な様相を呈している。
2) Bigenho, Michelle, *Intimate Distance: Andean Music in Japan*. Durham: Duke University Press, 2012.
3) Atkins, E. Taylor, *Blue Nippon: authenticating jazz in Japan*. Durham: Duke University Press, 2001.
4) Condry, Ian, *Hip-hop Japan: Rap and the paths of cultural globalization*. Duke University Press, 2006.
5) Kurokawa, Yoko, *Yearning for a Distant Music: Consumption of Hawaiian Music and Dance*. University of Hawaii, 2004 (Doctoral dissertation).
6) Hosokawa, Shuhei, "*STRICTLY BALLROOM The Rumba in Pre-World War Two Japan*", Perfect Beat 4. no.3, 2015, 3-23.
7) Hosokawa, Shuhei, "'*Salsa no tienefrontera*': *Orquesta de la Luz and the globalization of popular music*", Cultural Studies 13. no.3, 1999, 509-534.
8) Savigliano, Marta E, "*Tango in Japan and the world economy of passion*", chap.13 in Re-Made in Japan—Everyday Life and Consumer Taste in a Changing Society (Yale University Press, 1992), 235-252.
9) Furmanovsky, Michael, "*American country music in Japan: lost piece in the popular music history puzzle*", Popular Music and Society 31. no.3, 2008, 357-372.
10) Minako, Waseda, "*Gospel music in Japan: transplantation and localization of African American religious singing*", Yearbook for Traditional Music 45, 2013, 187-213.
11) Bigenho, 2012, 20.
12) Bigenho, 2012, 6.
13) Rahkonen, Carl John, *The kantele traditions of Finland*. Indiana University, 1989 (Doctoral dissertation).
14) オンライン調査がコイスティネン・カンテレ社 (https://www.koistinenkantele.com/) によって実施された (2016年5月30日)。
15) 川上セイヤと鈴木伸子のインタビュー (2016年10月29日, 2016年10月24日実施)。
16) http://teresiankantele.web.fc2.com/Profile_en.html (2017年6月7日閲覧)。
17) はざた雅子, *Kantele*, 1999, *Kantele 2*, 2002, *Kantele Christmas*, 2007; あらひろこ, *Garden*, 2004, *Moon Drops*, 2007, *Birds and The Tree*, 2016.
18) あらひろこは毎年日本各地で60公演程度を行う (あらひろこのインタビュー, 2016年10月19日実施)。
19) 高橋翠のメールインタビュー (2016年11月17日)。
20) Watanabe, Masa, "*Kantele culture in Hokkaido, Japan-with 3 Missions from Mother*

Country". Suomen ja Japaninyhteydet, 2012, 27-30; Ramnarine, Tina K. *Ilmatar's inspirations: nationalism, globalization, and the changing soundscapes of Finnish folk music* (Chicago: University of Chicago Press, 2003), 214.

21) 日本は太平洋に面するアジアの群島国家で、気候は亜熱帯から冷帯までさまざまである。対照的にフィンランドは広大な国土と数千もの湖を有するが、人口はまばらである。ところが、筆者がフィールド調査で初めて札幌を訪れ、情報提供者と通りを歩いた際、ヘルシンキで暮らしていた場所の景色、紅葉や、樺の木の幹、林檎の木、ベリーの茂みといったものが思い起こされた。

22) 日本人カンテレ奏者を対象としたアンケートにより得られたエピソード（2017年3月）。

23) Carbaugh, D., Berry, M., & Nurmikari-Berry, M. *"Coding personhood through cultural terms and practices: Silence and quietude as a Finnish "natural way of being"*. Journal of Language and Social Psychology 25, no.3, 2006, 203-220.

24) Koren, Leonard. *Wabi-sabi for artists, designers, poets & philosophers*. California: Stone Bridge Press, 1994.

25) 過去20年間でフィンランドに渡航した日本人カンテレ奏者の総数を推定するのは難しいが、2016年にフィールド調査を実施したシッポラのカンテレキャンプには、東京から2名、札幌から5名の計7名の日本人が参加していた。

26) John, Urry. *The Tourist Gaze: Leisure and Travel in Contemporary Societies*. London: Sage Publications, 1990.

27) 佐藤美津子のインタビュー（2016年7月2日）。

28) 「カンテレの音色は天から降りてきたもの、琴の音色は地から湧き出たもののように感じます」（2017年春に実施したアンケート調査に対する匿名の回答）。

29) 2017年春に実施したアンケート調査に対する匿名の回答。

30) 匿名情報提供者のインタビュー（2016年10月24日実施）。

31) 鈴木伸子のインタビュー（2016年10月24日実施）。

32) 匿名情報提供者のインタビュー（2016年10月19日実施）。

33) Turino, Thomas. *Music as social life: The politics of participation* (Chicago: University of Chicago Press, 2008), 26.

34) 匿名情報提供者のインタビュー（2016年10月24日実施）。

35) こうのちえのインタビュー（2016年10月18日実施）。

36) 匿名情報提供者のインタビュー（2016年10月26日実施）。

37) Atkins, E. Taylor. *Blue Nippon: authenticating jazz in Japan* (Durham: Duke University Press, 2001), 42.

38) Van Ede, Yolanda. *"Sounding contestation, silent suppression: Cosmopolitics and gender in Japanese flamenco"*, Dance Ethnography and Global Perspectives: Identity, Embodiment and Culture (UK: Palgrave Macmillan, 2014), 78.

第 14 章

フィンランドと日本のタンゴブームから垣間見る両国共通の歴史的・社会的背景

ナインドルフ 会田 真理矢

　アルゼンチンの首都ブエノスアイレスから遠く離れたフィンランドで、今宵も人びとはタンゴの音楽に身を委ね、ダンスフロアを埋めつくしている。大陸の反対側、日本でもまた同じようにタンゴは人びとの心をとらえて離さない。しかし、そうしたフィンランドや日本におけるタンゴ人気は他の国々ではあまり知られていないのが現実だ。

　タンゴは 20 世紀の変わり目にブエノスアイレスで出現したといわれる。その出現はさまざまな社会的要因とも関わりがあることから、多くの研究題材となってきた。例として、セクシュアリティー、ジェンダー、人種、階級、およびコロニアリズムやナショナルアイデンティティなどと関連させた研究が挙げられる[1]。タンゴは音楽、歌詞、ダンス等、複数の複雑な要素から構成されている。日本でのタンゴ人気については、以前から内外の研究者の注目を浴びてきたが、フィンランドのタンゴに関する研究はつい最近まであまりなされていなかった[2]。

　本章では、フィンランドおよび日本におけるタンゴを例に、文化がどのように移動、定着し、新しい形へと変化を遂げていったのか、またその要因とプロセスについて探ってみる。まず、文献や先行研究を基にそれぞれの国の歴史的、社会的背景とタンゴとのつながりを解明する。そして、タンゴ愛好家へのアンケート調査、インタビューやソーシャルネットワーキングサイトのタンゴ愛好家グループのディスカッションボードから得たデータを利用し、孤独、幻想、リミナリティーといったタンゴ愛好家の内面的感情の分析も行う。

　よく、タンゴはフィンランド人や日本人の性格、精神、そしてアイデンティ

ティを反映しているといわれている。これらの意見はまったく否定することもできないが、フィンランド人や日本人の特性を一般化しすぎているように思われる。タンゴがこれら2国で発展した理由には、何か共通した歴史的・社会的背景があったからなのではないかと筆者は考える。また、タンゴダンスの持つある種「リミナル」な性質がタンゴ発展のカギを握っているように思われる。セランニエミ（Selänniemi）は、リミナリティーについてこのように述べている。

> リミナルな状態は神聖であり、非日常的、異常であり危険、ゆえに不確定な状況である。それに対して、その前段階であるプレリミナル、また後段階であるポストリミナルな状態は日常的で世俗的な状況である[3]。

つまり、タンゴを踊ることは何かからの逃避であったり、厳しい日常生活からの休暇であったり、人生を前進していくための活力であったりするのではないだろうか。

1. フィンランドのタンゴ

1917年のロシアからの独立を前に苦心中の1913年、タンゴはパリ経由でフィンランドに伝えられ、広まった。現在のフィンランドにおけるタンゴ人気は、1919～39年頃に誕生した「イスケルマ」というフィンランドの歌謡曲のジャンルの存在が大きかったのではないかと考えられる。イスケルマはロシアのロマンス、ジャズのテトラコード、フィンランドの伝統音楽のリズムに加え、アルゼンチンタンゴの構造を持つ音楽[4]で、不機嫌で憂いのあるタンゴ（常に短調）やノスタルジックなワルツなどの要素が含まれるため、「国民すべてが共有する思い出」とも謳われている[5]。また、そういった国民的音楽が、戦中、戦後の厳しい時代においても、人びとの心の支えになったのである。

イスケルマ音楽以外にも、フィンランド各地に多数存在するダンスホールや屋外ダンスパビリオン、さらには毎年行われるセイナヨキ・タンゴフェスティバル（タンゴダンスや歌のコンテスト）も、タンゴ熱の火付け役として大きな役割を果たしているに違いない。セイナヨキ・タンゴフェスティバルの歌のコンテストで、タンゴキングやタンゴクイーンに選ばれることは実に大きな名誉をもたらす

だけでなく、レコード契約やコンサートツアーの成功および将来のタンゴフェスティバルへのゲスト出演が約束されるのだ。コンテストの優勝者の中には、ユーロビジョン・ソングコンテスト [6] にフィンランドの代表として参加した者もいるほどだ [7]。

1980年以降、アルゼンチンではもともと民衆のものであったタンゴが上流階級のものとなってしまったにもかかわらず、フィンランドではタンゴは常にすべての人びとのものとして存在し続けている。タンゴが特定の人びとにのみ愛好される他のヨーロッパの国々とは違い、タンゴはフィンランドでフォークダンスになったと言っても過言ではないだろう [8]。多くのフィンランド人が、現在自分が存在するのはタンゴのおかげである、なぜならタンゴダンスパーティーで両親が出会ったからだと明言する。

2. 日本のタンゴ

時として、タンゴはアルゼンチンでより日本での方が人気なのではないかと言われる。1996年に話題になった日本の映画『Shall We ダンス？』の中でも描写されているように、日本人はストレスの多い過酷な毎日からの現実逃避の手段としてタンゴを利用しているのかもしれない。

タンゴが日本に最初に入ってきたのは1920年代、パリで医学を勉強していた学生がフランスからタンゴのレコードを持ち帰ったことによるといわれている [9]。当初はタンゴ音楽のみが紹介されたが、やがて第二次世界大戦を経て終戦後、数多くのタンゴバンドが日本で結成された。タンゴは戦後の苦しみと希望の混じったムードにマッチしていたため、絶賛されることになる。タンゴの詩的でかつ感情的な歌詞、そして哀愁漂うバンドネオン（アコーディオンに似たアルゼンチンの楽器）の音色に多くの日本人が心を打たれたのだ。中でも、当時日本を代表するタンゴバンドであった早川真平率いるオルケスタ・タピカ東京と、バンドの人気シンガー藤沢嵐子は、タンゴの生まれ故郷であるアルゼンチンに何度も演奏旅行に出向き、結果アルゼンチンでも多くのファンを得、今現在に至るまで現地の年輩層に親しまれている [10]。

1960年代に入ると、テレビの普及とともに、音楽だけでなくタンゴダンスも

紹介された。今日、タンゴダンスの巨匠とされているエドゥアルドとグローリア・アルキンバウ（Eduardo and Gloria Arquimbau）は、テレビ放映が始まった当初のある番組の中で、タンゴダンスのパフォーマンスを披露したという[11]。1980年代には、ミュージカル『タンゴ・アルゼンチーノ』の大成功とともに日本にタンゴブームが訪れた。それに伴い、1987年、当時社交ダンスの教師であった小林太平が、日本人初のアルゼンチンタンゴダンサー・教師になるべく、ブエノスアイレスに修行に赴く。小林の帰国後、ようやく日本でも、タンゴダンスは観るだけのものでなく踊るものでもあると認識されるようになったのだった[12]。

　一部の学者たちからは、日本のタンゴ人気は、エキゾティシズムの影響や昔ながらの「いいとこ取り文化」の存在から、誇張されすぎているのではないかという指摘もある。しかし筆者は、日本の人びとにタンゴが受け入れられた理由の一つとして、フィンランドがそうであったように、日本もまた自国に既存したポピュラー音楽のジャンル、「演歌」の存在が大きかったのではないかと推測する。演歌は戦後の日本で育まれた感傷的なバラードで、短調で演奏されることからもタンゴと多くの共通点を持っている。

　こうして戦後以降、日本では多くのダンスホールや才能あふれるタンゴバンドが出現し、ラジオでも常にタンゴが流れ、数知れないほどのタンゴのレコードがリリースされていったのである。さらに日本には『黒ネコのタンゴ』[13]や『だんご[14]三兄弟』[15]など、世代を超えて親しまれている子どものタンゴの歌も存在する。タンゴ音楽やダンスはそのほかにもドラマや映画、文学やマンガといったような日本の多くのポップカルチャーにも取り入れられている。医療の面でも、タンゴセラピーが老人を認知症から守ったり、パーキンソン患者の行動範囲を広げたりするのに一役買っている[16]。

3. タンゴ人気の歴史的・社会的要因

　20世紀におけるフィンランドと日本の歴史的・社会的要因を比較すると、両国にタンゴが浸透していったプロセスにおいていくつかの共通点が見える。

　1900年代前半、タンゴはフィンランドと日本にパリ経由でやってきた。当時のフィンランドはロシアからの独立に苦心し、日本は西洋を鏡に近代化に励んで

いた時代である。そして1940年代、フィンランド、日本はともにそれぞれの敗戦を経験する。1940～50年代にかけて、フィンランドは戦争から受けたダメージを紛らわすすべをタンゴに求めた。こうして、フィンランド独自のタンゴが生まれることになった。当時では最も人気のあったタンゴ歌手の一人、レイヨ・タイパレはフィンランド・タンゴの名曲『サトゥマー（おとぎの国）』を1962年にヒットさせたが、翌年には『タンゴ・フミコ』をリリースした。イントロのメロディーは、日本の『さくら』を思わせ、歌詞は、遠くおとぎの島に住む美しい日本人女性、フミコが自分の手の届かないところに行ってしまい、もう誇り高き侍のものになってしまっているかもしれないと嘆き悲しむ、という内容になっている。日本でも同じ時代に20以上のタンゴバンドが結成され[17]、ミュージシャンらは、エキゾチックなアルゼンチンのガウチョの衣装を身に着け、パフォーマンスを行っていた。

　フィンランドと日本の両国にとって、1960年代と70年代は著しい経済的復興の時期であり、国際的にも一人前の国家として認められるようになった時代である。フィンランドでは自由な風潮が漂い、タンゴもそのような雰囲気を反映していた。だが、同時にロック音楽の到来に伴い、フィンランドでのタンゴの人気は一時期衰える。時を同じくして日本では、1961年に初めてタンゴのダンスがテレビで紹介され、この放送がタンゴに対する新しい興味の引き金となった。

　1980年代、ともに好景気ただ中のフィンランドと日本に新たなタンゴブームが訪れた。フィンランドでその火付け役となったのが、セイナヨキ・タンゴフェスティバルの開催だった。日本ではブロードウェイミュージカル『タンゴ・アルゼンチーノ』の上演で、タンゴダンスの人気が拡大した。1990年代の不況下にも両国のタンゴ熱は冷めることはなかった。フィンランドでは、毎年恒例のセイナヨキ・タンゴフェスティバルだけでなく、タンゴ関係のテレビ番組の高視聴率は続き、やがて「フィンランド・タンゴ」というジャンルが世界でも少しずつ周知されるようになった。一方の日本は、世界タンゴフェスティバルのホストを務めたり、ワールドクラスのダンサーを数多く生み出したり、日本でのタンゴ熱も冷めることはなかった。

4. 歌詞の重要性

　アルゼンチンタンゴ、フィンランドのイスケルマ、そして演歌の歌詞を分析すると、興味深い関係性が発見できる。以下、それぞれの音楽のジャンルの特徴を述べるとする。

　アルゼンチンタンゴのもともとの歌詞は、セックスや卑猥なことに関するものが多かったのだが、やがてそういった内容が「洗浄」され、恋愛や情熱といったものが主なテーマに変わっていった。現代のアルゼンチンタンゴの歌詞における大きなテーマは、「男性の気質」である。歌詞の多くは、男性が女性のせいで何度となく悲しい思いをさせられていると嘆いているか、かなわぬ恋や失望、または不平等についての詳細などである[18]。

　フィンランドのイスケルマ、中でもタンゴの歌詞の内容は、ふだん口には出せない気持ちや感情であることが多い。歌詞は「助けを求める祈り」のようにも聞こえる[19]。最もポピュラーなテーマは、「僕のものになってくれ、君は僕のものだ」から「どうして君は（これからは／今／まだ）僕のものじゃないんだ？」という変化をするタイプだ[20]。また、自然に関する比喩、頭韻、反復など、民族伝承詩の一般的特徴なども、フィンランドのイスケルマのタンゴの歌詞には見受けられる[21]。

　日本の演歌の歌詞に関していえば、最も好まれて使われているテーマは愛と別れ、懐旧の念、孤独、望郷の念、苦悩に対する忍耐、酒、そして自殺を含む死であろう。情緒にあふれ、表現豊かではあるが、暗く哀愁漂う歌詞がほとんどである。

　ノスタルジア、失恋、憂鬱な気持ちが、アルゼンチンタンゴ、イスケルマ、演歌のすべてのジャンルに共通している一方、フィンランドと日本の既存歌謡ジャンルからは情熱や男性らしさといったアルゼンチンタンゴに代表されるテーマが欠けているのが分かる。

　さらに一つ特記すべき点は、フィンランドのタンゴとフィンランド語という言語の強い結合性である。もともとスウェーデン語系フィンランド人であったゲオルグ・マルムステーン（Georg Malmstén）はタンゴをフィンランド語で歌い、

後にはフィンランド語で自分の歌詞が書けるまでにフィンランド語を習熟させたといわれている[22]。フィンランド・タンゴは1960～70年代にかけて仕事を求めてスウェーデンに移住していったフィンランド人にも大きな心の支えとなったようだ。スウェーデンで書かれたフィンランド・タンゴの歌詞は祖国のものと同じようにどんよりと暗く、望郷の念が主要なテーマになっている[23]。フィンランド国内においても、「フィンランド語を母語とするフィンランド人の方が、西の海岸沿いに住むスウェーデン語系フィンランド人よりもタンゴに対する熱意が強いのではないか」[24]とされている。これはダンスホール等でタンゴがほとんどの場合フィンランド語で歌われているからというのも原因の一つであろう（以前フィンランドのタンゴがスウェーデン語に翻訳されたこともあったが、それは主に劇場でのパフォーマンスのためであった）。近年出版されたスウェーデン語系フィンランド人の証言を集めたアイデンティティについての研究によると、スウェーデン語系フィンランド人は、フィンランド語系フィンランド人について「もう一つのグループ」と捉え、「典型的な民族のサインやシンボル、伝統、つまり民衆の踊りであるタンゴや神秘性、スモークサウナなど」[25]を取り上げて描写している。

5. 内的感情

　フィンランド人、および日本人タンゴ愛好家へのインタビューやアンケート調査から、タンゴに対する感情の多くが両者で一致していることが分かる。フィンランド人であれ、日本人であれ、タンゴに惹かれる理由はタンゴの持つ以下の中軸的な性質と関係していることを結果は示唆している。その性質とは、切望（悲しみと幸福のコンビネーション）、胸が締めつけられるほどの美、そして憂いである。日本には変わりゆくもの、不完全なものを受け入れ、まさにそれが美しいとする概念の「侘び」「寂び」が存在する。これは日本人の世界観、または美意識だとして広く認識されている。そこに日本人は不完全で、はかなく、未完成なものに美しさを見いだす。一方、フィンランドでも素朴さの中に美を感じさせるようなシンプルなデザインに価値が置かれている。

　タンゴダンスの特徴に関して、もう一点特記しておくべきことは女性の役割

だ。女性は受容性があると同時に回避的でもある。女性の踊り手は、こうして実に最も人間味のあるドラマを優しさと情熱のバランスを取りながら作り上げていくのである[26]。

6. リミナリティー ── 日常からの逃避 ──

最後に、フィンランドと日本におけるタンゴ人気とそれに関わるリミナリティーの役割について考察する。リミナリティーとはフランスの文化人類学者アルノルト・ファン・ヘネップの「通過儀礼の形成」[27]から借用した用語で、3つの段階から構成されている。「リミナル期は神聖で、非日常的、異常で危険な状況であるのに対し、前リミナル期と後リミナル期は日常的、また世俗的な状況にある」[28]といわれる。フィンランドの人類学者セランニエミは、「リミノイド」とは日常生活から自身を取り除いた状態であり、それと同時にすべてのことが可能になる状況のことであると述べている[29]。さらに彼はこの段階においては社会的地位の差が消滅し、義務の伴わない社会的関係が存在すると提唱している[30]。

フィンランドのタンゴ愛好家らの調査回答からも、タンゴを踊っている間は年齢や社会的地位が無関係になることが分かっている。若い女性が年配の男性と踊り、またその逆もあり得る。容姿や出身もまったく気にならなくなるという。さらに多くの非ダンサー人口が考えるような性的欲望はまったく存在しない。そこにあるのは音楽の流れている3分の間、そのときのダンスパートナーと共有する、ただあふれんばかりの感情であり、つまりそれはリミナルな瞬間なのである。

スウェーデンの神学者で心理療法士でもあるヴィークストリョム (Wikström) は、フィンランド人にとって「悲しみ」は切望と幸福という2つの相対する意味合いから成り立っていると述べている。そして、「憂い」は人が苦境に置かれたときにも感じられるもので、「悲しみ」とは別物だとも主張している[31]。ヴィークストリョムのこの観点は、リミナリティーのさまざまな段階とつながりがあるように思われる。

リミナリティーのマイクロ・モデルとマクロ・モデル[32]に当てはめて考えると、タンゴダンサーは世俗と神聖のサイクルを1週間単位で繰り返すのみでなく、一晩のダンスパーティーの中でも、また1曲のダンスの間にもリミナリ

ティーの3つの段階のサイクルが存在することが分かる（図14-1）。また、マクロ・モデルの週末の部分は夏、休暇といった1年のサイクル、さらには結婚や出産、身近な人の死などといった人生のサイクルに当てはめて考えることもできる。さらにそれは歴史的な出来事にも拡張できるであろう。アメリカの文化人類学者ターナーも「リミナリティーは決して制度化されたり、前もって決められていたりするものではなく、自然に作り出される急激な構造変化である」と述べている[33]。

図14-1のマクロ・モデルのポイントBは、例えば週末の始まり―仕事を忘れ（日常からの分離）、ふだんと違った活動を始める時点を表す。ただし、マクロ・モデルのリミナルな期間はマイクロ・モデルのリミナルな期間と比較して、必ずしも幸福感にあふれているわけではない。なぜなら歴史や個人の人生における大きな変化、つまり戦争や離別なども含まれるからだ。しかし、マクロ・モデルのリミナルな段階にマイクロ・モデルを組み込むことにより、すなわちタンゴを踊ることにより、負の変化に伴う痛みが和らげられる。逆にマクロ・モデルのリミ

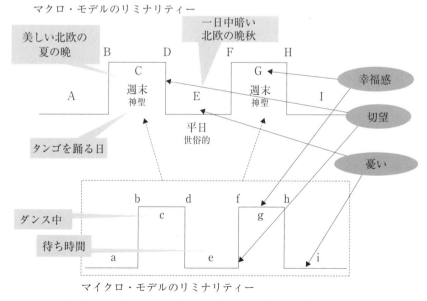

図14-1　マイクロ・モデルとマクロ・モデルのリミナリティー

ナルな段階が幸福な出来事や事象の場合は、その幸福感がマイクロ・モデルによってさらに極大化されるのである。

　日本人とフィンランド人ともに、アンケート調査の回答者の多くが証言しているのが、タンゴを踊っている間（つまりマイクロ・モデルのリミナルな段階）、時間が止まり、数分間にわたり異性と密着しているにもかかわらず、不秩序や不道徳な思いが湧かないということだ。フィンランド人や日本人はよく恥ずかしがり屋で、バスなどで隣に座っていても知らない人には話しかけないといわれているが、そういった人たちも赤の他人とタンゴを踊ることに躊躇しない。リミナルな状況ではステレオタイプも存在しない。

　後リミナル期に、人は再び日常へと順応していく。しかし急激に起こる前リミナル段階からリミナルな段階への移行（つまり日常からの分離）と比べ、リミナルな段階から後リミナルな段階への移行はかなり穏やかである。1曲のダンスの後、またはダンスイベントの後、心身ともに多少の疲労を感じていても、その時点ではまだ、ある種のユーフォリア（多幸感）の中にいる。時としてそれは翌日目覚めるまで続く。マクロ・モデルでのそれは週明けや休暇明けに相当する。

おわりに

　タンゴはフィンランド人や日本人の性格、精神、そしてアイデンティティを反映しているとよくいわれるが、それは完全に正しいわけではなく、それ以外にもフィンランドと日本が共有する歴史的・社会的要因にも大きく関係しているのである。さらにタンゴの歌詞やダンスに潜むリミナルな面も両国の歴史的出来事や人びとの苦悩、社会の劇的変化とそれに伴う人びとの日常とつなげて考えることができる。

　また、タンゴがフィンランドと日本に受け入れられていった過程や背景には、いくつかの共通点と相違点がある。タンゴは両国ともにそれぞれの新しいアイデンティティを模索中の20世紀の初めに持ち込まれた。そして両国に親しまれていた音楽や歌詞の伝統が、タンゴを容易に受け入れ、広めることに貢献した。そして戦中戦後の混乱の中、タンゴは人びとの精神の支えとなったのである。好景気の1980年代に入ると、フィンランドと日本のタンゴは別々の道を歩み始める。

日本ではフィンランドのように独自のタンゴのジャンルは生まれなかったが、ただ、興味深いのは、フィンランド・タンゴは日本人の共感を得て、後に日本にも到達したことである。さらに、2016年10月には「日本フィンランド・タンゴ協会」(2018年2月からは「フィンランドタンゴ・ダンス国際協会」に改名予定)が有志により設立[34]され、日本におけるフィンランドのタンゴ音楽、およびダンスの紹介、普及に努めている。

「[大陸]ヨーロッパのタンゴは新しいアイデンティティを生み出す度量に欠けており、ロマンチックな逃避の役割を担ったのみである」[35]。それに比べてフィンランドや日本でタンゴは繁栄し、新しいアイデンティティをつくり出すことを可能にしたのである。

注・文献

1) 例として Salviliano, Marta E., Tango and the Political Economy of Passion (Boulder, CO: Westview Press, 1995); Hess, Rémi, *Le Tango* (Paris: Presses Universitaires de France, 1996); Hess, Rémi, *Le Moment Tango* (Paris: Anthropos, 1997); Schneider, Arnd, "Tales of terror and tango", *Anthropology Today*, vol. 14, no. 6, 1998, 16-17; Taylor, Julie, *Paper Tango* (Durham and London: Duke University Press, 1998); Gonzales, Mike & Yanes, Marianella, Tango: *Sex and Rhythm of the City* (London: Reaktion Books, 2013).

2) Kärjä, Antti-Ville and Åberg, Kai, eds, *Tango Suomessa. Nykykulttuurin tutkimuskeskuksen julkaisuja 108* (Jyväskylä: Jyväskylän Yliopisto, 2012).

3) Selänniemi, Tom, *Matka ikuisen kesään – kulttuuri-antropologinen näkökulma suomalaisten etelömatkailuun* (Helsinki: Suomalainen Kirjallisuuden Seura, 1996), 266, 筆者日本語訳.

4) Kukkonen, Pirjo, "The Finnish tango in the context of Finnish culture", *Universitas Helsingiensis* 2/01, 2001.

5) Hakasalo, Ilpo, "Iskelmä wins every time", Presentation at the Finnish Institute Study Day, Eagle Street (Newsletter of the Finnish Institute in London, June, 1998).

6) 1956年より催されている国際歌謡コンテストで、各国代表の歌手が生放送のテレビ番組でパフォーマンスを披露し、勝者は他国の視聴者の投票によって決められる。

7) 例として1995年のタンゴキングに選ばれたヤリ・シランパー (Jari Sillanpää) が挙げられる。彼は2004年のユーロビジョンにフィンランド代表として参加し、タンゴを披露した。

8) Bloomans, Petra and Huldén, Lars, "Two tango tales in one", TijdSchrift voor

Skandinavistiek, vol. 27, no.2, 2006, http://dpc.uba.uva.nl/tvs/vol27/nr02/art11（2017年5月19日閲覧）.

9) 加年松城至「やさしいアルゼンチンタンゴの踊り方：*Asi se baila el tango argentine, Rivarola*」Maria and Rivarola, Carlos 編『タンゴグラフィティー』（音楽の友社，1998），129.

10) 「情熱と哀愁のタンゴを」（『定年時代』東京版2月下旬号）に掲載された日本を代表するバンドネオン奏者，京谷弘司のインタビューより，http://www.teinenjidai.com/tokyo/h26/02_2/index.html（2017年3月10日閲覧）.

11) 2002年にイリノイ州シャンペーンで筆者が参加したエドゥアルドとグローリアのタンゴレッスンで，グローリア本人が発言した。

12) 小林太平の自伝的ブログエントリーより．Argentine Tango Dance Association's website, http://tangodance.co.jp（2017年3月10日閲覧）.

13) イタリアの童謡 "Volevo un gatto nero（黒猫がほしい）" は日本で1969年に初めてレコーディングされてからさまざまな歌手によりカバーされ続けている。1971年にはフィンランドでも "Mustan kissan tango（黒ネコのタンゴ）" としてリリースされ，歌詞の中でも「『黒ネコのタンゴ』は日本から私たちの所（フィンランドに）飛んできた」と歌われているのが興味深い。

14) 「だんご」は和菓子であるが，「タンゴ」に発音が似ていることから掛け詞になっている。

15) 1999年にリリースされて以来，290万枚以上が売れ，シングル売り上げ歴代3位を誇る（Oricon News (2004/08/03), http://www.oricon.co.jp/news/5139/full/，2017年3月10日閲覧）.

16) Tango Therapy Association Japan, http://tangotherapy.wixsite.com/japan（2017年2月6日閲覧）.

17) 加年松『タンゴグラフィティー』132.

18) Hess, *Le Tango*.

19) Hakasalo, "Iskelmä wins every time"; Kukkonen, "Cultural semiosis", 133.

20) E. Hankiss cited in Kukkonen, "Finnish tango".

21) Kukkonen, "Cultural semiosis", 116.

22) Gronow, Pekka, "The story of the Finnish tango", *Virtual Finland*, published November 2001, http://archive.li/mwcis（2017年2月10日閲覧）.

23) 2017年5月12日開催 Jubleumsseminarium: Finland – 100-åringen som inte försvann at Stockholm University の講演 "Sverigefinsk music under arebete" の中でカイ・ラトバレヒト（Kai Latvalehto）が言及。彼は2013年のドキュメンタリー映画 "Ingen Riktig Finne/Laulu koti-kävästä (Finnish Blood Swedish Heart)" に出演している。

24) Bloomans and Huldén, "Two tango tales in one", 2006.

25) Mattsson, Kristin, "Texts of identities: Life stories of Swedish-speaking Women in Finland", http://archeologia.women.it/user/cyberarchive/files/mattsson.htm（2017年5

月18日閲覧）．

26) Gonzales, Mike and Yanes, Marianella, *Tango: Sex and Rhythm of the City*（London: Reaktion Books, 2013）．
27) Van Gennep, Arnold, *Les Rites de Passage*（Paris: Librarie Critique Emille Nourry, 1909）．
28) Selänniemi, *Matka ikuisen kesään*, 266.
29) 同前，267.
30) 同前，267.
31) Wikström, Owe, *Till längtans försvar elle vemodet i finsk tango*（Stockholm: Natur och Kultur, 2008）．
32) Niendorf, Mariya, "Into the Steam, Into the Dream: The Finnish Sauna as a Rite of Passage"（Unpublished M.A. Thesis, Indiana University Bloomington, 2000）．
33) Turner, Victor. *Dramas, Fields, and Metaphors – Symbolic Action in Human Society*（London: Cornell University Press, 1974），248.
34) 協会創設者であるハープ奏者でフィンランド音楽研究家の田岡恵美（別名emii）は、フィンランドのシベリウスアカデミーの博士課程に在籍していたこともあり、1998年に日本人でありながら、フィンランド・タンゴの曲をソプラノとハープのために編曲、演奏し、イギリスでの初演にて好評を博したことでも知られている（Japanin Suomi-Tango Yhdistysによる）。
35) Åhlén, Carl-Gunnar, *Tangon i Europa – en Pyrrusseger?: Studier kring mottagandet av tangon i Europa och genrens musikaliska omställningsprocess*（Stockholm: Proprius, 1987），157．筆者日本語訳．

第 15 章

文化的もつれの物語
―― 日本のキリスト教幼稚園における
日本とフィンランドの出会い ――

セイヤ・ヤラギン

　本章では、日本における文化的相互作用について、幼児教育、特にキリスト教プロテスタント教育の観点から論考する。ルーテル幼稚園の歴史を分析することによって、フィンランドのキリスト教的伝統・慣習が、日本の幼児教育に取り入れられていく中で生じた文化の絡まり合いを、詳しく検討することができる。フィンランドの伝統的プロテスタントの精神は、幼稚園運営に携わるフィンランド人宣教師たちの活動の中にどういった形で表れたか、そして、彼らの日本における活動を支えるイデオロギー的原理にどのような影響を与えたのか。また、幼稚園の運営が日本人の幼児教育専門家の手に渡った際、そういった外国からの影響が起こした変化ついても検討する。キリスト教教育というこの文脈で、国家の枠を超えて、文化的・国民的にどういった事象が起こるのだろうか。

　本章では、幼児教育・幼稚園関連の領域において、フィンランドの知識と慣習が日本に移転した現象を分析する。移転が見られる領域は3つ、すなわち現地の文化的伝統と祝祭、キリスト教の伝統と祝祭、そして、キリスト教信徒としての日本人を育てることを目標とした教育原理である。

　トランスナショナリティ、または国家の枠を超えた現象は、2000年代に社会科学・人文科学の分野で人気が上昇した理論的観点である[1]。これは特に、国民的・国家的な境界を越える現象、例えば移民の研究などに応用されてきた[2]。筆者自身は研究の中で、キリスト教の伝道活動を、人間、思想とイデオロギー、知識、資金、さらにその他の物質的影響が絶えず国境を越えて行き交う、トランスナショナルな現象として分析してきた[3]。昨今有力な定義によれば、トランスナ

ショナリティとは、民族や国家、文化の境界を超えた非国家的行為主体のダイナミックなつながりを指す。また、この概念を使えば、例えば人びとが国境を越えるときにどのような国民性が移動するのか、あるいはその「国民性」自体にどういった変化が起きるのかを検討することも可能になる。

本章ではまず、19～20世紀におけるキリスト教の伝道活動の歴史を紹介し、続いて一次資料の分析を行う。資料には、プロテスタント信仰復興運動の日本宣教団の一次資料、すなわちフィンランドルーテル福音協会（Suomen Luterilaisen Evankeliumiyhdistys、SLEY）の宣教師たちの手紙、日記、年次報告書、および書籍や伝道雑誌で掲載された文章が含まれる。さらに、2011年の夏に筆者が日本で実施した、幼稚園の専門職や信徒会で活動している日本人を対象としたインタビューといった資料も利用する。

1．プロテスタントの伝道 ── 世界的な運動と各地の形式 ──

キリスト教の伝道は、18世紀に見られた、個人の覚醒体験と信仰を重視する敬虔主義的形式から、現代の形に発展した。19世紀の終わり頃には、プロテスタントの伝道は[4]世界的な運動へと発展していた。ヨーロッパと北アメリカの教会や教派が、福音を伝えるため、何千という宣教師たちを世界各地、特に植民地へ派遣したのである。こういった植民地政策と一体化した伝道活動以外にも、ノルウェー、スウェーデン、エストニア、フィンランドといった、植民地の宗主国ではないヨーロッパの国々からも宣教師の派遣が行われた。また伝道は、中国、日本、朝鮮など植民地以外の地域でも行われ、何十もの宣教団、何千人もの宣教師が、これらの国々の土を踏んだ。

伝道活動が世界規模に発展したのは、それぞれの活動に数多くの共通点があったためであり、時期が同じであったのはそういった要因の一つにすぎない。宣教団は本国からの指示と資金によって動いていたため、意思決定は遅く、本国に従うことは絶対だった。このような体制のおかげで、宣教団は外国人でありながらも現地で経済的・実務的に発言力を保持することができたのである。もっとも現地の信徒たちの方は、教会と関連施設の運営、またキリスト教教義を現地の社会・文化の中に適応させる役目を引き受ける用意があったかもしれない[5]。

多くの宣教団が、福音をじかに伝えること、つまり説教と、大衆に語りかけることに重きを置いていたが、彼らはほどなく新たな活動形態を見いだした。それは、教育、社会福祉、保健といったことを通して、より実際的な形で現地の人びとに語りかける手段である。学校は、特に 20 世紀初頭から、中心的な伝道の活動形態であった。これは、ますます多くの女性が宣教師として採用されるようになったためである。教会的な形式による説教は、多くの宣教団で当然のように男性の活動分野とされていたため、女性は福音を伝える手段をほかに見つけ出さねばならず、それゆえ専門教育を受けた教師や看護師、社会福祉の専門家、医師らは、自らの専門技能を活用して伝道を行ったのであった。これによって同時に、伝道の性格と活動分野も拡大し、本国でも女性の伝道活動が見直されるようになった。

宣教団は宣教地で、教会のほかに学校、児童養護施設、老人ホーム、病院や診療所を設立・建設し、こういったものは外来宗教の記念碑的施設となった。こういった施設の中で、文化の相互作用がさまざまなレベルで起きたが、同時に西洋の知識と技能が物質的・精神的な形で新たな環境に移転していった。植民地政策史の研究者が指摘してきたように、植民地政策プロセスにおいて変化したのは植民地とそこに住む人びとだけでなく、宗主国の中心都市もまた変化を遂げた。人とその考え方は、双方向的にトランスナショナルな影響を及ぼしたのである[6]。

2. 日本における幼児教育

海外の宣教団が日本に設立した保育施設は、初等教育以上の学校と比べると、輸入施設といえるものであった。学校は国の学校制度に従わねばならないが、その必要がない保育施設は欧米の幼児教育のモデルを日本へ持ち込んだのである[7]。歴史学者キャスリーン・S・ウノ（Kathleen S. Uno）が、明治・大正・昭和初期の幼児教育・保育に関する研究の中で指摘したように、保育のシステムの発展を見ると、この国における母性や理想の女性像の変遷や、未来の国民たる子どもへの接し方についても分かる[8]。またウノによれば、多くの西洋諸国と同じように、日本でも 19 世紀末に保育施設が生まれたことで、都市の貧しい子どもたちが問題児になることが防止され、代わりに有用で従順かつ生産力の高い国民が育成さ

れ、特に工業分野の働き手となった[9]。

　日本の保育・幼児教育システムは、保育所、託児所、幼稚園からなっていた。保育所は下層階級の子ども向けの施設で、基本的な保育と、本来は幼稚園で行われる教育課題の一部を担うものであった[10]。幼稚園には、主として3〜6歳の子どもが就学するまで通った。これに対し、保育所は小さな子どもたちの世話をし、「子どもの両親やきょうだいをも指導するよう努めて」いた。保育所には影響力を持つ支援者たちが存在し、国の援助もある程度はあったものの、その数の増加は緩やかで、1926年にはその数わずか237、対して幼稚園は1,066あった[11]。

　国は幼稚園に対し、未就学児を近代国家の国民たるべく社会化する施設であるという理由で、肯定的な姿勢を取った。とはいえ幼稚園の多くが私立で、公的な支援は受けていなかった。幼稚園の収入は保育料で成り立っており、このため園児の多くは保育料を支払う余裕のある裕福な家庭の子女であった。また幼稚園は、1日の保育時間が通常4時間または5時間であったため[12]、母親がフルタイムで就業することはかなわなかった。幼稚園は明治初期にはすでに、フレーベルの教育モデルを基に誕生していた。最初の幼稚園は1876年に東京女子師範学校が設立したもので、同校の卒業生らが日本各地にこのモデルを広めた結果、1898年までに47都道府県のうち39に幼稚園が少なくとも1つは設立されていた[13]。1899年、幼稚園に関する最初の法令が公布されたが、このとき5歳児のうち幼稚園に通っている者の割合はわずか0.8%だった。1925年の割合は4.4%、第二次世界大戦終結までの最も高い数字でも、1941年のわずか10%であった[14]。幼稚園の活動と基本理念を発展させたのは、官立の師範学校に加えてそれ以外の人びと、特に西洋の幼児教育研究を日本に持ち込んだ宣教師たちだった。1937年まで、日本では幼児教育に特化した団体が3つ活動していた[15]。第二次世界大戦後、日本を占領したアメリカ当局の指導のもと、国は幼児教育すなわち幼稚園を正式な学校体系の一部として組み入れ、保育は「保育所」の名で福祉厚生の体系に組み込まれた[16]。2000年の時点では、5歳児の61.1%が幼稚園に、33.1%が保育所に通っていた[17]。幼稚園は私立と公立のどちらも存在する。私立幼稚園は、園児数で公立幼稚園の4倍、保育料も4倍近い[18]。保育所（保育園）も幼稚園も、その教育・保育プログラムはそれぞれを管轄する省が基準を定めているため、子どもたちはほぼ同じような幼児教育を受けている。エヤル・ベン゠アリ（Eyal

Ben-Ari）によれば、日本の幼児教育のシステムは高度に標準化され均質であると考えられるが、それは、保育士や幼稚園教諭自身が、子どもたちに受け継がせる理論と実践の多くを、すでに幼児期に身につけているからであるという。このような、文化的伝統の継承に重点を置いた解釈に加え、ベン＝アリは、日本の幼児教育が文字どおり強く統御されていることを強調している。保育所や幼稚園の保育理念、教育課程、月間・週間プログラム、子どもの発達の観察方針が、国や地方の文書によって定められている。日常の活動では、職員一人ひとり、さらに子どもたちの保護者が、アンケート用紙の記入や報告書作成に真剣に取り組み、子どもに必要な知識を獲得・提供しているかが確認される[19]。

3. 日本におけるフィンランド人と幼児教育

　日本におけるフィンランドの伝道活動の目的は、信徒会を構築し、時期が来ればそれをもとに教会組織を設立することであった。フィンランドルーテル福音協会（SLEY）が1900年に伝道先として日本を選んだ理由は不明である。しかし、少なくとも日本は、フィンランド伝道会（Suomen Lähetysseura）がすでに1870年から宣教地を持っていたアフリカ南部に比べ、文化的にも気候の面でも難題はないと目されていた。また日本への渡航も、特に1902年にシベリア鉄道が完成した[20]ことから、より経済的であった。日本での伝道は、太平洋戦争が勃発した1941年までに3つの地域に広がった。1905年から伝道が始まった長野の諏訪地方、1907年からの東京、そして1916年からの札幌である。宣教団では合計18人のフィンランド人が、一部は家族帯同で活動しており、それ以外にも多くの日本人牧師、宣教師、幼稚園教諭も活動していた[21]。

　1913年、女性宣教師たちが、宣教団として初めての幼稚園を長野県に設立した。この飯田ルーテル幼稚園は、必ずしも幼児教育のイデオロギーを日本に広めることを目的に誕生したわけではなく、女性宣教師たちが、明確な職務明細のない助手という、伝道活動の中での自分たちの位置付けに不満を抱いたことから生まれたものである。宣教団の内部では、職務内容について性差別に端を発する対立が起きていた[22]。女性宣教師は全員が専門教育を受けた国民学校の教師だったため、教育の仕事を設けるというのは自然な流れだった。また、子どもたちを

通して家族に接触するのが効果的とも考えられた。日本での伝道は、かなり険しい道のりであることが分かってきていたからである。

　幼稚園の力を借りて子どもたちやその家族との接触が得られたが、幼稚園はまた、女性の教育と就業にも影響を及ぼした[23]。例えば、筆者がインタビューした平塚登美子は、宣教師イェンニ・アイロ（Jenni Airo）の勧めで幼稚園教諭になったと語っている。平塚は1950年代に東京の大岡山教会の教会学校で教師を務めていた。平塚はまず、東京で幼稚園教諭を養成する夜間学校に通いながら、日中は幼稚園でアイロを手伝った。その後、大学の夏期講座で勉強を続け、30歳で学位を取得した。一方、牟田青子はキリスト教高校に通い、卒業後は教会の幼稚園に3年間勤務した。その後2年間学んで学位を取ったのち、キリスト教幼稚園の仕事に戻っている。国の指導では、幼稚園教育は健康、自然、歌、音楽、リズム、運動という6つの領域で構成されていた。キリスト教幼稚園では7つ目の保育領域として信仰が加えられた[24]。

　フィンランド人女性宣教師のうち、幼児教育の分野において最も活動的で、最大の影響力を持っていたのは、テーネ・ニエミ（Tyyne Niemi）である。彼女は1921年にヘルシンキ・エベンエゼル・ゼミナールを卒業して幼稚園教諭になった[25]。このゼミナールの教育は、フリードリヒ・フレーベルとヨハン・ハ

写真15-1　飯田ルーテル幼稚園で生徒たちと体操するテーネ・ニエミ
　　　　　フィンランドの幼稚園の習慣を日本にも持ち込んだ。

インリヒ・ペスタロッチの教育理論に沿ったものであった。エベンエゼル・ゼミナールの創始者ハンナ・ロスマン（Hanna Rothman）とエリザベス・アランデル（Elisabeth Alander）は、1892 年以前にベルリンのペスタロッチ・フレーベル・ハウスで学んだ人物である[26]。テーネ・ニエミ自身は、1926～68 年までの日本での任期中、宣教団の幼稚園3つで園長を務めた。飯田では 1928～33 年、札幌では 1937～39 年、東京の大岡山では 1949～68 年であった。このうち札幌と大岡山はニエミが自ら創立した幼稚園で、特に札幌のめばえ幼稚園の建設と開園には大変苦労した。これにあたり彼女は、自分が「幼稚園のリーダー」としてふさわしい職務遂行能力を有していると主張し、関係者を説いて回った。この幼稚園は今も、日本福音ルーテル札幌教会の礼拝堂の横にある、1937 年にニエミの監督のもとで完成した木造の園舎で運営されている[27]。

　日本福音ルーテル教会が宣教団から独立し、その運営が日本人牧師らの手に移っても、幼稚園の運営には外国人宣教師たちがとどまっており、たとえ園長が名目上は日本人の教区牧師であってもそれは同様であった[28]。概して 1859 年から 1930 年代半ばまでは、海外の宣教団は日本国内でかなり自由に活動することができた。超国家主義・軍国主義の内閣になって初めて宣教団の活動が監視されるようになり、1940 年にはついに、外国人は教会の運営から退くよう強制された。1941 年には、約 1,000 人いた外国人宣教師の大半が日本国外へ退去している。戦後、多くの宣教団が、GHQ の保護と新しい憲法（1947 年施行）の庇護のもとに、活動を再開させるべく日本に戻った。新憲法が日本国民に信教の自由を保障したことも大きい[29]。占領期の日本は直接的なキリスト教化の波も経験し、その後キリスト教信徒の数は人口の約 2% をほぼ一定して占めるようになった。教会の運営は永久的に日本人の手に移され、海外の団体や教会は国内の教会の協力者と位置付けられた[30]。同様の展開は多くの旧植民地で、遅くとも脱植民地化の過程を経て起こった。

4. 文化的・宗教的伝統

　フィンランドの宗教文化の特徴や慣行が日本の幼児教育に導入され、定着していった過程について検討するにあたり、施設の空間的・物理的構成にも注目することが大切である。ルター派の宣教団や信徒会が設けた幼稚園は、一般的に教会の中にあるか、隣接しているものだった。例えば大岡山と飯田の教会では、付属の幼稚園の入り口が教会と共通であり、いずれも信徒会と幼稚園が部分的に同じスペースを使用している。2011年の夏に筆者が飯田を訪れた際、礼拝の後で信徒会のメンバーが昼食会のために集まってくれた。振る舞われる料理の準備は幼稚園の調理室で行われ、食べるときに使ったのは園児用の低いテーブルであった。一方で、平日には幼稚園側が活動のために礼拝堂を使うこともある[31]。

　概して、フィンランドの[32]ルター派の伝道活動の中でも、幼稚園に関するものは何十年にもわたって成功し続けている。幼稚園のおかげで、周辺地域の家族との重要なつながりが確立されたからだ。このように、子どもたちとの関わる保育の仕事は、未来のキリスト教信徒候補を見いだすことにつながった[33]。幼稚園の園児たちはまた、信徒会の教会学校でも生徒の多数を占め、その割合は80％にも及んだ。一方、子どもたちの母親は、保護者と教諭による合同組織（PTA）に参加した[34]。そうした母親の多くがキリスト教にも入信したと、平塚と牟田は大岡山幼稚園の事例を語っている[35]。

　1955年の時点で、フィンランドルーテル福音協会の伝道活動から生まれた信徒会付属の幼稚園は7つあり、合計で3〜6歳の園児が553名、教諭は30名が在籍していた。うち2つの幼稚園は引き続き外国人の女性園長が率いていた。大岡山のテーネ・ニエミと札幌のカイス・ピーライネン（Kaisu Piirainen）である。

　未就学児教育が目指すのは単に個人の発達を助けることだけでなく、子どもたちを社会化し、共同体が機能・持続する上で必要な価値基準を子どもに身につけさせるのもその目標である。こういった価値基準は、国が規定したものだったり、民族性を強調するためのものだったりする場合もある。それゆえに、教育機関、何よりも義務教育を行う学校は、きわめて重要な伝統を伝達する役割を持つ

と見なされるのである。共同体における一体感は、さまざまな文化的伝統により形成される。こういった伝統が具現化された姿とその伝達手段の例が、国民的・宗教的祝祭日とその儀式や行事である。

日本のルーテル幼稚園において、その性格上、宗教的な意味を持たない行事の一つが（今でもなお）運動会である。運動会は、さまざまな種目の屋外スポーツやアクティビティを採り入れて10月に行われるが、国の休日に実施されることから園児の両親も多く参加してきた。また11月には収穫を祝う祝日があった。キリスト教幼稚園で皆が待ち望む最も重要な祝祭は、クリスマスだった。フィンランド人宣教師たちは日本の幼稚園で、フィンランドと同じ形式でクリスマスを準備した。大きなホールがクリスマス用の装飾で飾られ、中でも最も大切なのはクリスマスツリーであった[36]。加えて、特にキリスト教的な要素として、まぐさ桶が置かれた。キリスト生誕劇が、行事の中で重要なプログラムの一つだったからである。園児たちは、マリアやヨセフ、東方の三博士や天使の役を、フィンランドで行われるのとそっくり同じように演じた。とりわけ皆が待ち焦がれたのは、ちょっとしたプレゼントを携えて訪れるサンタクロースである。日本ではクリスマスの期間が休日ではないため、行事自体はクリスマスの週の平日に行われた。

写真15-2　1930年代終わり頃、札幌のめばえ幼稚園で開かれたクリスマスパーティーの様子

キリスト教においてもう一つの重要な祝祭はイースターで、これもまた日本では国民の祝祭日とはなっていなかった。第二次世界大戦以前は、宣教団の信徒会では人びとが集い、イースターを福音の祝祭として祝っていたが、これは、ルター派の信仰復興運動の活動が残した習慣であった。福音の祝祭は、説教、賛美歌、牧師や平信徒によるスピーチで構成されていた。その狙いは、信徒会の外からの注目を集め、地元の人びとに福音の言葉に関心を持ってもらうことであった。言い換えると、最も伝統的な形の伝道活動だったのである。戦後になると、ルーテル教会では信徒たち同士でイースターを祝うようになり、一方で、伝道集会はクリスマスやイースターといったキリスト教の大きな祝祭とは関係なく開かれるようになった。

以上に挙げたほかにも、ルター派キリスト教の教えと慣習が、ほぼ毎日、幼稚園の活動の中に見られた。1日4時間の保育は、朝の祈りと、キリスト教の教えを学ぶ時間で始まった。信徒会の牧師が来ているときは朝の礼拝を行い、それ以外の日は教諭が祈りを指導し、聖書の物語を話した。その後は自由遊び、屋外活動、食事、工作と続いた[37]。

筆者がインタビューしたテーネ・ニエミの同僚と牧師の中には、フィンランド人宣教師と宣教団が、概して信徒会や幼稚園の活動にはっきりとした影響力を

写真 15-3　大岡山幼稚園では児童が集まって朝の祈りを行う

持っていたと述べる者もいた。テーネ・ニエミが園長として打ち立てた保育方針は、宗教的な保育と、遊びを最重視するというものであった。以降、園長たちが日本人に代わっても、遊びには重きが置かれた[38]。

前述の人びとによると、海外からの影響が強かったのは、1975年に日本福音ルーテル教会が独立するまで、財政面で海外の宣教団に依存していたためであるという。インタビューしたうちの一人は「日本人が運営の主体になって気風が変わった」と証言する。日本人の運営になって幼稚園の気風が変化したことで、障害児も受け入れられるようになった。テーネ・ニエミの後任として、1968年から大岡山幼稚園の園長を務めた平塚登美子は、この取り組みは自分が始めたものだと語っている。それ以来、障害児の割合は園児の10%を占めている。平塚は、世間の目を避けるように家に閉じ込められていた障害児とその母親双方の悲しみを感じていたという。こういった変化の中に、日本人の持つ可能性が見て取れる。それは、幼稚園の運営を変わりゆく考え方に適応させ、また、自分たちの活動がそれを取り巻く共同体や社会に溶け込むよう、不断の努力を重ねるという姿勢である。

障害を恥じる意識は、1964年の東京オリンピックの際に史上2回目のパラリンピックが日本で開催されて以来、なりを潜めていった。国際的なスポーツ大会もまた、ローカルな文化的思考に変化を及ぼすトランスナショナルな影響と見ることができる。平塚によると、障害児を園に受け入れたことで、ほかの園児の母親たちも教諭の仕事を以前にも増して手伝うようになり、また、障害児に対するほかの園児の接し方も変わり始めたという。子どもたちは、互いにより助け合うようになったのだ[39]。札幌のめばえ幼稚園では、大岡山に数年遅れて1972年から障害児を受け入れ始めたが、最初のうち障害児が教育を受けられるのは毎週月曜日だけで、そのときもほかの園児たちとは別の時間枠が設けられていた。ほかの子どもたちもしばしば手伝いに来てくれ、運動会では全員が一緒に過ごした[40]。

障害児への姿勢は徐々に変わって、今では多くの保育所や幼稚園が障害児を受け入れており、その教育には国から特別な補助も出ている[41]。

5. 人格教育

　日本のキリスト教幼稚園は、大人と子どもの人格を教育する施設になっていった。キリスト教の信徒として生きることやキリスト教の倫理は理想とされ、それはキリスト教の精神、慣習に反映されていると考えられた。具体的には、大人の場合、個人の覚醒と信仰の確信、祈りの習慣、賛美歌を歌うこと、また子どもの場合は行儀良く振る舞うといったことである。「善きキリスト教信徒」とは節度ある人間であり、そのことは外面や内面の清らかさとして表れるとされた。内面の清らかさを追求し外に向けて示すために、習慣的に祈ること、礼拝に参加すること、キリスト教の倫理に従って生きることが重要で、また、信徒会や教会や隣人のための活動に進んで参加することも、その一環であった。外面の清らかさや節度、きちんとした振る舞いや清潔さ追求することは、内面の清らかさを求める努力をしていることを周囲に示すことでもあった。つまり、キリスト教信徒の生き方は、外面と内面の相関的な努力に基づき評価することができるのである[42]。

　日本では家や個人の清潔さが尊ばれてきたが、それも、幼稚園でテーネ・ニエミが清潔さをきわめて細かく追求することと矛盾しなかった。掃除の際も、単に物の配置だけでなく、きれいに仕上がっているかどうかが重視された。東京と札幌でニエミとともに働いた日本人たちは、教諭らが掃除を済ませた後、ニエミが入念に仕上がりをチェックしていた様子を話してくれた。ニエミはいつも上の棚を指でぬぐって、ほこりが付くか確認していたという。大岡山の仕事仲間たちは、ニエミがエベンエゼル・ゼミナールでの学生時代、非常に細かい性格の校長から清潔さとは何たるかを学んだと言っていた、と笑いながら教えてくれた。彼女たちはまたニエミのことを、規則にうるさいその指導方法を指し、「厳しい」という言葉で形容した[43]。

　これと同様に、1930～60年代のエルサレムにおいて、ユダヤ人の子ども向けの児童養護施設や幼稚園、学校で働いていたフィンランド人宣教師たちも、清潔な身なりと健康および衛生の重要性、また部屋の清潔さや公の秩序を常に重視していた[44]。エルサレムの伝道の家では、子どもたちは清潔にして、きちんとした服装で立派に振る舞う姿を見せることが求められた。相当否定的な反応にさら

写真15-4　大岡山幼稚園の思い出を懐かしむ
当時の園長の平塚登美子（左）と教師の牟田青子（中央）。
写真右は通訳の杉本輝世。

される中、彼らはキリスト教的な生活様式を目に見える形で示さねばならなかったからであり、できる限り、キリスト教信徒とキリスト教信仰への信頼を築かねばならなかったからである。こういった善き隣人の理想像は、多くの宣教地において現地のキリスト教信徒に求められる姿の典型であり、それは、実際には西洋のキリスト教国には見られないほど、厳格に解釈されたものであった。

　同じようなモラルと清潔さの要求は、宣教団の多くに見られる。宣教団本国の立脚点や、活動する環境の背景は変化するにもかかわらずである。アフリカやアジアの民族の中に入った宣教師たちが、現地の人びとに最初に求めたのは、きちんとした服装をすること、または西洋の衣服を着ることだった。なぜなら、「原住民」または「土着民」、とりわけ女性が、半裸でいたりわずかな衣類しか身に着けていなかったりするのは、非道徳的と見なされたからである。一方で、不潔、貧困、劣悪な衛生状態は、内面すなわち精神が清らかでないことのしるしとも受け取られた。特に、20世紀前半から半ばに活動を始めた第1・第2世代の宣教師たちにとって、キリスト教の精神とは、人間の生活のあらゆる面を向上させることを意味した。精神的な向上は物理的な安寧を育むだろうし、逆もまた然りと考えられていたのである。この考え方は、伝道活動の多様性を築く一助にも

なった。社会・教育施設、そして保健事業は、西洋の知識と技能、社会的・倫理的な価値観とその実践を、全人類のためのキリスト教信仰という名目のもと、新しい環境に運び込む手段として機能したのである。

おわりに

キリスト教の伝道において、子どもたちに関わる活動に多大な労力が割かれたのは偶然ではない。特に、日本やパレスチナ、イスラエル[45]のような宣教地では、子どもたちに対しては大人に比べてはるかに手を伸ばしやすく、影響も与えやすかったし、また一方では、子どもたちのおかげで大人との接触を図ることもできた。そのために児童養護施設や寄宿学校が重要な活動形態だったのである。これらの維持にはかなりの費用がかかったが[46]、他方ではこれらによって、完全にキリスト教的な生活環境を子どもたちのために維持することができた[47]。

本章では、外国人宣教師たちが保育・教育という活動の対象である子どもたちを、キリスト教の考え方や行動の規範に沿って、プロテスタント、特にフィンランドルター派の一員たるべく教化した実際の方法を考察した。これらの、ともすれば些細なことに見えがちな実践が、宣教師とその活動の対象になった人びとが人生の中で経験した唯一のトランスナショナリティだったということは、まったくない。むしろ筆者が示したかったのは、宣教地の子どもたちが暮らしている信仰的・政治的・文化的現実の中へ、どのようなメカニズムで外来の信仰心が持ち込まれたかである。宣教師たちは、キリスト教の信仰、その慣習や伝統を日本の文化的風習と伝統に統合させることで、子どもたちを自ら規定したとおりのキリスト教信徒に育てるべく努力した。ただし、この規定は人によって異なった。

まさしくプロテスタント信徒たちの間に、各宣教団の背景にあった文化が強く見て取れる。プロテスタントの宣教団による個別の活動には、キリスト教の慣習、儀式、さらには言語的背景までもが影響を及ぼしており、それに呼応して、彼らの伝道活動から生まれた信徒会にはそれぞれ、海外から来た創設者の特徴が反映された。東京エリアにある複数のルーテル教会は、だいぶ以前から同じ教会組織に統合され、率いているのも日本人牧師だが、その中の高齢の信徒たちは今でも、自分たちそれぞれの伝道の歴史的ルーツがアメリカか、スウェーデンか、あ

るいはフィンランドのどこにあるかを認識しているのである[48]。

注・文献
1) これはまた、古くからよく知られた概念「国際性」の新たな呼び名の一つにすぎないと批判もされてきた。
2) 例として Wimmer, Andreas & Glick Schiller, Nina, Methodological nationalism and beyond: nation-state building, migration and the social sciences. Global Networks 2, 4 (2002), 301-334.
3) Jalagin, Seija, Transnationalising Education for the Benefit of the Nation: Finnish Mission to the Jews in post-World War II Jerusalem. Ellen Fleischmann, Sonya Grypma, Michael Marten and Inger Marie Okkenhaug (eds.), Transnational and Historical Perspectives on Global Health, Welfare and Humanitarianism (Kristiansand: Portal Forlag, 2013), 182-207; Jalagin, Seija, Vieraalla maalla kaukana. Aili Havaksen transnationaali elämä. Teoksessa Heini Hakosalo, Seija Jalagin, Marianne Junila & Heidi Kurvinen (eds.), Historiallinen elämä. Biografia ja historiantutkimus. Historiallinen arkisto (Helsinki: SKS, 2014), 141; Jalagin, Seija, A Nordic Hebrew Christian Centre in Jerusalem? Relief work, education and Nordic neutrality in Palestine, 1943-1946. Special Issue: Mission, Relief and Development: Gender and Nordic Missions in Transnational and Humanitarian Settings, ca., 1890-1960. Ed. by Seija Jalagin, Inger Marie Okkenhaug and Maria Småberg, Scandinavian Journal of History 40 (3), 2015, 455-477; Jalagin, Seija, Å utvide horisonten, å arbeide for misjon. Finske læreres misjonsforbund og det transnasjonale. Temanummer av nordiske LMF. Norsk Tidsskrift for Misjonsvitenskap 2/2017, http://www.egede.no/sites/default/files/dokumenter/pdf/%2322017_Norsk%20tidsskrift%20for%20misjonsvitenskap.pdf（2018年1月29日閲覧）.
4) 伝道の歴史はキリスト教会の創成期までさかのぼり、実際、宣教師たちは使徒パウロを最初の宣教師であり手本として捉えている。プロテスタント教会に加え、ローマ・カトリック教会と正教会も伝道活動を行ってきた。
5) 当初これらの施設は海外からの資金と外国人宣教師の活動によって維持されていたが、最終的には、現地の信徒会と教会を経済面・管理面で自立させることが目標とされていた。それにより、宣教師たちは新たな宣教地へ移動することも可能になった。実際には現地の教会の自立に何十年もの歳月を要することもあり、時には、経済面と管理面で海外宣教団との結びつきを断つ前に、政治的な転換期（戦争、脱植民地化など）が訪れることもあった。
6) Gillen, Paul & Ghosh, Devleena, Colonialism & Modernity. Sydney, UNSW, 2007 などを参照のこと。Michael Marten のポストコロニアル批判は以下を参照。Marten, Employs postcolonial critique in his discussion of the Scottish mission school in Jaffa 1918-1936,

2008, 124-128.
7) これに関しては伝道活動の性差別的性格についての議論を要するかもしれないが、本章では紙面が足りないので割愛する。フィンランドの日本伝道の性別役割分担については以下を参照。Jalagin, Seija, Disciples, Sisters or Companions? Japanese and Finnish Women's Mutual Encounter in Mission. Deborah Gaitskell（Quest editor）, Women and Missions, 2005.
8) Uno, 1999, 3-7.
9) Uno, 1999, 18.
10) Uno, 1999, 9-10.
11) Uno, 1999, 10.
12) 文部省がすでに 1899 年にこれを決定していた（Uno, 1999, 42）。
13) Shirakawa, Yoko and Kitano, Sachiko, Research and Policy Issues in Early Childhood Care and Education in Japan, Bernard Spodek and Olivia N. Saracho (eds.), International Perspectives on Research in Early Childhood Education (Greenwich, Connecticut: IAP Information Age Publishing, 2005), 138.
14) 同前, 139.
15) 同前, 140.
16) 同前, 141.
17) 同前, 146.
18) 同前, 148.
19) Ben-Ari, Eyal, State, standardisation and 'normal' children: an anthropological study of a preschool. Roger Goodman (ed.), Family and Social Policy in Japan. Anthropological Approaches (Cambridge University Press, 2002), 114-121.
20) Jalagin, 2007, 52.
21) Jalagin, 2007, 63.
22) 詳しくは Jalagin, 2007, 152-175 を参照。
23) Jalagin, 2007, 258-260 も参照。
24) 2011 年 7 月 3 日に東京で実施した平塚登美子と牟田青子のインタビュー．インタビュアー：Seija Jalagin, 通訳：杉本輝世.
25) エベンエゼル・ホームの幼稚園教諭養成ゼミナール，1892 ～ 1977 年の幼稚園教諭名簿（Ebeneser-säätiö, 1992），214.
26) Valli, Siiri, Lastentarhanopettajaksi kasvattajatarkursilta ja lastentarhaseminaari Ebeneseristä. Lastentarhaseminaari Ebeneser (Helsinki: Ebeneser-säätiö, 1992), 13-14.
27) Jalagin, 2007, 187-201.
28) Jalagin, 2007, 176-201.
29) 信教の自由は、すでに明治時代に法律で規定されていたが、実際には国家神道は宗教とされず、国粋主義的内閣は神道の中心に天皇を据え、これを国家と国民生活の道標として規定

した.特に外国からの影響や海外の機関は,宗教関連,スポーツ関連を問わず,疑いの目を向けられた.

30) Drummond, Richard Henry, A History of Christianity in Japan. Grand Rapids: William B(Eerdmans Publishing, 1971), 269-281.
31) この情報は,筆者が2011年の夏に実施した調査インタビューに基づいている.対象は信徒会の活動メンバー,および飯田・札幌・大岡山の教会と幼稚園の元職員・現職員で,インタビューはそれぞれの地元で実施した.
32) 日本では1893年からアメリカのルター派宣教団も活動していた.1901～05年の間,フィンランド人は彼らと連携して活動した.第二次世界大戦後にはアメリカ,フィンランドに加えノルウェーのいわゆる第5世代の宣教団もルター派の伝道活動を行った.
33) 超国家主義の時代だった1930年代と第二次世界大戦中,幼稚園は実質上,キリスト教伝道活動が一定の成功を収めた唯一の活動形態であった(Jalagin, 2007, 74-75, 199-200).
34) Kertomus Suomen Luterilaisen Evankeliumiyhdistyksen 83. toimintavuodesta 1955 (Helsinki: SLEY, 1956), 32.
35) 2011年7月3日に東京で実施した平塚登美子と牟田青子のインタビュー.
36) 日本のルーテル幼稚園におけるきわめて典型的なクリスマスの祝い方を解説したものが,SLEYの「子ども新聞(Lasten Lehti)」1938年第2号に見られる.執筆者のマルッタ・ラークソネン(Martta Laaksonen,のちにMiero)は,札幌の幼稚園で1939～41年に園長を務めた人物.Jalagin, 2007, 200-201も参照.
37) 2011年7月3日に東京で実施した平塚登美子と牟田青子のインタビュー.
38) 特に1950年代には多くの幼稚園が園児獲得のため,アコーディオンの演奏,書道,文字の読み方などを教えると競って宣伝したが,ルーテル幼稚園はそういった競争に参加することはなかった(2011年7月3日に東京で実施した平塚登美子と牟田青子のインタビュー).
39) 2011年7月3日に東京で実施した平塚登美子と牟田青子のインタビュー.
40) 2011年8月14日に札幌で実施した匿名の人物のインタビュー.インタビュアー:Seija Jalagin,通訳:水本秀明.
41) 2011年7月3日に東京で実施した平塚登美子と牟田青子のインタビュー.
42) 例としてJalagin, 2007, 237-239.
43) 2011年7月3日に東京で実施した平塚登美子と牟田青子のインタビュー.
44) アイリ・ハヴァス(Aili Havas)から宣教団長トゥーレ・ヴァパーヴオリ(Tuure Vapaavuori)とその妻アイノ(Aino)宛ての書状,エルサレム発1948年4月7日付.Eac43, Suomen Lähetysseuran arkisto, Kansallisarkisto, Helsinki.
45) インド,中国,多くのイスラム諸国でも同じような状況にある.
46) 例としてMarten, Michael, Independent women missionaries in the Scottish school in Jaffa, 1918-1936: identifying subaltern narratives. Nefissa Naguib &Inger Marie Okkenhaug (eds.), Interpreting relief and welfare activities in the Middle East. 1800-2005. Social, Economic and

Political Studies of the Middle East and Asia（Leiden: Brill, 2007）, 119-121.
47) アイリ・ハヴァスおよびほかのフィンランド人宣教師たちは、ヘブライ人キリスト教信徒がシオニストのユダヤ人の中でいかに難しい立場にあるか、定期的に強調している。
48) 2011年7月3日に東京で実施した平塚登美子と牟田青子のインタビュー．

第 16 章
在日フィンランド人の談話に見る言語の意義と社会参加

リーサ−マリア・リヒト

　グローバル化は社会変動をもたらした。人や物の移動は容易になり、それによって言語同士が接触するだけでなく、異なる文化が互いに影響を与え合っている[1]。交通と通信技術の向上は、特にグローバル化を促進している。人と言語はより自由に移動するようになり、もはやかつてのように時間や空間の制約は受けなくなっている[2]。本章では、日本に住む約600人の在日フィンランド人グループについて議論する[3]。本研究の情報提供者はフィンランド生まれで、現代の移住に見られるさまざまな特徴を有している。グローバル化と移住により、国や文化の境界線はあいまいになり、多様性に対する我々の見方も変化し、それによって言語と国の間にあるとされているつながりにも異論が呈される。こういった変化は世界中で起こっており、本章で論じる在日フィンランド人の生活の中でも、彼らの出身国であるフィンランドでも、そして新たな故国である日本でも起こっている[4]。移住者とともにその文化や言語も流入し、それらは祖国フィンランドとのつながりを保つだけでなく、日本でも社会的つながりを生み出すことを可能にしている。こういった理解を背景に、2つの国と言語との間にある在日フィンランド人の生活について論じる。具体的には、彼らにとって言語がどのような意味を持つか、言語を介してどのように社会との関わりを持つのか、といったことについて調査する。在日フィンランド人は、マジョリティの文化や言語、つまり日本文化・日本語とはどのように関わっているのか。反対に、自身の母語と母国文化の重要性をどのように見ているのか。どのようにして新たな環境に溶け込んでいくのか、また母国とはどのようなつながりを維持しているのか。ここでいう

社会への参加とは、国あるいは国家といった社会的に構成された共同体への参加を意味している。これには、家族や学校、趣味や仕事のグループといった、さらに小規模なコミュニティに参加することも含まれる。

　本研究では談話分析の観点から検討を行うが、これはさまざまな談話によって、社会の現実や私たちが住む世界の実体が描き出されるからである。談話はまた、生来的に非常に静的で繰り返し生起するものである。言い換えると、在日フィンランド人の談話を見ることで、フィンランドや日本の社会でよく見られる話し方について知ることができる。人はよく無意識に同じ談話を繰り返すが、談話には具体的な結果が伴う。私たちが日常の中でそれぞれの言語をどう評価し、どの言語を選択して使うか、といったことに影響を及ぼすのだ[5]。談話の可視化が重要なのはこのためである。筆者は、在日フィンランド人の談話を見ることで、移住者の日常的言語使用や、社会で起こっている変化を、より大きな規模でより良く理解することができると主張する。

1. 変化する移住環境に見る在日フィンランド人

　現代の移住は、複雑な社会構造の観点からその状況を説明できる。昨今、移住者の経歴や、移住の動機やルートは絶えず変化しているため、「移住者」という言葉を一様に定義することはできなくなっている[6]。最近の移住者は、以前に比べて母国とつながる方法も多く、その方法も進歩しているため、複数の場所と結び付いた生活を構築している人も多い。これによって移住者は、異なる国や文化につながった複数のアイデンティティを保持することが可能となっている[7]。多様性の観点から見ると、在日フィンランド人のような、小規模ながら多種多様な背景の人からなり、居住地も散らばっている移住者集団は重要な研究対象であり、さらなる研究が必要である[8]。2つの地の間を生きる移住者は、トランスナショナリズムを体現している。こういった国境を超えたつながりは、同じ地理的出自を持つ人びとによって生み出され、維持されている[9]。

　本研究のデータは、14人の在日フィンランド人から収集されており、1対1の聞き取り調査記録14件、ペアでの会話記録7件からなる。聞き取り調査とペアでの会話のほとんどは、筆者が2014年秋に日本でフィールドワークを行った

際に記録したものである。情報提供者は 20 ～ 60 歳の間の男女である。日本に移住した理由はさまざまで、居住期間も数年から数十年まで多様である。特に 2010 年以降に日本に移住した若年層は、最初は留学で来日し、多くがそのまま就職、その後も在留を続けていた。一方で年配世代では、移住の理由は結婚が多かった。情報提供者は仮名とし、データからの引用部分はかっこ書きとする。

在日フィンランド人の日常的な言語使用は、日本語環境にありながらもさまざまな様相を呈している。情報提供者全員がフィンランド語を母語とし、ほぼ全員が日本語や英語も話すことができるという。家や職場では主に日本語か英語を使っており、フィンランド語は使用するとしても稀である。情報提供者の多くが日本人またはそれ以外の外国人をパートナーとして持つため、家で話す言語はパートナーによって異なる。フィンランド語を家で使うのは、主に子どもと話をするときである。仕事で使う言語は、職場や職務によって異なる。情報提供者の多くが日本で英語またはフィンランド語を教えていたことがあり、その経験が言語に対する考え方や日々の使用に確実に影響している[10]。

情報提供者の多くは、他の在日フィンランド人と定期的には会ってはおらず、よって友人との日常的な会話では、フィンランド語以外の言語が多く使用されている。フィンランド語は、Skype などでフィンランドの親戚や友人と連絡を取る際に使われる。本研究は、情報提供者が日々の生活で使用するフィンランド語、日本語および英語の 3 言語すべてを取り扱う。情報提供者たちの言語に関する談話を見ると、彼らはそれぞれの言語に異なる役割を与えており、それによって日本での言語的・文化的生活を構築していることが分かる。それによって、彼らがどういった言語的問題に日々直面しているか、またトランスナショナルなつながりをどのように維持にしているのかが明らかになる。

2. 社会参加と言語の重要性

本研究の分析では、コーパスを活用した談話分析を行うコンピューターソフトウェアを使い、言語に関する談話を調査する。コーパスを用いた手法では一般的に、繰り返し使用される定着した言い回しが明らかになる。したがって言語を通して表現される態度やイデオロギーの研究に利用することができる[11]。コーパス

を活用した談話分析の目的は、肉眼で精読していても容易には気付けない、繰り返される言葉の意味を明らかにすることである[12]。はじめに、「意味（merkitys）」「意味する（merkitä）」という単語でデータ検索し、どのような談話が現れるかを分析した。次に、「子ども（lapsi）」という単語で検索し、子どもの家庭教育において使用される言語に関する談話を観察した。どちらのケースにおいても、これらの談話において、社会との関わりがどのように形成されたかという点に注目する。

母語を通して、人はある文化や社会の一員として成長し、そこで社会化される[13]。移住した場合、言語が持つ価値は、その環境でその言語が持つ有用性によって変化する場合があり、その言語は新しい環境や生活状況と照らし合わせて再評価される。本研究のデータでは、言語が持つ価値について、4タイプの談話が際立っていた。すなわち、①フィンランド語に対する考えの変化、②言語とアイデンティティ―自己表現と理解の手段としてのフィンランド語、③特殊なスキル、日本社会への扉を開くカギとしての日本語、④他の外国人グループに属するため、日本社会のルールから自分を解放するためのツールとしての英語、というものである。

情報提供者によると、移住後、フィンランド語の価値は2通りに変化したという。フィンランド語の重要度は海外に移った後に低下した（「それほど重要ではない」）と考えている者がおり、その理由は日本でフィンランド語の存在感がないことである（「日常的にフィンランド語を使うことができない」）。ある言語が優勢な社会では、他の言語が生活の中で持つ価値を考える必要はない。しかし他の国に行けば、そういった価値も無関係ではなくなる[14]。本研究の情報提供者は、移住前はフィンランド語について考える必要はなかった（「言語の価値について無自覚だった」）が[15]、日本に来た後にフィンランド語に対して新たな重要性を見いだした（「自分自身にとっての価値が強まった。フィンランド語は単純に数ある言語の一つではない」）。こういった価値は、フィンランド人としてのアイデンティティ（「フィンランド語が自分が何者かを定義する」）やフィンランド語に対する思い（「誇りを持っている。かけがえのないものだ」）と結び付いているケースが多く、こういった価値の中に、フィンランドへのトランスナショナルなつながりが浮かび上がっている（「フィンランド人としてのアイデンティティ

が強まった」)。

　自分のアイデンティティにとってフィンランド語が重要であるという話しぶりには、自分自身を表現したい、理解してもらいたいという願望がつながっている。情報提供者のミーカ（仮名）は、「何の制限もなく使えるのは心地がいい」と語り、自由に自己表現できる点、簡単に話せる点を強調する。ラウリ（仮名）はフィンランドに帰国した際の状況を、「そのときだけは、自分だけがすべてを理解していた」と描写する。こういった談話は、母国語を使っているときと同じように物事を理解したいという、在日フィンランド人の願望を示している。そういったレベルの理解は、彼らが他の言語を使っているときには得られていない。日本語の習熟度に関わらず、その言語のちょっとしたニュアンスが失われてしまったり、見逃してしまったりすることもある[16]。母語には、人びとの物理的環境や文化について物語る要素が含まれている。ラウリが言うように、フィンランド語は「自分が言い表したいことと密接に結び付いて」おり、それゆえにほかの言語では表せないことを表現することができる[17]。

　フィンランドでは総合学校で2つ以上の外国語を学ぶことができ、多くの都市では日本語も学べる（主に高校や成人教育機関などで）が[18]、それでもなお、日本語が読み書きできることは、フィンランド人の間では比較的稀だろう。情報提供者は日本語を特別なスキルだと表現している（「私の特技であって、みんなが話せるわけではない」）。同時に、日本語は夢を叶えるための言語でもあり（「夢だったことを実現できた」）、また語学学習の対象でもある（「さらに日本語を極めたい」）。さらに見逃せない日本語の価値は、日本社会への扉を開くカギとして重要である、ということである。日本語は日本社会と自分をつなげるものであり（「自分と日本の間につながりをつくるもの。言葉を通してこの国を理解している」）、一方でそのつながりを制限するものでもある（「自分が日本でできることを決めるもの」）。したがって、日本語能力は、日本での日常生活を助けるものともなり得るし、日本語能力が不十分な場合には、それを妨げるものともなる。

　ミーカは日本社会に属することについて「何とかやってきた。少なくとも言葉の上では、ある程度溶け込んでいる」と語り、日本語を通して、日本という国とも日本人ともつながりを得ていると言う。彼は幅広く社会とつながることができ

ており(「日本の内側」「つながり」「この国の一部」)、同様に社会的関係にも参加することができている(「連帯感」「どこかに属している」「集団の一部」)。それでもなお、彼が「言葉の上では」溶け込んでいると言っている以上、彼が社会の他の側面に溶け込めていると考えているかどうかは疑問が残る。加えて、自身が社会にどれだけ溶け込んでいるかについても、慎重な評価を下している。「ある程度」という表現は、この件に関してややあいまいな印象を与える。

　ミーカは、来日前に日本語をすでに習得していたフィンランド人の若者である。数十年前に日本に移住した人たちは、言葉の壁が生む疎外感があった可能性はさらに高い。これは、言語関連研究で、移住者のそれぞれ異なる背景を考慮しなくてはならないことの良い例である[19]。情報提供者は全員が移住の第1世代であるが、彼らの状況は大きく異なっている。エーヴァ(仮名)は彼女の経験について、「言葉を身につければ、例えば、もっと楽に1人で出歩けるようになる。今では駅名はローマ字で書かれているけれど、当時は、子どもと出かけるときは正しい場所で電車を降りることができるようにまず駅名を覚えなくてはならなかった」と語る。

　エーヴァのケースは、いかに言語が毎日の行動に具体的影響を及ぼし得るのか、そしていかに言語が私たちの物理的環境の一部となっているのかを示している。漢字など、日本語のさまざまな表記体系に習熟していなければ、どこかに歩いて出かけるといったエーヴァのケース(「もっと楽に1人で出歩けるようになる」)のように、非常に単純な日常的行動でさえ苦労するかもしれない。ローマ字しか知らなければ、社会からの隔絶が強まることもある。エーヴァの話には、彼女の言語能力の向上や、社会の変化を見ることができる。以前は街中で道に迷い、交通機関の利用にも苦労した彼女であったが、現在の状況はまったく違う。今では多くの看板には漢字とともにローマ字表記がされており、こういった社会における変化も今日の移住者や旅行者の助けとなっている。ニコ(仮名)によると、「自分が日本でできること」を決めるのが日本語だという。これは、日常の小さなこと、大きなこと、すべてに当てはまる。

　情報提供者は、英語が持つ価値はツールだと捉えている。英語は「仕事上で重要」であり、「道具としての価値」を持つ「ツール」と呼んでいる。英語は「チャンスを切り拓き、生活しやすくする国際語」として評価されている。英語は社

会への関わりとも関連するが、日本語の場合とは異なる。ミーカは自身の持つさまざまな側面について語っており、彼は異なる国々と結び付いた複数のアイデンティティを形成している。彼は、自分は「日本に愛着を感じている部分もあるフィンランド人で、日本に住む外国人」であると語る。彼は加えて、英語は彼が「日本に住む外国人」だという立場を「思い出させるもの」として機能しており、「英語を使うと自分の外国人らしさが強調される」と言っている。ミーカは自分を日本の一部と感じながらも、同時によそ者であるとも感じており、他の外国人と英語を介して関係を築いている。

　タトゥ（仮名）は英語を使うことによって自由を求めており、「英語を話すときは、自分の話し方や相手の社会的地位にそれほど注意をする必要がない」と語る。英語を話すことで彼は、敬語といった日本語の社会的ルールから解放される。タトゥは、社会的階級が日本語の使い方に影響を及ぼす場面についてさらに語っている。彼はよそ者の観点から、「日本語は非常に硬い話し方」と表現する。別の外国人といるときは、このような状況を回避するため、暗黙の了解で英語に切り替える（「どちらの社会的階級が上とか下とか考える必要がないので、言語は自然と英語に変わる」）。英語を使うことで、自分の母国文化にはないルールから距離を置くことができる。日本語とその規範は、遠い祖国フィンランドの文化と比較されて見られており、英語を使用することによって、日本以外の社会、つまり「この種のルールに従う必要のない」社会に属することができる。英語を使用することによって、非日本人的アイデンティティが形成され、外国人らしさが際立ち、それによって他の外国人との間に類似性を見いだすことができる（「みんな同じように感じていることが分かる」）。

3. 子どもの家庭教育言語と社会参加

　多言語で子育てをする際、家庭ではさまざまな困難に直面する場合がある。例えば、アイデンティティの対立が起こる可能性があるし、言語を学習・使用するための時間や能力には限界もあるし、言語政策といった社会的制約が家庭内での言語の選択・使用に影響を及ぼす可能性もある[20]。子どもを持つことは移住者の人生にとって転機であり、それに伴い言語の選択について熟考すると

きが来る[21]。情報提供者のペアでの会話において話題となったのは、子どもの家庭教育言語である。これに関する会話では、①文化や親戚とのつながり、②社会参加へのカギとしての言語、③他の在日フィンランド人や移住者グループがどのように家庭教育を実践し、どういった経験をしているかに関心がある、といった談話が現れた。頻出する話題は、おのおのがどう実践しているか、配偶者とどのような取り決めをしているか、またどのような方法が成功して、どれが失敗したのか、といったことである。子どもたちは周辺社会から自然と日本語を学んでいく、というのが情報提供者たちに共通する考えであり、彼らのほとんどは子どもの日本語習得能力について心配していない。

　子どもの言語について語る際、情報提供者は、子どもにフィンランドとのつながりを保ってほしいと口にしている。彼らは「子どもが祖父母や家族とコミュニケーションを取ることができない」ような状況を望んでいない。ラウリは、「子どもが両方の親の親族と少なくともおしゃべりができる」ように、フィンランド側とつながるだけでなく、日本の家族の一員である自覚を持つことも望んでいる[22]。在日フィンランド人の移民２世に関する情報は現在まだないが、スウェーデンに移住したフィンランド人は、より大きなコミュニティを構成し、距離もフィンランドから近かったため、よりうまく言語を保持し、次世代に伝えることができたのではないかと思われる。ペルッティ（仮名）は自分の家族とフランス在住のフィンランド人を比較し、フランス在住者にとっては、「フランスからフィンランドに行くのは非常に簡単なので、子どもに２つの言語を教えるのはずっと簡単」で、日本にいる自分の状況とは異なっていると語る（「そんなふうに簡単にここからフィンランドに行くことはできない」）。彼はまた、家庭教育理論を実践するとどうなるかを話している。両親がそれぞれの母語で子どもに話しかけるというやり方は、彼の見解では、「最初はうまくいくが、その後子どもが話せるようになると、日本に住んでいるのだから日本語を話す」とのことだ。

　情報提供者たちは、言語によるつながりを母国だけでなく、自分の子どもとの間にも強く求めている。サンナ（仮名）は、フィンランド語は自分の言語（「私の言語」）であるが、他の言語がそれと同等になることは「決してない」と語る。言語は人の歴史の一部であり、サンナが子どもに使う言語は彼女にとって重要な意味を持つ。子どもには「自分がどこの出身であるかを理解し、それを大切に

思ってほしい」との願いから、日本語が子どもにとって唯一の言語となることを望んでいない。サンナのペア会話の相手であるマイサ（仮名）は、その会話の中で多文化一家について語り（「2つの文化と2つの言語」）、そのような家族を「文化的に豊か」と表現している。文化とのつながりは、情報提供者の会話の中で何度か話題に上っており、子どもに自分の母語を教えることは「多文化一家の義務」と考えられている。彼らは加えて、「別の母国、文化を持つことは豊かなこと」であると子どもに説明する必要があると言う。ロッタ・ウェクストローム（Lotta Weckström）が研究したスウェーデン在住フィンランド人も同じように感じており、言語を2つ持つことを肯定的に見ていた。つまり、フィンランド語を「無償」で身につけられるのだから、それを次の世代に伝える義務があると考えているのだ[23]。情報提供者たちは、多言語を利用できることは、選択の幅が広がり、子どもにとっての強みになるとも考えている。子どもは例えば、「フィンランドへの留学に興味を持つ」かもしれないし、言語は「職業といった子どもの未来への投資」にもなり得る[24]。

　子どもの家庭教育に関して話しているとき、社会的観点が繰り返し談話の話題になっている。言語に関することで、コミュニティから排除されるという懸念が生まれる場合がある（「複数の言語が頭の中でごちゃごちゃになり、その結果、学校や子どもたちとの間でコミュニケーションの問題が起こるのを見てきた」）。移住者の子どもは学校でいじめを受けることもあり[25]、周囲の環境からの圧力によってフィンランド語を捨て、日本語だけを使うように強いられていたこともある。「フィンランド語が日本語に混ざる」と、その子の使う言葉に対し、他の子どもが否定的な反応を示すという状況が生じていた。コミュニティからの支持がない場合、フィンランド語の使用をやめてしまうこともある。情報提供者によると、フィンランド系日本人の子どもは、その見た目のために、言語能力に関して誤解されることもあったという（「他の子たちがうちの子に『英語を話せ』と言ってきて、娘は、英語は話せない、話せるのはフィンランド語と日本語だけだと答えた」）。欧米諸国に移住したフィンランド人は、見た目でこういった質問をされることはないかもしれない。フィンランド語のアクセントに気付かれたとしても、容姿が原因で社会から区別されることは概してない[26]。

　他の家族が子どもをどう育てているか、という関心はデータにはっきりと表れ

ている。情報提供者たちは自分自身の経験を振り返るだけでなく、他の家族（在日のフィンランド人や他の外国人）の経験も考慮して状況を比較している。家庭ごとのさまざまな教育法について語り、また他の家庭では、子どもに両親それぞれの言語を教えていたかどうかを振り返っている。さらに、多言語による家庭教育がうまくいくかどうかは慎重に検討されており、不安もいくつか語られている。例えばラウリは、自分と子どもの間にある言語的つながりが失われることを思うと「心細さ」があると話す（「自分の子どもが行方不明になり、ある日帰ってくると別人になっているというホラー映画がある」）。同時に期待を示す者もおり、「3か国語が堪能な子どもにする」のを望む情報提供者もいる。フィンランド語に関して、ヨーナス（仮名）は、「将来その知識で何をするかは子どもたち自身の自由だけれど、子どもたちが『父に教わった』と言う」のを願っている。

おわりに

本章では、比較的小規模な移住者集団の言語状況について議論した。まず、自分にとって言語が持つ価値について話す際に多く耳にした談話を調査した。そして、子どもの家庭言語教育に関する会話で発生した談話を観察した。データに基づき社会参加について検討した結果、近くや遠方の社会集団に加わる方法や、言語を通して社会集団に溶け込む方法はさまざまであることが分かった。また、言語に対する期待や望みも見られた。言語は、日本に住むフィンランド人を祖国に結びつける力を持っている。フィンランドや親戚との繋がりは重要であり、海外移住後にフィンランド人のアイデンティティや言語を意識し始めるといったことが起こっていた。同時に、情報提供者たちは日本や日本人との繋がりも求めており、多言語を使えることや複数の文化を持つことは肯定的に見られている。しかし状況によっては、情報提供者である在日フィンランド人は、英語を使うことによって自らを外国人と捉えることを好んでいた。こういったケースにおいて、英語はもはや単なる共通語ではなく、別の価値を持っている。英語を使用することで、その話者に馴染まない文化規範から解放されるのだ。

情報提供者となった在日フィンランド人（また他の国からの移住者も同様に）は、外国文化の中で子どもを育てるうちに経験したことを共有したがっている

ことは明らかであった。これは、在日フィンランド人にとって役立つ研究であれば、今後の調査のテーマとなるかもしれない。この研究を行うことで、昨今の日本とフィンランドにおける移住者にとって言語と文化が持つ重要性について、さらに多くの会話や考えが見えてくることだろう。移住者は、二つの重要な生活の要素、すなわち、新しい国での社会参加と、母国との言語・文化的繋がりの保持を、どのようにバランスよく行っているのか、ということは今後の研究テーマになり得る。

注・文献

1) Nikolas Coupland, "*Introduction: Sociolinguistics in The Global Era*", The Handbook of Language and Globalization (Malden: Blackwell Publishing Ltd., 2010), 1-27.
2) Jan Blommaert, *The Sociolinguistics of Globalization* (Cambridge: Cambridge University Press, 2010), 1-2.
3) Suomen Tokion suurlähetystö, http://www.finland.or.jp (2017年5月5日閲覧).
4) 例として Tuomas Martikainen, Teppo Sintonen & Pirkko Pitkänen, "*Ylirajainen liikkuvuus ja etniset vähemmistöt*", Chap 1 in Ylirajainen kulttuuri. Etnisyys Suomessa 2000-luvulla (Helsinki: Suomalaisen Kirjallisuuden Seura, 2006), 9-41; Mary Goebel Noguchi," *Introduction: The Crumbling of a myth*", Studies in Japanese bilingualism (Clevedon: Multilingual Matters Ltd, 2001), 1-23.
5) 談話が持つ性質や影響については例として以下を参照。Sari Pietikäinen & Anne Mäntynen, *Kurssi kohti Diskurssia* (Tampere: Vastapaino, 2009).
6) 例として Steven Vertovec. "*Towards Post-multiculturalism? Changing Communities, Conditions and Contexts of Diversity*", International Social Science Journal 61, 199, 2010, 83-95; Ks. myös Länsisalmi & Shoji tässä teoksessa.
7) 例として Steven Vertovec, *Transnationalism* (Oxon: Routledge, 2009), 5-7.
8) Vertovec, *Towards Post-multiculturalism? Changing Communities, Conditions and Contexts of Diversity*, 86.
9) Vertovec, *Transnationalism*, 3.
10) 日本での外国人英語教師については例として以下を参照。Diane Hawley Nagatomo, *Identity, Gender and teaching English in Japan* (Bristol: Multilingual Matters, 2016).
11) 例として Michael Stubbs, *Text and Corpus Analysis. Computer-assisted Studies of Language and Culture* (Oxford: Blackwell Publishers Ltd, 1996).
12) Alan Partington, et al., *Patterns and meanings in discourse. Theory and practice in corpus-assisted discourse studies* (CADS) (Amsterdam: John Benjamins, 2013), 9, 11.

13) Harri Mantila, "*Kansalliskieli ja globalisaatio*", Ünnepi könyv Keresztes László Tiszteletére (Debrecen: Debreceni Egyetem innugor Nyelvtudományi Tanszékének Kiadvnyai, 2001), 371.
14) Riho Grünthal, "*Kieliyhteisöjen rapautuminen ja kielellisen identiteetin muutos: 2000-luvun ersämordvalaiset ja vepsäläiset*", Kielissä kulttuurin ääni (Helsinki: Suomalaisen Kirjallisuuden Seura, 2009), 265-289.
15) 同様の事態については以下で言及されている。Anu Karjalainen, *Liikkuva ja muuttuva suomi. Diskursiivis-etnografinen tutkimus amerikansuomalaisten kielielämänkerroista* (Jyväskylä: Jyväskylän yliopisto, 2012), 125, 130.
16) 母国語のニュアンスについては以下を参照。Tatjana Rynkänen & Sari Pöyhönen, "Russian-speaking young immigrants in Finland: educational and linguistic challenges", chap 9 in Language in Transition. Multilingualism in Russia and Finland (Frankfurt am Main: Peter Lang, 2010), 175-194.
17) Mantila, *Kansalliskieli ja globalisaatio*, 371.
18) 在フィンランド日本国大使館, http://www.fi.emb-japan.go.jp/fi/japaninkieli.htm.
19) Grit Liebsher & Jennifer Dailey O'Cain, *Language, space, and identity in migration* (Hampshire: Palgrave Mcmillan, 2013), 5.
20) Mila Schwartz & Anna Verschik, "Achieving Success in Family Language Policy: Parents, Chlidren and Educators in Interaction", chap. 1 in Success in Family Language Policy: Parents, Chlidren and Educators in Interaction (New York: Springer, 2013), 1-20.
21) 例として Karjalainen, *Liikkuva ja muuttuva suomi. Diskursiivis-etnografinen tutkimus amerikansuomalaisten kielielämänkerroista*.
22) 他の移住者の同様の経験については例として以下を参照。Anu Karjalainen, *Liikkuva ja muuttuva suomi. Diskursiivis-etnografinen tutkimus amerikansuomalaisten kielielämänkerroista*, 126-127; Lotta Wekström, *Representations of Finnishness in Sweden* (Helsinki: Suomalaisen Kirjallisuuden Seura, 2011), 82-85.
23) Weckström, *Representations of Finnishness in Sweden*, 97-99.
24) 同様の結果については以下を参照。Rynkänen & Pöyhönen, *Russian-speaking young immigrants in Finland: educational and linguistic challenges*, 186.
25) Rynkänen & Pöyhönen, *Russian-speaking young immigrants in Finland: educational and linguistic challenges*, 187.
26) 例として Weckström, *Representations of Finnishness in Sweden*.

第 17 章
日本語話者とフィンランド語話者の現在と未来

リーッカ・ランシサルミ

　日本語とフィンランド語は、外国語として習得することが難しいとされる代表的な言語である[1]。こういった「言語の難易度ランキング」は、英語もしくはヨーロッパ主要言語の話者の観点で決まることが多い。日本語を学ぶ上で特に難しいとされるのは、その表記体系を習得することと、敬語のさまざまな使い方（言語使用域）を身につけ、使いこなすことである。一方、フィンランド語に関してよく言及されるのは、さまざまな語形変化を伴う豊かな格変化の体系だ。日本人もフィンランド人も、自分の母語が「難しい」と言われても特段驚かない。時には、ある種の穏やかな誇らしささえにじませながら、「ということは自分の言語は、独特とまでいかずとも、何かしら特別ということではないか」と答えるのだ。

　だが、言語研究の観点からいえば、いかなる言語も他の言語に比べて「よりユニークである」ということはない。言語間には当然ながら構造の違いがあるが、それらを第2言語もしくは外国語として学ぼうとするとき、そこには、学習者の年齢や学習の経歴、学習の動機から、学習者がすでに習得している言語の構造・語彙・発音体系まで、多くの要素が影響を与える。同じ系統の言語同士であれば、構造に類似点は見られるし、語彙も一目で分かるぐらい似通っている。しかし、フィンランド語と日本語は難しいという考えは、容易に否定できない神話となっているように思われる。16世紀に日本にやってきたポルトガル人たちも、日本語は「悪魔の言語」と率直に評したほどだ。また、時には言語の習得に関する問題が、過剰な移民排斥思想に結び付くことさえある[2]。また別の根強い神話に

よると、フィンランド語と日本語は遠い親戚に当たる可能性があるという[3]。しかし、これら2つの言語の間に、発音や音声構造の点で似通った特徴が存在したとしても、それは両言語が親戚同士であることの証明にはならない。確かに、フィンランド語の言葉遊びに「ヨコハマ・フマフタン」「ハヨシコ・ヘテカ」「モコマキ・ヒキマヤ」[4]といったフレーズがあって、こういった発音は日本語を連想させる。けれども、それは単にフィンランド語では、母音で終わる開音節、すなわち子音＋母音の組み合わせが頻出するという、音声構造の単純かつ基本的な特徴の一つを示しているに過ぎない。

　ある言語を難しい、特殊だ、と大げさにはやしたてることは、言語習得上適切ではない。学校という伝統的な言語教育の場であっても、現代社会で増加しつつある国境を越えた移住という環境であっても、それは同じだ。習得対象とする言語を「習得不能」と言い表したところで、言語習得を始めるにあたって益になることは何もない。本章では、グローバル化が進む世界の中で、言語教育政策に立ちはだかる課題について、フィンランド語と日本語の視点から論考する。

1.　学校における外国語学習

　フィンランドでも日本でも、外国語教育において優位を占める言語は英語であることははっきりしている。フィンランドでは、小中学生の90％以上が、遅くとも小学校の第3学年から英語を学んでいる。ただし小学校では、3分の1弱の児童が何かしら第2外国語も学んでおり、一般的なのは英語[5]、スウェーデン語、ドイツ語である。必修である国語（フィンランド語またはスウェーデン語の選択）の学習は、現在では小学校の第6学年で開始される。中学校で学習が始まり高校でも継続される語学教科のうち、最も人気が高いのはドイツ語で、フランス語、スペイン語がこれに続くが、これら自由選択の言語は、現在ではわずか数％の生徒しか学んでいない。隣国ロシア語の割合は3％に満たない水準である[6]。

　日本においても主要な外国語としての英語は確固たる地位を築いているが、その反面日本人の英語力は弱いと評されており、国内ではそれに対する懸念がずっと叫ばれている。広範な英語力を測る英語能力指数のランキングで、フィンランドは80か国中、オランダ、スウェーデン、デンマーク、ノルウェー、シンガポー

ルに次いで6位につけ、能力の非常に高い上位8か国に入っているのに対し、日本は37位で、平均を下回るグループに属している[7]。同じく日本国内で懸念を呼んでいるのは、小中学校において英語学習と並行して行われる国語学習だ。何百、何千という英単語を、日本語の標準的能力に必須とされる2,000字超の漢字と同時に覚えるのは、大変なことである[8]。

　日本の省庁が特に注力しているのは、学校における英語教育を向上させることと、その効果を測定することであり、その他の言語は計画の中で特に重視されていない。小林[9]が指摘するように、国際的に発表された学術的研究も、また外国語教育に関する日本国内の議論も、英語ばかりを取り扱っている。言語・文学研究者が語学学習について書くことはあまりなく、大学の言語研究者の著作は、自分の大学の出版会から日本語版のみ出版することが多い。とはいえ、中国語、フランス語、韓国語、ドイツ語、スペイン語を、一部の学校で語学の選択肢として加えるよう提案もされている[10]。2007年までには、英語以外の外国語が選択できる中学校の数は一時的に2000校超まで増えたものの、英語以外の言語は、多くが自由選択で、授業も非常勤講師が行っていた。試験優先の文化では、選択外国語を学ぶ意欲は低くなりがちだ。大学の受験科目に含まれない外国語は、たちまちその意義を問われることとなる。その後、日本における語学能力についての議論は狭まっていき、英語以外で話題に上る言語といえば中国語のみだった[11]。これら2つの言語は、かつて重んじられたドイツ語やフランス語といったヨーロッパ言語に代わり、グローバル化の最先端で勢いを強めているように見受けられる。また、日本では隣国の韓国語への関心も高まりつつある。

　言語のレパートリーが狭まっていることや、英語以外の外国語を学ぼうとする意欲が低下していることは、近年フィンランドでも話題になっており、2016年の秋には、言語教育の促進と多様化を目的として、政府による特別プロジェクトが始動した。プロジェクトへの応募手順には時間と労力がかかり、予算を得られる期間も限られているが、このプロジェクトで実施される実験によって、選択できる言語の幅を広げ、語学学習の開始時期を早めるべく努力がなされている[12]。しかしながらこういった実験では、学校ではあまり取り扱われない言語を教える非常勤講師が、言語選択のラインナップに影響を及ぼせる見込みは薄い。

　フィンランドの言語教育の実情は、日本の状況とだいたい似ている。大学では

いまだに、伝統的な方法でヨーロッパ諸言語の教師を養成しており、新たに台頭しつつある言語を教えるための安定した財源は、大学でも初・中等教育の場でも見つからない[13]。学校で幅広い言語の選択肢を実現できそうなのは、フィンランドでも規模の大きい自治体だけであり、教育の多様性を図る諸プロジェクトも、言語学習の発展の減速を止め、継続的に上向きに転じさせるには至っていない[14]。

最近、「新しい小中学校」プログラムの一環である言語プロジェクトによる、最初の助成金が交付された[15]。最大額の24万ユーロを受けたのは首都ヘルシンキである。ヘルシンキ市職員によると、資金が優先的に投入されるのは、学習開始が第3学年より前に早められた言語だという。そのうち、ヘルシンキ市で最も一般的なのは英語（10校）で、ほかにはドイツ語（4校）、フランス語（2校）、ロシア語、スウェーデン語、スペイン語、中国語（各1校）が教えられており、中国語以外は、学校で学ぶ外国語としてどれもすでにおなじみのものだ[16]。これに加え、2024年末まで続く新たな「言語実験法」（Kielikokeilulaki）が制定され、これに基づき、基礎教育を提供している6つの自治体が、必修の第2国語（スウェーデン語）の代わりに、ロシア語、スペイン語、フランス語またはドイツ語といった他の言語[17]を教える許可を求める申請を2018年初めに行っている。これはそれなりに注目を集めたにもかかわらず、申請が少数にとどまったため、この試みを体験するのはフィンランド中部・東部・北部の学校に通う500人足らずの子どもたちのみとなる見込みだ[18]。

2. 学校の外での語学力

以上に挙げた言語群は、レヒトネン（Lehtonen）[19]が指摘する言語教育政策の現実を表している。

> 我々の身にしみついている語学力の概念には、しばしば、語学は学校や講座で制度的に学ぶしか習得の道がない、という考えが含まれている。自然に獲得した語学力は目に留まらない。（中略）フィンランドに仕事を探しにやってきた近東やアジア、アフリカからの移民となれば、基準がひっくり返ってしまう。英語やアラビア語、フランス語といった言語を操る彼らの語学力は無意味で、たとえ仕事で必要なくても、フィンランド語ができなくてはならないのだ。

フィンランドでは、外国にルーツを持つ住民のうちおよそ4分の1が首都ヘルシンキに居住している。首都で話者数が多い外国語の中には、前述の、学習開始が早められた言語が2つ入っている。それはロシア語（ヘルシンキ市での話者数は約1万7,000人）と英語（約6,000人）で、それぞれ首都での外国語話者数ランキングでは1位と4位に位置している。2位と3位はエストニア語（約1万2,000人）とソマリ語（約9,000人）だが、いずれも学校で教えるべき外国語には含まれていない。上位4言語に続くのはアラビア語、中国語、クルド語、スペイン語、ペルシア語、ベトナム語である。2016年の時点で、ヘルシンキ市民のうち外国語を母語とする者の割合はおよそ14％であった。つまり彼らの母語はフィンランド語・スウェーデン語・サーミ語以外の言語ということである[20]。ヘルシンキ市の全人口に占める外国語話者の割合は、2030年までに4分の1近くにまで増加すると予測されており、その時点で最も話者数が多いと推測されるのは北アフリカと近東の諸言語である[21]。

　日本に住む外国人のうちおよそ5分の1が東京都に居住しているが、東京の（統計上の）外国人人口の割合は4％に満たない。外国人は大部分が中国と朝鮮半島の出身だが、近年、特にベトナム人とネパール人の割合が増えてきた。統計上の国籍に基づくと、話者数の多い外国語は中国語、韓国・朝鮮語、タガログ語（フィリピン）、ベトナム語、ネパール語である[22]。近年は、グローバル化が進んだため、中国語と韓国語の評価が若干上がってきている[23]。東京都の外国人の割合は、2030年までに倍増して10％程度まで上昇すると見込まれている[24]。

　フィンランドの公用語は、言語法が定めるように、フィンランド語とスウェーデン語だが、憲法はフィンランドに居住する個人一人ひとりに「自らの言語と文化を保持し発展させる」権利を保障している[25]。児童・生徒に対する母語教育は、基礎教育を補完するものとして別枠の予算で補助され、母語教育の目標や内容、学習の評価基準といったものは基礎教育の学習指導要領の中で定義されている[26]。ヘルシンキ市の小中学校の場合、児童・生徒の母語や家庭での使用言語の教育が実施されており、生徒らの申請によると言語の数はおよそ40で[27]、日本語も含まれている[28]。この申請が可能なのは、児童・生徒の母語もしくは家庭で使用する言語が、公用語であるフィンランド語とスウェーデン語のどちらでもない場合である[29]。2016年の終わりには24万4,000人近い外国籍の人びとが

フィンランドに居住していたが、人数の多いトップ30に日本人は含まれていなかった[30]。

同じように、日本の「国語」の授業も、ヘルシンキ日本語補習学校で1週間に3時間実施されている。義務教育段階の日本人の子どものうち、8万人近くは国外に居住しており[31]、そのうちヨーロッパ在住者は1万5,000人強に上る。近年、海外の子どもの数は着々と増加しており、文部科学省の管轄下で教育を提供する施設は、現在では世界各地に300校ほど存在する[32]。ヘルシンキの小規模な補習学校で学んでいるのは90人弱であり、これと同じような、特に日本の国語教育に重きを置いた補習を提供する世界各地の学校で、およそ2万人の子どもたちが学んでいる[33]。

3. フィンランドにおける外国語としての日本語と学習の動機付け要因

現在、日本国外で350万人以上が日本語を外国語として学んでおり、学習者のうち70％近くは東アジア・東南アジア、おもに中国、インドネシア、韓国に居住しているが、ヨーロッパの割合は9％未満にとどまっている。学習人口の増え方についていえば、日本語は中国語の陰に隠れており、このため、東京オリンピックが開催される2020年までに、国外での学習者を500万人に増やすことが目標として掲げられている[34]。フィンランドでは、日本語や中国語といった言語の学習者数について正確な統計資料がない。こういった言語は、高校生や小中学生が学習言語を選ぶ際、「その他の言語」と呼ばれるカテゴリーにまとめられてしまうためである。そういった「その他の言語」を学ぶ児童・生徒の割合は、毎年わずか3〜5％にすぎない。

今ではフィンランドで日本語が学べる中学・高校は20を超えている。在フィンランド日本国大使館は2014年に日本語を学べる学校のリストをウェブに掲載し、その中には大学13校、オープンカレッジ10校、教育センター[35]や国民高等学校53校、高校12校が含まれる。リストの中で挙げられたもののほかにも、国家教育委員会の助成を受けて2012年に始まった「Ippo（一歩）」プロジェクトのネットワーク[36]に参加している中学・高校は現在23校に上る[37]。2016年に施行された高校の新学習指導要領では、外国語の項目に初めてアジア・アフリ

カ言語の学習指導要領が組み込まれた[38]。ここでは日本語と中国語のほかアラビア語にも言及されているが、概要の作成は、ボランティアの日本語・中国語教師と国家教育委員会で共同して行った。Ippo プロジェクト[39]では小中学校・高校の日本語教育を標準化し発展させることを目指しており、現在は基礎教育の学習指導要領の作成や、教材の改善と配布に力を注いでいる。しかしプロジェクトへの資金助成は 2018 年末で終了することになっており、継続の可能性については不明である。

　多大な努力を注いだとしても、短期的なプロジェクト資金助成では、言語教育構造を「持続的」に変化させることは難しく、新たな言語を教える教師のために安定的雇用を創出したり、学習クラスを設けたりといったことには、あまり現実的ではない。基礎教育において、言語を選択する際に影響するのは、生徒自身の好みや興味の対象、経験、モチベーションに加えて両親や友人であり、さらにメディアの影響がますます増加している[40]。アプリケーションソフトを使った遠隔学習は技術的に可能であるものの、その土地の学校で提供される言語、学校長の姿勢や積極性、学校の規模、教員全体の構成によっても選択は制限される。財政状況が厳しい中では、地方の言語教育政策はたやすく地域格差に陥ってしまう。フィンランドでは学習成果の地域差が比較的小さいとはいえ、首都圏の生徒たちは、北部の町や地方の生徒たち（特に男子）に比べるとより優秀な成績である。

　フィンランドでは、小中学生が日本語を学ぶ動機について調査は特に行われていないが、最も重要な要因と思われるのは、日本と日本語に対する個人的な興味である。高等教育段階の学生が日本語を学ぶ動機について調査したタカラ（Takala）[41]が示すように、対象言語の話者集団に対する好意的な感情や、その言語の話者とコミュニケーションを取りたいという意欲が、大きな役割を果たしている。言語の選択はまた、アイデンティティの問題でもある。日本語は選択可能な他の多くの言語より特殊で、その学習には自発的な態度が求められるが、それゆえに好奇心をくすぐられる。「調査によると、外国語学習に対する男子の内的・外的モチベーションは女子より低く、成績も劣る」[42]としても、タカラの研究から見える日本語の姿はこれとは異なる。その調査の回答者の半数近くは、男子が多い技術・数学系の学生であり、また半数以上は、大学で唯一の自由選択外

国語として日本語を学んでいると回答している[43]。日本語の有用性の観点から見ると、日本での（国際的な）キャリアと仕事、および日本人との仕事上のつながりが最重要視されているという結果になった。

　言語に対する意識を単純に一括りすることはできない。さまざまな言語が、さまざまな形、さまざまな理由で学習者の興味を引くからだ。近年フィンランドでは、役に立つ、つまり仕事において有用であるという理由で、中国語の促進が大々的に試みられているが、それにもかかわらず、「日の沈みゆく国」日本への関心は高い[44]。情動的な側面、例えば言葉に関する面白いことを体験したとか、言葉ができることによって日本文化への理解が深まるといったことが、日本語が人気を博す要因となっている[45]。「語学学習は、個人にとって有益な体験が得られるとき、人の興味を引きつける」[46]。これまでの研究では、役に立つかどうかという視点が、特に学校における男子の語学学習の動機付けになっていることが見受けられ、一方で女子のモチベーションの源泉として目立つのは情動的な要因、言語の美しさや興味深さであることが確認された[47]。ただし、こういった研究で調査対象となったのは、従来どおりヨーロッパの言語である。すなわちフランス語のように美しいとされる言語や、ドイツ語のように商業的、技術的な能力と結び付く言語を対象としているが、こういった言語の表記体系はラテンアルファベットに基づいている。一方日本語の表記体系は、中国語から借用した漢字を用いた挑戦しがいのあるものとなっており、こういった要素も興味を引きつけている。

4. 言葉ができるのは誰？　未来の日本語話者とフィンランド語話者

　近年、フィンランドでも日本でも出生率は非常に低い水準にある。フィンランドでは、新生児数はすでに7年連続で減少しており、移民が辛うじて人口減少を食い止めている格好である[48]。日フィン両国とも、女性1人に対する子どもの出生数は2人を下回っている[49]。したがって将来的には、「生粋のフィンランド人」「生粋の日本人」あるいは「ネイティブスピーカー」以外でフィンランド語や日本語を話し、使用する人びとがますます多くなるだろう。言語に関する問題は、本質的に両国の未来の発展と結び付いており、また、複雑な言語的イデオロ

ギーや言語教育政策といった領域を内包している。一方では「語学力」「多言語」、他方では「国際」「多文化」といった概念は、それぞれ異なった捉え方をされている。

> 都市のグローバル化によって生じた「多言語」は、学術的で広範な概念である「語学力」とは別ものである。「多文化」は、対応すべき課題、あるいは問題とさえ見なされ、一方で、「国際」的であることは到達を目指すに値する美点と考えられている[50]。

日本でも状況はよく似ており、例えば学校に関連して「国際」といえば、肯定的で目標とすべきものと捉えられ、英語の能力とも結び付けられるが、一方で「多文化」は、不均質さや、日本語能力の欠如によって生じるさまざまな問題を容易に連想させるのである。

言語への意識や言語イデオロギーを研究するには引き続きさらなる投資が必要だが、すでに分かっていることもある。日本では定期的に言語に関する意識調査が実施されており、2015年に行われた世論調査[51]の設問では、日本在住の外国人に対する日本語教育にも言及されていた。2015年の調査でも、2010年の前回調査でも、回答者の圧倒的多数（それぞれ67％、71％）が、日常生活に困らない程度の日本語会話能力があれば十分と考えている。また、半数を超える回答者が、読み書き能力についても同じようなレベルで十分と考え、半数近くが外国人向けに日本語学習の機会を無料で設けることを支持している。日本人と同程度の日本語能力が必要と考える者は、回答者の2％未満にとどまっている。驚くことに、外国人は仕事や学校生活が円滑に行える程度に日本語ができるべきであると考える回答者は、わずか10％強であった。

しかし、多数の言語研究や言語政策方針が示している見解は、「移住先国で使用される言語にどの程度習熟しているかは、移民の就労を左右する要因の一つである」[52]というものである。「日本語は仕事で必要なレベルの能力を身につけるには難しすぎる言語だ」といった考えが、世論調査の結果の背景にあるのだろうか。外国人が日本語で円滑な学校生活を送る必要はないと考えられているとすれば、インターナショナル・スクールに通って英語を使うのが普通だと思われている、ということなのだろうか。この回答を読み解くには、回答者たちが仕事や学

校生活と語学力との関わりをどう捉えているかを知る必要がありそうだ。

フィンランドで 1987 〜 2003 年に実施された意識調査では、移民が母語を保持することに対してかなり肯定的な態度が見られたが、その後の反応はさまざまだった[53]。2003 年に行われたやや小規模な世論調査では、「外国人がフィンランドにとどまりたいなら、自分のために、できる限りフィンランド人らしくなる努力をすべきである」という項目に対して、回答者の半数近くが完全にまたは部分的に賛成と答えている。この項目ではフィンランド語やスウェーデン語の能力について直接的に触れてはいないが、「フィンランド人らしくなる」とは多数派の言語ができるようになることだと推測できる。もっとも、語学力が高くても、移民は仕事で「フィンランドらしさ」の壁にぶつかることがある。外国語由来の名前や、話すときのアクセントにもそういったことが表れるし、また十分な語学力を有しているかどうかは、立場により実にさまざまな形でチェックされ、判断されることもある[54]。

タルナネン（Tarnanen）とプーフネン（Pöyhönen）も指摘しているが、「移民の言語能力」について言及される場合、移住先国で使用される言語の能力が不足していることが取り沙汰される。たとえ移民自身が、自分のフィンランド語能力やコミュニケーション能力は円滑な日常生活に十分である、と見積もっていたとしても、言語政策方針で目標と定められたレベルに届かないなら、仕事で十分に通用する基礎語学力とは見なされない。第 2 言語・外国語教育の中での語学力といえば、構造的・体系的側面（例えば語彙や標準文法の習得）や、ツールや手段としての側面（例えば医療分野の語学力や CAN-DO リスト）といった側面が強調される。その一方で、言語を使うことによって社会に溶け込む、または言語を「自分に属するもの」として身につけるなどといった側面はあまり注目されない。

日本では近年、国内に居住する外国人を指して「生活者」という用語を使う場合が見受けられる。この用語は、ある程度の定住性と、社会の一員としてその活動に積極的に参加する可能性を持つ者を指している[55]。しかし専門用語の中では依然として、日本語に対する 2 つの異なる考え方があるのが見て取れる。「国語」とは、「日本人」が、学校の教科として日本国内で、また国外の日本人学校や補習授業校で学ぶ日本語のことである。一方、「日本語」とは、外国人が日本

国内で第2言語として、また日本国外で外国語として学ぶ言語を指す。後者は日本の言語を世界の他の言語と区別するためにも使われる。これに対し、「母（国）語」という用語はやや専門的で、母語として話されるあらゆる言語を指し得る。

　フィンランドの小中学校における基礎教育教科の中には「国語と文学」と呼ばれるものがあり、学習指導要領の規定では以下の12の異なる学習科目が定められている。①フィンランド語と文学、②スウェーデン語と文学、③サーミ語と文学、④ロマ語と文学、⑤手話と文学、⑥生徒の母語であるその他の言語、⑦第2言語としてのフィンランド語と文学、⑧第2言語としてのスウェーデン語と文学、⑨サーミ語話者のためのフィンランド語、⑩サーミ語話者のためのスウェーデン語、⑪手話使用者のためのフィンランド語、⑫手話使用者のためのスウェーデン語[56]である。日本では文部科学省が、全児童・生徒に共通の「国語」の学習指導要領を学年別に定めている[57]。日本において公に多様性を認めるのは常に難しかったが、それでも教育政策の方針は今後、言語の問題にますます注力せざるを得ない。フィンランドでは、教育全体の基底をなす原理として最近「言語意識（言語への気付き）」という概念が導入された。それは、次のようなものである。

　　学校における言語知識の形成は、すべての教科ではないとしても、少なくともすべての言語系教科が担ってしかるべきである。その際、学習・教育が目指すところは、必ずしも、さまざまな状況で活動すべく、標準化された1つの外国語能力を身につける、ということでなくてもよいだろう。（中略）たとえわずかにしか身についていない言語だとしても、それは人とのやりとりの中で使用され、自己表現を可能にする力を持っている。限られた言語能力であっても、それが喜びや利益をもたらすこともあるのだ[58]。

　母語や第2言語、外国語教育について考える上で、語学力というものをさらに幅広く捉えていく必要がある。この点で、フィンランドと日本は、それぞれ国語を持つ国として、急速に進む高齢化社会の中、非常によく似た課題を前にしているのだ。

注・文献

1) FSI/The Foreign Service Institute, Language difficulty ranking, 2015, http://www.effectivelanguagelearning.com/language-guide/language-difficulty（2017年8月25日閲覧）; Kokkonen, Yrjö, Maailman vaikeimmat kielet listattu: katso miten suomi sijoittuu, 2013; Unabel Blog, Japanese, Finnish or Chinese? The 10 hardest languages for English speakers to learn, 2015, https://unbabel.com/blog/japanese-finnish-or-chinese-the-10-hardest-languages-for-engl ish-speakers-to-learn/（2017年8月25日閲覧）.
2) Heikkinen, Vesa, Onko suomen kieli vaikeaa? Kotus-blogi, 2016, https://www.kotus.fi/nyt/kotus-blogi/vesa_heikkinen/onko_suomen_kieli_vaikeaa.19768.blog（2018年1月6日閲覧）.
3) 例として Ahonen, Eija, The Finnish-Japanese connection, 2013, https://www.yamagata-europe.com/en-gb/blog/the-finnish-japanese-connection（2018年1月8日閲覧）.
4) このフレーズを教えてくれた6歳のソフィア・ケトラに感謝する。
5) 第1外国語に英語以外を選択した場合。
6) SUKOL/Suomen kieltenopettajien liitto ry, 2016, Tilastotietoa kielivalinnoista, https://www.sukol.fi/ajankohtaista/tilastotietoa/tilastotietoa_kielivalinnoista（2018年3月2日閲覧）.
7) 「EF EPI/EF 英語能力指数」『世界最大英語能力ランキング』2017, https://www.efjapan.co.jp/epi/（2018年3月5日閲覧）.
8) 夏目凛「2020年、次期学習指導要領～外国語その1：国際基準に近づくための枠組みとは？」"Education Tomorrow", 2017, https://edutmrrw.jp/2017/innovation/0220_2020education（2017年12月15日閲覧）.
9) Kobayashi, Yoko, Europe versus Asia: Foreign language education other than English in Japan's higher education. Higher Education, 66（3）, 2013, 270.
10) ただし、これに関して文部科学省は、言語の多様性を広げる可能性があるにもかかわらず、「日本語を尊重すべきである」と述べている（文部科学省「外国語教育に関するもの」『英語以外の外国語に関する意見』2009, http://www.mext.go.jp/b_menu/shingi/chukyo/chukyo3/004/siryo/attach/1388404.htm, 2017年8月6日閲覧）。日本語には、フィンランドの言語法のように法律による規定がないので、日本には基本的に「公用語」が存在しない。とはいえ、日本語は国民の言語としての地位を確立しており、それを例証する必要もない。
11) Kobayashi, 2013, 269-281.
12) Opetushallitus, Kärkihanke 1: Uusi peruskoulu -ohjelma. Kieltenopetusta koskeva kokeilu opetuksen varhentamiseksi, lisäämiseksi ja kehittämiseksi（22.12.2016-13.2.2017）, 2017, http://oph.fi/download/181795_rahoitetut_hankkeet_kieltenopetuksen_varhentaminen_l isaaminen_ja_kehittamine.pdf（2017年8月10日閲覧）.
13) Kobayashi, 2013, 275.
14) Kangasvieri, Teija, Elisa Miettinen, Pirkko Kukkohovi ja Marita Härmälä, Kielten tarjonta

ja kielivalintojen perusteet perusopetuksessa. Muistiot, 2011, 21, 26.

15) Opetushallitus, 2017.

16) Helsingin kaupunki, Varhennetun A1-kielen koulut, 2017, https://www.hel.fi/helsinki/fi/paivahoito-ja-koulutus/perusopetus/mita-opiskellaan/kielt en/varhennettu-a（2017年8月10日閲覧）.

17) 学校ごとの実験の許可は教育文化省が与える。

18) Liiten, Marjukka, Sinisten ajama vapaaehtoisen ruotsin kokeilu kiinnosti lopulta vain kuutta kuntaa – kokeiluun osallistuisi alle 500 oppilasta. Helsingin Sanomat 23.2.2018, https://www.hs.fi/politiikka/art-2000005580135.html（2018年3月2日閲覧）.

19) Lehtonen, Heini, Kuka on kielitaitoinen? Rohkeus-blogi. Koneen Säätiö, 2016, http://www.koneensaatio.fi/blogi/kuka-on-kielitaitoinen/（2017年8月10日閲覧）.

20) 本章では紙面が限られているため、フィンランドと日本の少数言語に触れることができない。少数言語の（古くからある）例は、フィンランドではスコルト・サーミ語、イナリ・サーミ語、北サーミ語、ロマ語、フィンランド手話であり、日本ではアイヌ語、琉球諸語、中国語、韓国語、およびいわゆる日系の言語のポルトガル語とスペイン語である。これについて詳しくは『日本の多言語社会』（真田信治・庄司博史（編）、東京：岩波書店、2005）などを参照されたい。日本では手話の定義に言語政策や言語イデオロギーにまつわる多くの複雑な問題が絡んでいる（Nakamura, Karen, The Language Politics of Japanese Sign Language（Nihon Shuwa）, 2010, In: *Deaf around the World: The Impact of Language*, Gaurav Mathur & Donna Jo Napoli（ed.）, Oxford Scholarship Online: January 2011. DOI: 10.1093/acprof:oso/9780199732548.001.0001）。またユネスコは、フィンランドのサーミ語と日本の琉球諸語およびアイヌ語を、消滅の危機にある言語としている。サハリン（樺太）とクリル（千島）のアイヌ語はすでに話者がいなくなり消滅したと見られる（Moseley, Christopher（ed.）, Atlas of the World's Languages in Danger, 3rd edn. Paris, UNESCO Publishing, 2010）。なお日本では、文化庁が「言語」としているのはアイヌ語だけで、消滅危機言語のリストに挙げられたほかの言葉は「方言」とされる。

21) Helsingin kaupunki, Helsingin ulkomaalaistaustainen väestö vuonna 2016. Tilastoja 2017, 1, Helsingin kaupunki, Tietokeskus, https://www.hel.fi/hel2/tietokeskus/julkaisut/pdf/17_01_13_Tilastoja_1_Hiekkavuo.pdf（2017年8月10日閲覧）.

22) 東京都生活文化局『多文化共生社会実現に向けた現状の課題』2015, http://www.seikatubunka.metro.tokyo.jp/chiiki_tabunka/tabunka/files/0000000737/soan2.pdf（2018年2月15日閲覧）.

23) Kobayashi, 2013.

24) 森記念財団「2030年の東京 part1 〜趨勢予測による姿〜の概要」『東京中心部における都市構造の研究』5, 2008, http://www.mori-m-foundation.or.jp/pdf/publication_21.pdf（2017年1月15日閲覧）.

25) Opetushallitus, Perusopetuksen opetussuunnitelman perusteet. Määräykset ja ohjeet, 2014, 463, http://www.oph.fi/download/163777_perusopetuksen_opetussuunnitelman_perusteet_2014.pdf（2017年8月15日閲覧）.
26) 同前，463-472.
27) Helsingin kaupunki, Oman äidinkielen ja kotikielen opetus, 2017, https://www.hel.fi/helsinki/fi/kaupunki-ja-hallinto/hallinto/palvelut/palvelukuvaus?id=3411#（2017年8月10日閲覧）.
28) 移民の母語としての日本語の学習指導要領については、得られる情報が限られている。タンペレ市（2006）が公表した計画によれば、母語としての日本語教育と同時に、海外で習得、または第2言語として話してきた日本語を維持するための教育に注力するという。母語としての教育と維持すべき言語としての教育では手法が分けられているが、それが対面教育にどのように反映されるか、またどのような教材が使用されるかについては調査資料がない。例えば、高い能力の目安として挙げられている、スムーズな基礎的読解力や多様な文章を書く力は、言語運用能力が高いことの指標であるが、そういった能力を身につけるには、日本語の表記体系を考えると特別な取り組みが必要になることが考えられる。
29) 学習クラスが成立するには、最低10人の児童・生徒が集まり、1週間の授業数は通常2コマという条件を満たす必要がある。学年の終わりには、基礎教育を補完する母語の教育を受けたことを証する証書が各人に手渡される。
30) Tilastokeskus, Maahanmuuttajat väestössä. Ulkomaan kansalaiset, 2016, https://www.tilastokeskus.fi/tup/maahanmuutto/maahanmuuttajat-vaestossa/ulkomaan-kansalaiset.html（2018年3月3日閲覧）.
31) 子どもは「帰国すること」を踏まえた教育を受けるが、日本に帰国する子どもは毎年1万人強にすぎない（文部科学省「CLARINETへようこそ　海外子女教育の概要」『海外で学ぶ日本の子供たち』2016, http://www.mext.go.jp/a_menu/shotou/clarinet/002/001.htm, 2018年3月5日閲覧）.
32) この数字には3種類の教育施設が含まれる。内訳は、日本人学校89校、補習授業校205校、その他8校である（文部科学省，2016）.
33) 文部科学省，2016.
34) 文化庁「海外における日本語教育　日本語教育推進会議（第6回）」『外務省大臣官房文化交流・海外広報課、資料6』2015, http://www.bunka.go.jp/seisaku/bunkashingikai/kondankaito/nihongo_suishin/06/pdf/shiryo_6.pdf, 10.6.2016,（2016年8月25日閲覧）; Japan Foundation, Survey Report on Japanese-Language Education Abroad 2012. Excerpt, 2013, https://www.jpf.go.jp/j/project/japanese/survey/result/dl/survey_2012/2012_s_excerpt_e.pdf（2016年8月16日閲覧）; 文部科学省『海外における日本語の普及促進に関する有識者懇談会「最終報告書」』2013, http://www.mofa.go.jp/mofaj/press/release/press24_000013.html（2016年6月10日閲覧）.

35) 教育センターは4種類あり、「労働者教育センター（työväenopisto）」「国民教育センター（kansalaisopisto）」「成人教育センター（aikuisopisto）」と「予備教育校（kansanopisto）」と呼ばれている。
36) Ippo-hanke, Hankkeen yhteystiedot. Rajamäen lukio, 2016, http://www.rajamaenlukio.fi/ippo-hanke/hankkeen+yhteystiedot/（2017年8月25日閲覧）.
37) 高校や成人学校などで日本語を教える タカエ・タカネン（Takae Takanen）は、2016年の秋に日本語が学べる教育施設のリストを非公式に作成した。それによると施設は85あり、内訳は教育センター・国民高等学校54、大学9（言語センター含む）、オープンカレッジ・サマーカレッジ8、高等職業専門学校3、高校9、プライベート講座2である。これらの数字は年ごとに変化する。
38) Opetushallitus, Lukion opetussuunnitelman perusteet 2015. Määräykset ja ohjeet 48, 2015, 118-120, http://www.oph.fi/download/172124_lukion_opetussuunnitelman_perusteet_2015.pdf（2017年8月18日閲覧）.
39) Ippo-hanke, B3-japanin OPS, 2016, https://ippohanke.wordpress.com/2016/05/02/b3-japanin-ops/（2017年8月16日閲覧）.
40) Kangasvieri, *et al.*, 2011.
41) Takala, Pauliina, Students' choice of language and initial motivation for studying Japanese at the University of Jyväskylä Language Centre. Teoksessa: Juha Jalkanen, Elina Jokinen & Peppi Taalas（eds.）, Voices of pedagogical development – Expanding, enhancing and exploring higher education language learning, 2015, 279–318, https://jyx.jyu.fi/dspace/bitstream/handle/123456789/47196/298.pdf?sequence=1（2017年8月23日閲覧）.
42) Kangasvieri, *et al.*, 2011, 31.
43) タカラ（2015）による2013年の同調査では回答者数が39人であったが、翌年の範囲を狭めた追跡調査では34人増加している。合計すると回答者の60％超が技術・数学系の学生であった。2015年には、日本語の単位の履修者のうち半数が数学・自然科学および情報技術学部の学生であった（Jyväskylän yliopisto, Yliopistopalvelut. Kielikeskuksen opintosuoritukset vuonna, 2015, https://www.jyu.fi/yliopistopalvelut/tilastot/opintosuoritustilastot/vuosi2015/kieop15（2016年9月7日閲覧））。自分の専門分野にとって日本語が有用であると最も強調したのは、情報処理学と歴史学の学生であった。
44) ヘルシンキ大学で2017年秋に開設された言語の学士号プログラムの出願状況では、日本語は英語に次いで2番目に人気の高い外国語であった。日本語専攻を希望した者のうち合格者は約6％で、ほかのどの外国語専攻よりも狭き門となった。
45) Japan Foundation, 2013.
46) Kangasvieri, *et al.*, 2011, 34.
47) 同前, 2011: 36.
48) Pekkarinen, Susanna & Eemeli Martti, Syntyneiden määrä historiallisen pieni. Yle

uutiset 6.3.2018, https://yle.fi/uutiset/3-10102530（2018 年 3 月 7 日閲覧）.
49) Country Economy.com, Expansión. Country comparison Japan vs Finland, 2017, https://countryeconomy.com/countries/compare/japan/finland?sc=XE23（2018 年 3 月 6 日閲覧）.
50) Lehtonen, 2016.
51) 文化庁,「平成 26 年度『国語に関する世論調査』の結果の概要」2015, http://www.bunka.go.jp/tokei_hakusho_shuppan/tokeichosa/kokugo_yoronchosa/index.html（2017 年 8 月 15 日閲覧）.
52) Tarnanen, Mirja & Sari Pöyhönen, Maahanmuuttajien suomen kielen taidon riittävyys ja työllistymisen mahdollisuudet. Puhe ja kieli, 31, 4, 2011, 139.
53) Jaakkola, Magdalena, Maahanmuuttajat suomalaisten näkökulmasta. Asennemuutokset, 1987-2007. Helsingin kaupungin tietokeskus, Tutkimuksia, 2009/1, https://www.hel.fi/hel2/tietokeskus/julkaisut/pdf/09_02_19_tutkimus_jaakkola.pdf（2017 年 8 月 15 日閲覧）.
54) Tarnanen & Pöyhönen, 2011, 142-143.
55) 文化庁「国語施策・日本語教育」2017, http://www.bunka.go.jp/seisaku/kokugo_nihongo/（2017 年 8 月 15 日閲覧）.
56) Opetushallitus, 2014, 102-103.
57) 文部科学省『学習指導要領「生きる力」』「第 2 章 各教科 第 1 節 国語」2008, http://www.mext.go.jp/a_menu/shotou/new-cs/youryou/syo/koku.htm（2017 年 8 月 15 日閲覧）.
58) Lehtonen, 2016.

第 18 章

高等教育機関は「グローバルな問題」に対応する教員養成を実現できているか
—— 日本とフィンランドにおける教員養成の比較調査研究 ——

植松 希世子・永田 忠道

1. 高等教育の国際化と教員養成プログラムの潮流

　グローバリゼーションは、伝統的な生活様式を、情報技術を中心とした国境を越えた知識基盤社会に変え続けている。グローバリゼーションはまた、誰もが国際的かつ異文化間の遭遇を可能にしており[1]、そのような機会は、教育者に次のような大きな問いを投げかけている。「将来の市民のグローバルな資質を育成するための教育の役割とは何か」。グローバリゼーションの急速な変化は、現在の教育環境、特に教員養成についても認識されなければならない。社会の複雑さが増すにつれて、(将来の) 教師は、教科のスキルと経験を得るだけでなく、教師としての倫理的および道徳的な職業に対する批判的な意識と理解をグローバルな状況で得ることが求められる[2]。教師は、変化のカギとなる主体であり、知識基盤社会の不公平に向かって行動することが重要となる[3]。

　本章の目的は、①フィンランドと日本における高等教育の国際化と教員養成への影響に関する議論を紹介すること、②進行中の研究成果に基づく教員養成プログラムへの知見を提示することである。また本研究の成果は、広島大学 (日本) とオウル大学 (フィンランド) から得られたものである。本章の意義は、将来の教員養成の課題と、教員養成の文脈からのより良い実践へ向けた探究的な対話の契機となることである。

　グローバリゼーションという言葉は、いろいろな形で使われ、さまざまな文脈で使われるため、しばしば論争的である。ある人びとは、多様な背景を持つ世

界の異なる地域が結び付いている、先進的な技術を持つ国際市場での機会を広げる積極的な方法でグローバリゼーションを認識している。各地域、国家および世界の問題に取り組むために、さまざまなアクターが協力している[4]。グローバリゼーションは、私たちの日常生活を確実に変えている。

国際化はグローバリゼーションに関して一般的に議論されている視点であり、国際的な活動の範囲は加速し、近年の学生、研究協力、その他の学術イニシアチブの動きが高まっている[5]。ナイト（Knight）は、国際化を、国際的、異文化的またはグローバルな次元をさまざまな機関の機能に統合するための継続的プロセスとして定義している[6]。そのようなプロセスは複雑であり、国際化のイニシアチブを推進する「市場主義」や「倫理的主導」の動機など、さまざまな根拠がある。

高等教育における国際化の意味は、教員養成においても認められるべきである。グローバリゼーションは、学校における多様性の増大にさまざまな影響を与える、世界的な移民問題に関する近年の議論につながっている。教師は、異なる背景を持つ人材に適応することが期待されており、また、さまざまなグローバルトピックやローカルトピックの議論を容易にする必要がある。（将来の）教師たちは高等教育で教育を受けているが、彼ら自身の立場には、地球市民の一員になる機会が与えられている[7]。

フィンランドと日本では、これらのグローバル指向の取り組みが教員養成に影響を及ぼしている。現在の教員養成に関する議論を紹介する前に、まず、両国の教育政策の展開と教員養成の概要について触れておく。

2. 奇跡の背景にあるフィンランドの教師の存在

2003年におけるフィンランドのPISA調査の奇跡以来、多くの研究者は、フィンランドが、20世紀初めの農業国家から現代の福祉民主主義まで、長い道のりを歩んできたこと[8]と、いかにして国際的に評価の高い教育実績と競争力のある知識基盤社会に変貌したかに興味を寄せている[9]。フィンランドの教育的な成功には多くの理由が示されてきているが、特に学術性の高い研究に基づく教員養成プログラムを修了したフィンランドの教師の優れたスキルと知識を称賛する声があ

る[10]。

　アホ（Aho）、ピトケネン（Pitkänen）、サールベルグ（Sahlberg）によると、教員養成の改革は、上記のフィンランドにおける包括的な教育の実施を確保する上で不可欠であった[11]。1971年以降、フィンランドの大学に修士号の教員養成プログラムが数多く設置されてきた[12]。特定の大学では、初等・中等教育レベルの教員養成プログラムが提供され、フィンランド各地の将来の教員の質の高い学術的な学習と専門的な開発が保証されている[13]。1979年以来、小学校の教師も、教育科学専攻の修士号を取得し、修士論文を提出する必要がある。現在、フィンランドの8大学に小学校教員の教員養成プログラムが提供されている。フィンランドの教員養成は、3年間の学士号と2年間の修士号で構成された2段階のプログラムで構成されている。ボローニャ・プロセスに続き、フィンランドの大学では、ECMA（Credit Transfer and Accumulation System）が採用されており、コースの要件に応じた学習のための明確なフレームワークの構築が促進されている[14]。各ECTSクレジットは27単位に相当する。初等教員養成プログラムを修了するために必要な単位は合計300 ECTS（教育工学士は180 ECTS、教育芸術修士は120 ECTS）である[15]。

　フィンランドの教員養成の特徴の一つは、研究ベースのカリキュラムに焦点が当てられていることである[16]。教員養成プログラムは、研究活動と理論に裏打ちされた強力な学術的基盤を提供し、教師としての日常の教授や教室の状況に対処する能力を備えられるように仕組まれている。フィンランドの教員養成では、教師としての分析スキル、体系的なアプローチ、また即応的な実践を展開するさまざまな機会が提供される学力指向的なプログラムが重視されている。教員養成プログラムでは、教師として学習に積極的に参加し、研究的な資質能力をも内在化させることが期待されている。この教員養成カリキュラムは、理論と実践が密接に関連しており、教育学と教授法の双方の知見を開発するように設計されている[17]。

　教員養成コースでの理論的で教育的な知見を活用する場として、教師を目指す学生は、指導教員のもとで約25のECTSを形成する4つのプラクティスからなる教育実習の要件を修了する必要がある。統合的なフィンランドの教員養成プログラムの重要な原則の一つは、教師を目指す学生が可能な限り早期に学校現場に

接する機会を提供することである。それは、教師を目指す学生が将来の職場に慣れ親しむために、さまざまな生徒集団を観察し、教師になるための準備を進めることを促すものである。この目的は、教師を目指す学生が、教員養成プログラムに積極的に関与する動機付けを意図したものである。

オウル大学では、4期の実習期間があり、合計で25のECTSが設定されている。それは、学校経験1（初年度の学生、2ECTS、学校経験2（2年生、6ECTS）、主題別実習（3年生または4年生向け、6ECTS）、学校経験3（4年生または5年生、11ECTS）であり、各実習の所要時間は異なる。最初の実習は2週間、2期目は6週間、主題別実習は教育機関または施設により期間が異なり、最終の実習は6～7週間となっている。教育実習は通常、オウル教員養成学校またはフィンランド以外の国籍のためのオウルインターナショナルスクールで行われる。実習科目数は、実習場所によって若干異なっている。フィンランドの大学では教員養成と教育実習期間を通じて、教育理論と実践研究の間のつながりが非常に重視されている[18]。

フィンランドにおける教員養成の研究指向性は、教員養成を魅力的な学習プログラムにしており、フィンランドの大学では最も人気のあるプログラムの一つになっている[19]。特に学級担任教師への競争率は高く、希望者のわずか10～15%しか該当する教員養成プログラムに受け入れられない。希望する学生たちは大学入試においても高い意欲を持ち、勤勉であり、他の学問分野を志向する学生たちよりも優れている[20]。小学校教師になることへの魅力は、教育修士号を付帯する高い学問レベルの資格取得を可能とする点にある。また、その資格は、教師になるための大学の修了資格というだけでなく、他の公務員や民間企業への就職に際しても潜在的に高い雇用機会を創出することになる。

フィンランドは伝統的に「均質な」国家と見なされてきたが、そのイメージは「現実よりももっと神話的」[21]であるとも認識されている。フィンランドにおける移民の増加を反映した真に多元的な社会環境を創出することは、国家的な課題となっている。多様性を取り入れるための政府の営為は、特に2015年のヨーロッパの「移民問題」に直結している。現在の社会では、少数民族を受け入れ、認知し、教育的ニーズを提供する方法に注目が集まっている。人種、民族、文化の違いだけでなく、宗教的信念、性別、性差もフィンランドでは多様なサブカル

チャーとして構成されている。

　フィンランドの近年の教育的な戦略を見ると、2001〜05年の教員養成プログラムでは、教師が「多文化社会の責任ある教育者として行動する」必要性を明示する改革が導入されている。フィンランドの教員養成はPISAの成果の成功により称賛されてきたが、研究者たちは、成長を続ける多文化情報社会に対応すべく十分な知識とスキルを、教師を目指す学生にいかに与えるべきかの懸念を示している[22]。

　実際には、多くの教員養成プログラムにおいて、個別教材の提供や異文化間に存在するテーマのカリキュラム全体への統合を通じて、教師の異文化能力を養うためのさまざまなアプローチが実施されている[23]。さらに追加コースとしての少数派グループや特別なニーズのある子どもたちへの教育についても、教師を目指す学生の意識を高めるための用意がなされている。いくつかの「テーマ別プロジェクト」は、教員養成におけるグローバル教育を実施するためのもう一つの一般的な方法である。浅く広い経験値が問題となる「教育的回遊」につながる可能性があるために、このようなプロジェクトは注意深く計画しなければならない[24]。異文化間の能力は、国際的な環境で働くことを目指す学生にとってだけでなく、フィンランドの比較的多様性の低い学校で働く教師にとっても不可欠である。

　フィンランドでは、国家的なコアカリキュラムによる制約は他の多くの国ほど厳しくはなく、学校や教師が独自のカリキュラムを開発するための自由がある。フィンランドにおけるカリキュラム開発の地方分権化は、すべての学校において草の根レベルでのグローバル教育を実施することまでは保証していない。現在の教育制度では、学校レベルでグローバルな正義の視点を取り扱うかどうかは、学校と教師の裁量に任されている。教員養成を担う大学では、カリキュラムの内容についての自律性がある。教育の選択権を教師や教育機関にだけ任せてはならないが、その準備を教員養成の中で始める必要があることにプダス（Pudas）[25]は同意する。したがって、子どもたちの学習環境を保障するための知識、態度、技能、実践を、教員養成に携わる者や教師を目指す学生は常に考え続ける必要がある。

3. 日本の教育とグローバルな取り組み

日本の教育の発展は、歴史の展開と関わっている。1947年、学校教育法は、すべての人に平等な教育の機会を保障し、義務教育を9年間に延長することを規定した[26]。法律に基づき、資格を持つ教師の認定を組織化するために、1949年に教員資格認定法が成立した。これは、教員養成プログラムの「開放的な」システムを確立することによって、教師の慢性的不足を緩和することを目的としていた。当時の文部省が認可したプログラムを提供していれば、高等教育機関においては教員養成プログラムをより広く提供することを可能にした。

現在、日本で教師になるためには、文部科学省の教員養成プログラムを提供する高等教育機関から得られる単位を取得しなければならない[27]。2007年現在、575校の4年制大学、416校の大学院、および280校の2年制の短期大学が教員養成プログラムを提供している。日本の小学校で教師になるためには、教育実習に加えて、教育学や関連科目（約60単位）を含む学士号（最低124単位の合計）が必要である[28]。各ECTSの授業時数が27時間であるECTSシステムと比較して、日本の授業時数は文部科学省が示した45時間に相当する。教員養成プログラムは、4年間の大学で約60単位の教育的知識と教育的スキルに関するコースで構成されている[29]。教員養成プログラムでは、教師を目指す学生は実習校で最低2週間の実習を行わなければならない。教育実習は、実習校と各自治体のガイドラインに応じて、2～6週間の範囲で行うことができる。実習期間が4週間となれば、平均の約2週間と比較した場合、教育実習に関するいくつかの調査で例示されているように、その期間は「長い」と見なされる[30]。

各地方自治体や私学では学校ごとに、教員免許や採用過程などが異なるが、日本で教師になるためには、教員免許と都道府県ごとの採用試験に合格する必要がある。

日本の多文化主義は、フィンランドの均質なイメージと同様に、しばしば日本の社会でのメディアや隠れたカリキュラムにより促進された単一文化の認識が強い[31]。日本の多様性の考え方は、性別、性差、障害者、高齢者の違いを指し、外国人や民族集団（例えば、在日韓国人など）の権利に関する議論にはあまり注

意が払われない[32]。日本は時には、保守的な社会における少数民族や外国人グループの認知に抵抗する伝統を持つ単一文化社会として描かれている。「外国人」としての外人（ガイジン）に対する認識は依然として深く根付いているため、民族の多様性はある程度、見えづらくなっている。しかし、多様性は日本社会においても増幅し続けている。

　中央教育審議会は、教員の「グローバルな視点（グローバルなものの見方）」を求める緊急の必要性を主張した2012年8月の答申の「教職生活の全体を通じた教員の資質能力の総合的な向上方策について」においても、国際化が加速している傾向への影響を見ることができる[33]。これは、主要な外国語（すなわち英語）の教育を担当する教師だけでなく、すべての教師たちにも適用されるものである。日本の教員養成に関する最近の文献の中では、教師はグローバルな視点を開発するものが多くなっている[34]。

　異文化間および国際的な教育の支持者は、教師がグローバリゼーションに向けて必要な知識と能力を身につける必要性を強調する。国際理解、技能、国際市民権、多文化リテラシー、異文化リテラシーなどの能力が将来の教師に必要であると主張するために、山岸によって定義された異文化間能力のさまざまなカテゴリーが活用されてきた[35]。

　町田は、教員養成の取り組みについて、平和、安全、連帯などのテーマが学士課程に組み込まれている446校の日本の大学の実態を検討した。アンケートとインタビューの結果から、必須科目の15～20%のみが実際に上記のテーマに関連する講義を提供していることが明らかとなった[36]。同調査では、サンプリングされた大学の約40～50%が教員養成プログラムの選択科目として、これらのコースが提供されていた。国際的な内容やグローバルな話題の多くは、日本の教員養成プログラムにおいては社会科学系科目や統合学習関連の講義として織り込まれている。現場の教員が国の厳しいカリキュラムの下で国際教育とグローバル教育の授業計画を作成することは難しいと感じているように、大学側にとっても教員養成において関連するテーマを組み込むことについては永続的な課題となっている[37]。

　現在の日本の状況では、国際教育とグローバル教育という2つの側面が学校の中で結び付こうとしている。教員養成では、グローバルな教育の考え方が理論的

第18章 高等教育機関は「グローバルな問題」に対応する教員養成を実現できているか　263

に提示されているが、現場の教員は国際的なトピックやグローバルな教育を含む授業計画を作成するのは難しいと感じている[38]。また、国際的に手紙を交換するような活動だけでなく、外国のゲストを招待すること、異なる言語を学ぶこと以外の活動を実施するための時間と資源を学校の中に割り当てることは負担であるとの認識がある。総合学習でのこのような活動の内容と方法については、すでに議論が進められているところではあるが、世界的な教育の前提においては、学校でそのような話題を教えるための教員の理解がさらに進展していかなければならない。

4. グローバルな指向戦略とグローバルな視点の概念

　これまで、私たちは、グローバリゼーションへの対応として、教員養成におけるさまざまな「グローバル」関連の議論があったことを示してきた。日本とフィンランドは、学校や地域社会の多様化に伴い、このようなニーズの高まりに対応することが期待されている。本研究では、「グローバルな視点」の概念とは、多様性に適応し、教室で複雑なトピックを教えるために、教員が獲得しなければならない重要な概念であると設定している。いくつかの概念的なあいまいさが指摘される懸念があることから、以下では、教師のためのグローバルな見方を概念化することに役立つグローバルな視点のために開発された理論的枠組みを提示する。

　本研究の主な目的は、異なる文化的、歴史的背景を持つ両国の方向性がどのように異なっているのか、あるいは類似しているのかを検討するために、フィンランドと日本の教員養成のグローバルな見方を概念化することである。興味深いことに、上記のように、両国は高等教育の国際化にそれぞれ取り組んできた。教員のためのグローバルな見方を概念化するとき、次の3つの主な情報を紹介したい。ハンヴェイ（Hanvey）のグローバル教育の目的[39]、グローバル・シチズンシップ教育（GCE）に関するガウデリ（Gaudelli）のヒューリスティックス[40]、そしてクリティカル教育学[41]である。3つの要素で構成されるこの理論的枠組みは、教員養成のグローバルな視点（図18-1）を分析するためのツールを開発するために特に重要である。

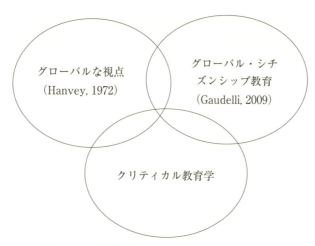

図 18-1　理論的枠組みを構成する 3 つのモデル

　もともと、「グローバルな視点」の概念は、世界的な視点を促進する教育の必要性への対応として 1970 年代にアメリカで浮上した。国際的な制度の転換の中で、国家的な視点とグローバルな視点という言葉が最初にハンヴェイによって説明された。その目的は現場の教員をグローバル教育の視点へと導くことである[42]。ハンヴェイは、グローバルな視点を相互理解と複雑さが増している世界のさまざまな問題をよりよく理解できるように支援する「思考、感性、知的スキルと説明能力のモード」として定義している。このようなグローバルな視点を達成するために、ハンヴェイはグローバル教育の 5 つの目標として、①視点意識、②地球的意識、③異文化認識、④グローバルダイナミクスの知識、⑤人間の選択肢の認識を挙げている。ハンヴェイは、私たちの行動は、深く隠れた意識層に基づいた各自の視点に基づいていることを強調する。グローバルなコミュニティにおける各自の立場を理解する上で、こうした側面を認識することは非常に重要である。ハンヴェイが描いた 5 つのテーマは、グローバルな教育を指向する者にとって重要な要素を指し示していることから、本研究においては、グローバルな視点の理論的枠組みに採用している。
　2 つ目の要素であるガウデリによる地球市民教育のヒューリスティックスは、以下の目的のために開発されたものである。それは、グローバルな市民教育の広

域的なカテゴリーについて明確にすること、地球市民権についての有意義な考え方を提供すること、それぞれの立場におけるグローバル市民権に関するカリキュラムについて推定すること、である。グローバル市民教育のためのカリキュラム開発に関するさまざまな側面をまとめることによって、ヒューリスティックモデルが描かれ、GCEへの多様なアプローチの視覚的理解を提供している。本研究では、このモデルを理論的枠組みの第2の要素として選択した。また、各立場を構成する理論的な方向付けを提供するだけでなく、グローバルな市民権教育の規定における特定の方向性を反映した現在のカリキュラムの実例を共有している。

　最後の要素として、クリティカル教育学は、教師のためのグローバルな視点に関わる広範な理論的指標と見なされている[43]。グローバルな視点とグローバルな市民教育は、意識やスキルを定義するだけでなく、ますます相互交流を深めるコミュニティにおいては、不確実な状況下であっても思考し、行動する方法を指し示す。このクリティカル教育学により、教員は日常の授業や異なる価値観を持つ生徒との関わりについてクリティカルに学ぶ可能性を保持する。クリティカル教育学の観点から、グローバルな視点は、教員の自己反映性の重要性と、それに対する想定外の問題にも取り組む意欲を導き出す。

　ガウデリのヒューリスティックモデルとハンヴェイのグローバル教育の目標はいずれもクリティカル・ペダゴジー（Critical Pedagogy）によって補完され、さらに開発されている。ハンヴェイのグローバルな視点に関する5つの目標は、包括的である点の評価が高いことが多くの学術研究の成果として明らかにされた。

5. 主要な方法論としての比較事例研究

　本研究では、比較事例研究の方法的アプローチを採用する。フィンランドと日本から抽出した大学におけるグローバルな視点の概念化の類型とアプローチを探究しようとする本研究の課題には、比較事例研究が有効である。抽出した教員養成プログラムにおけるグローバルな視点の概念化を探るにあたり、比較事例研究のアプローチは、相違点や類似点を発見するだけでなく、単一のケーススタディでは認識できない側面を明らかにする可能性もある。教育現場における現実は、

ケーススタディアプローチの記述や観察によって把握することを可能とする[44]。

この比較研究の対象グループとして、オウル大学および広島大学の学生を選定した。小学校の教員養成プログラムの一つである技術関連の教員養成教育グループで学んでいるフィンランドの学生と、初等教育教員養成課程の日本の学生の中から、アンケートの目的に同意をした学生の協力を得た。その結果、オウル大学からは45件、広島大学からは99件の有効回答があった。インタビューでは、所定のテーマからなる半構造化インタビューを使用した。自主的な面談では、16人（フィンランド人学生6人・日本人学生10人）が参加した。以下では、フィンランドと日本の学生のグローバルな視点をさらに概念的に把握するために、2つの非常に類似した文脈において教員養成プログラムで発生するさらなる課題について考察を進める。

6. 類似の知見と異なる見解 —— 予備調査結果 ——

本章では、比較研究の予備調査結果を簡潔に提示する。この予備調査には大きくは次の3つの調査項目がある。
① オウルと広島の将来の教職と関連して、学生がグローバルな視点をどのように概念化しているか。
② オウルと広島の学生は教師としての職業に関連してグローバルな視点を持つことの重要性をどのように認識しているか。
③ 教員養成は、オウルと広島の学生によるグローバルな視点の発展をどのように支援するのか。

以下では、各質問項目への回答結果について簡単な説明を行い、最終的には広島大学（日本）とオウル大学（フィンランド）における現在の教員養成プログラムの評価までを行う。

第1の調査項目によれば、学生が彼らの将来の教職に関するグローバルな視点を概念化し、共有するように求められたとき、双方のグループは同様に一般的な範囲で対処し、これらの所見はハンヴェイのグローバルな視点のモデルにも対応している。結果として、学生たちは、より具体的な学習環境に対処するのではなく、一般的・概括的にその概念を理解する傾向があることが明らかとなった。ま

た、フィンランドと日本人の学生の間には、ナショナリズム、リベラルな人道主義、批判的なヒューマニズム的理想の兆しがどのように含まれているかについての方法と内容には顕著な違いが認められた。日本の学生の国家主義的でありながら世界的観念や重要性といったいくつかの側面は、フィンランドの学生とは大きく異なっており、主に人間主義の視点からのグローバルな視点の概念化の精緻化を確認できる。批判的で国際的な市民教育を目指すグローバルな視野を育むことを望むならば、権力関係や社会問題に取り組むための行動や態度などの批判的視点の本質は、学生たちのグローバルな視点を発展させる重要な要素となり得る。

　統計的分析の結果は、日本人とフィンランドの学生の双方が、彼らの教職を考える際にグローバルな視点の重要性に同意したことを示している。学生たちの認識は、教員養成における異文化間教育やグローバル教育の提唱者とも共鳴する。具体的には、グローバルな視点を得るための理論的根拠について、フィンランドと日本の学生は、特に異文化理解を深めるために、グローバルな視点がきわめて重要であることに同意している。本研究では、フィンランドと日本の学生の双方が、合理性をさらに追求する際にグローバルな視点の重要性を十分に認識していたにもかかわらず、いくつかの違いが目に付くことが分かった。日本の学生は、視点意識（民族主義的側面）と人間の選択に対する意識（人類一般的側面）を指摘することが多かった。興味深いことに、これらは日本の学生によってのみ言及された。一方、フィンランドの学生の間では、グローバルダイナミクス（批判的人文科学的兆候）に対する批判的態度が確認されただけであった。その反面で、学校と地域社会における環境の変化とグローバルな視点に対する両立した態度への反映が双方のグループに取り込まれている。

　3つ目の調査項目は、教員養成の役割に関する学生の認識を検討したものである。オンラインアンケートでは、グローバルな視点の発展に関連する教員養成の役割に関する学生の認識が、グループ間で異なっていることが明らかとなった。学生が教員養成プログラムのより具体的な側面について意見を共有したとき、フィンランドと日本の学生はカリキュラムを同じように認識しているが、教授すべき知識はグローバルな視点の発展を支える要因でありながらも、ピアサポートと評価（試験と課題）と受け止めている。フィンランドの学生は、ピアサポートと評価と課題が、グローバルな視点を開発する上ではむしろ有益である一方、

日本の学生はこれら2つの側面にあまり相関がないと指摘した。半構造化されたインタビューからは、双方のプログラムが学生にとって有用な機会を提供することも明らかとなった。教育学、理論、体験学習、実践的な洞察のコースは、フィンランドの学生たちには役に立つようである。これは、フィンランドの教員養成に存在するプラクティスの本質に関わっている。日本の学生たちは、教室での学習の中でなじみのない文脈からの新しい知識を得ることの影響力を言及している。一方、学生の認識の中には、研究中にグローバルな視点を育む機会を妨げる可能性の高さについての指摘があった。例えば、どちらのケースの学生も同様に、海外からの留学生と交流し協調して学ぶ機会が十分にないことを示唆している。学生はまた、地球規模の問題について、いくつかのプログラムでは不十分としているが、潜在的に代替の視点を得るための情報源になるかもしれない同輩とのより大きなダイナミクスな議論の機会を得る方法について強調している。

7. 現在と未来との対話
―― 双方の状況に対するクリティカル・リフレクション ――

　結論として、グローバルな視点の概念化と教員養成プログラムに関する学生の見解を比較すると、2つの研究的な文脈が興味深い対照を指し示している。教員養成とそれに携わる者が批判的ではないことを恐れることなく社会的責任を担い得る教員養成を行うためには、その教員養成プログラムを絶えず見直し、省察し、再考する中で重要となるグローバルな視点を開発し続けることが重要となる。
　教員養成プログラムの教授内容、方法、学習環境を再考し、グローバルな視点を開発する機会を提供し続けなければならない。それは単に世界的な出来事や多文化主義を肯定することだけでなく、変化の中で社会的に不公正な慣行に挑戦することにもなる[45]。批判的な世界の教師に必要なグローバルな視点を育成するためには、クリティカル教育学の本質を双方の教育分野に反映させる必要があるが、現在の教員養成プログラムはある程度はその実があることを感じている学生も存在はする。現在の教員養成では、グローバル教育、多文化教育、グローバル・シチズンシップ教育に関する話題が扱われてはいるが、学生の認識によって

は、それは適切に受け止められてはいない。

　学生の認識分析の結果、グローバルな視点の理論的枠組みは、教員養成プログラムが学生の認識と教員養成のプログラムを橋渡しして密接に結び付けなければならないことを指摘している。困難な学校現場で理論的知識の応用を実証する、対話的で協調的な学習を行い、直面する現実的なトピックを選択する必要がある。これらは学校現場では証明はされているが、学生が進化するエージェントになるための準備をするグローバルな視点の有意義な学習の実現には、彼ら自身の前提を反映し、批判的思考を実践し、権力その他の関係への関与を恐れないように仕組まねばならないが、現在の社会ではこの機会は、教員養成プログラムに欠落した側面であり、少なくとも学生の認識にはあまり深く関係していない。

　フィンランドの文脈と日本の文脈との間の対話は、比較研究の考え方のさらなる可能性を示してはいるが、若干の留意も求められる。日本の教育としては、フィンランドの教員養成教育が知的で分析的な教師を育成する5年間の教員養成プログラムから学ぶことは多い。ますます国際的かつ国際化された教育環境に対応する教員養成のためには、境界を超えた対話的な共同学習をさらに発展させるためのあらゆる資源を活用する必要がある。

注・文献

1) R. Räsänen, "The Global Village as a Challenge for Teacher Education", *Ethical challenges for teacher education and teaching: Special focus on gender and multicultural issues*, eds. V. Sunnari., & R. Räsänen (Oulu: Faculty of Education, University of Oulu, 2000), 115-130.
2) E. Campbell, *The Ethical Teacher* (Maidenhead: University Press, 2003).
3) A. Hargreaves, *Teaching in the Knowledge Society* (New York: Teachers' College Press, 2003).
4) R. A. Rhoads & K. Szelenyi, *Global citizenship and the university: Advancing social life and relations in an interdependent world* (Stanford: Stanford University Press, 2011).
5) P. G. Altbach & J. Knight, "*The internationalization of higher education: Motivations and realities.*" Journal of Studies in International Education, 11 (3/4), 2007, 290-305.
6) J. Knight, "*Internationalization remodeled: Definition, approaches, and rationales*", Journal of Studies in International Education, 8 (1), 2004, 5-31.

7) V. Andreotti, "Glimpses of a postcolonial and postcritical global citizenship education", *Education and social change: Connecting local and global perspectives*, eds. G. Elliot, C. Fourali, & S. Issler (London: Continuum, 2011), 238-250.
8) L. Darling-Hammond, "*Steady Work: How Finland is building a strong teaching and learning system*", Voices in Urban Education, 24, 2009, 15-25.
9) P. Sahlberg, "*PISA in Finland: An education miracle or an obstacle to change?*" CEPS Journal: Center for Educational Policy Studies Journal, 1 (3), 2011, 119-140; H. Simola, "*The Finnish miracle of PISA: historical and sociological remarks on teaching and teacher education*", Comparative Education, 41 (4), 2005, 455-.
10) MT. Tryggvason, "*Why is Finnish teacher education successful? Some goals Finnish teacher educators have for their teaching*", European Journal of Teacher Education, 32 (4), 2009, 369-382.
11) E. Aho, K. Pitkänen & P. Sahlberg, "*Policy development and reform principles of basic and secondary education in Finland since 1968*", Washington, DC: World Bank, 2006.
12) P. Kansanen, "Teacher education in Finland: Current models and new developments," in *Institutional approaches to teacher education within higher education in Europe: Current models and new developments*, eds. B. Moon, L. Vlăsceanu, & C. Barrows (Bucharest: United Nations Educational, Scientific, and Cultural Organization, European Centre for Higher Education, 2003), 83-108.
13) H. Niemi & R. Jakku-Sihvonen, "*Teacher education curriculum of secondary school teachers*", Revista De Educación, 350, 2009, 173-202.
14) European Commission, 2016. ECTS Users guide, http://ec.europa.eu/education/ects/users-guide/introduction_en.htm#ectsTop
15) 例として University of Helsinki, 2016. Class teacher education: Degree requirements, www.helsinki.fi/weboodi on 23.6.2016（2016年6月23日閲覧）.
16) P. Hökkä & A. Eteläpelto, "*Seeking new perspectives on the development of teacher education: A study of the Finnish context.*" Journal of Teacher Education, 65 (1), 2014, 39-52.
17) Kansanen, "Teacher education in Finland", 83-108.
18) 同前.
19) Hökkä & Eteläpelto, *Seeking new perspectives*, 39-52; Niemi & Jakku-Sihvonen, *Teacher education curriculum*, 173-202.
20) Sahlberg, *PISA in Finland*, 119-140.
21) K. Jokikokko, "*The role of significant others in the intercultural learning of teachers*". Journal of Research in International Education, 8 (2), 2009, 142-163.

22) Niemi & Jakku-Sihvonen, *Teacher education curriculum*, 173-202.
23) Jokikokko, *The role of significant others*, 142-163.
24) M. Järvelä, "The power of dialogues: Intercultural Teacher Education for teachers in Finland", *Empowering teachers across cultures*, eds. A. Mejia & C. Helot (Frankfurt: Peter Lang, 2011) 89-114; Räsänen, "The Global Village as a Challenge", 115-130.
25) A-K. Pudas, *A moral responsibility or an extra burden? A study on global education as part of Finnish Basic Education* (Oulu: Doctoral Dissertation, University of Oulu, 2015).
26) 田中達也「日本における教員養成の歴史と現状」『佛教大学教育学部学会紀要』(15), 2016.
27) 文部科学省「教師をめざそう！」, http://www.mext.go.jp/a_menu/shotou/miryoku/__icsFiles/afieldfile/2009/09/03/1283833.pdf (2016年6月閲覧).
28) J.M. Lamie, "*Teacher education and training in Japan*", Journal of In-Service Education, 24 (3), 1998, 515-534.
29) Lamie, *Teacher education and training in Japan*, 515-534.
30) K. Akimitsu, "*The influence of Teaching Practicum on Students' confidence in teachers' qualities and their motivation for teaching profession: Comparison between Undergraduates and graduates participated in practice teaching III*", Research of school education, 23, 2011, 43-52.
31) R. Tsuneyoshi, "The 'internationalization' of Japanese education and the newcomers: Uncovering the paradoxes", *Reimagining Japanese education: Boarders, transfers, circulations, and the comparative*, eds. D.B. Willis & J. Rappleye (Southampton: Symposium Books, 2011), 107-126.
32) C. Burgess, I. Gibson, J. Klaphake, & M. Selzer, "*The 'Global 30' Project and Japanese higher education reform: an example of a 'closing in' or an 'opening up'?*" Globalisation, Societies and Education, 8 (4), (2010), 461-475
33) 中央教育審議会「教職生活の全体を通じた教員の資質能力の総合的な向上方策について(答申)」2012, http://www.mext.go.jp/component/b_menu/shingi/toushin/__icsFiles/afieldfile/2012/08/30/1325094_1.pdf.
34) 高橋亜紀子「日本人学生と留学生の合同授業の取り組み――教員養成大学で行った授業報告」ウェブマガジン『留学交流』2014年3月号 (36).
35) 山岸みどり・井上理・渡辺文夫,「『異文化間能力』測定の試み」『現代のエスプリ』299, 1992, 201-214.
36) K. Machida, "*A survey study on peace, security and conviviality education programs in teacher certification curriculums in Japan*", International Christian University Report 1-A, Educational Research 49, 2007, 1-9.
37) T. Fujiwara, "*Practical Research on Current Issues: Studies on Global Perspectives*

in Schools in Japan", EIU Experiential Learning Programme, EIU Best Case Study Series No. 6, 2007.
38) 同前.
39) R.G. Hanvey, "*An attainable global perspective*", Theory into Practice, 21 (3), (1982), 162-167.
40) W. Gaudelli, "*Heuristics of global citizenship discourses towards curriculum enhancement.*" Journal of Curriculum Theorizing, 25 (1), 2009, 68-85.
41) P. Freire, *The pedagogy of the oppressed* (New York: Herder & Herder, 1970).
42) Hanvey, *An attainable global perspective*, 162-167.
43) Freire, *The pedagogy of the oppressed*; H. A. Giroux, H. A., "Betraying the intellectual tradition: Public intellectuals and the crisis of youth", *Critical pedagogy: Political approaches to language and intercultural communication,* eds. A. Phipps & M. Guilherme (Clevedon: Multilingual Matters, 2004), 7-21; H.A. Giroux & R. Simon, "Popular culture and critical pedagogy: Everyday life as a basis for curriculum knowledge", *Critical pedagogy, the state, and cultural struggle*, eds. H. A. Giroux & P. McLaren (New York: State University of New York, 1989) , 236-252; N.C. Burbules & R. Berk, "Critical thinking and critical pedagogy: Relations, differences and limits", *Critical theories in education*, eds. T. S. Popkewitz & L. Fendler (New York, NY: Routledge, 1999), 45-65.
44) M. Crossley & G. Vulliamy, "*Case-study research methods and comparative education.*" Comparative Education, 20 (2), 1984, 193-207; L. Stenhouse, "*Case study in comparative education: Particularity and generalisation.*" Comparative Education, 5(1), 1984, 5-10.
45) V. Andreotti, "*Soft vs. critical global citizenship education*", Policy and Practice: A Development Education Review, 3, 2006, 40-51.

おわりに

日本とフィンランド —— 2019年から2119年へ ——

　日本とフィンランドのこれからの100年を予測するのは非常に難しいものです。今の私と同じ立場で、100年前、初代駐日フィンランド公使グスタフ・J・ラムステット教授は、1919年暮れに東京に着任しました。当時は、世界が急激に変わり始めた時代でもあり、現在に至る100年がどのように変わるのか、想像もできなかったことでしょう。しかしながら、もし、ラムステット教授が今日、ご存命であったなら、さまざまな分野の専門家たちが著し、緻密に編まれた本書を、きっと喜んで手に取られたことでしょう。本書の出版を実現してくださったみなさまの、ご尽力に心からお礼申し上げます。

　両国の今後の動向や協力可能な事柄について、外交政策、社会、経済の分野であればある程度の観測が可能ですが、両国の技術の躍進についてはもちろんのこと、文化の移り変わりの予測はきわめて難しいと考えます。

　外交政策では、日本とフィンランドは、世界規模の自由貿易を含むルールに基づく国際社会秩序を推進し、今後もその路線を支持するでしょう。国際連合、世界貿易機関（WTO）、経済協力開発機構（OECD）といったフォーラムでの両国の協働は、今までどおり個人や国家にとっても、より公正で持続可能な環境と、経済的効率性を追求する世界の実現に向けた構想を、協力しながら推進していくことが可能です。

　日本とフィンランドには、北極域においてすでに強い協力関係があり、今後さらに交通路、資源開発、環境保護といった分野での協力の重要度が増すものと考えます。また、両国とも、世界の、特に近隣地域の安全保障上の緊張緩和を目指しています。将来的には、日本とフィンランドは、アフリカなどの第三国において協調し、持続可能な開発目標の実現に貢献することも可能であると考えます。

　両国は、同様の社会的課題に直面しているので、互いの経験を共有し、将来に

向けた解決策をともに模索していくことができるでしょう。国民の健康問題や高齢化、出生率の低下、地方都市の過疎化、移民問題、男女同権をはじめさまざまな理由による社会的排除の問題はフィンランドの国会でも永田町でも議論されています。両国政府の、また、両国の議員の間に、よりいっそう、緊密な連携が築かれることを期待します。

公的機関職員の交換派遣や、教育、研究、制度改革の発展に向けた協力は、今後も継続され、日本とフィンランドはあらゆる分野で知識と技術を補い合い、アジアとヨーロッパ諸国にとって魅力的な協力関係を築くことができるでしょう。学生や若い就労年代の交換留学を促し、両国の将来の発展のために十分な基盤を確保することが重要となるでしょう。

経済と貿易関係は、今後100年のフィン日関係の基盤となり、この関係がまた、両国の文化的つながりの発展の支えともなるでしょう。サービス分野と観光業は、確実にモノとモノとをやりとりする貿易と同等、あるいはそれ以上の役割を担うようになり、両国の経済的相互作用の構造も変化するでしょう。2国間の航空事業は成長を続け、ヘルシンキは日本からヨーロッパへの玄関口として、その重要性を増すはずです。また、投資も増え、世界市場で活躍する日本とフィンランドの合弁企業も増えると考えられます。

林業は、フィンランドの強みとなる分野として存続していくと思いますが、製品の加工技術もまた向上するでしょう。自動車や電子工業分野における日本の技術は、今後もフィンランドの関心を引きつけていくに違いありません。また、食品産業では、特にオーガニック食品や健康食品といった分野で、原材料貿易だけでなく、加工品についても顧客数が増加し、消費量も増えることが見込まれます。両国ともソフトウェア、人工知能（AI）、無線通信といった分野に投資し、さらに当該分野を開拓する新たな産業への投資も起こると考えられます。ゲーム産業、マンガ、アニメやムーミンは、2119年という年にも、何らかの形で両国の関係において一定の役割を果たしていることは明らかです。デザイン、建築、環境に優しい技術といった分野では、協力の機会は無限大にあるのではないでしょうか。

2119年、東京に駐在するフィンランド大使が、書棚から（あるいはその時代に普及している、今の時代からは想像もつかないような読書用端末のメモリか

ら）本書を取り出したとき、ここで私が予測したもののいくつかが、現実になっていることを願っています。日本とフィンランドには、これからの良き100年をともに築き上げることができる可能性があると信じています。

駐日本フィンランド大使（2016 ～ 18 年在任)
ユッカ・シウコサーリ

日フィン関係とその将来

　フィンランド共和国は1917年12月6日独立後、わずか2年後には日本に初代駐日公使としてグスタフ・ヨーン・ラムステット氏を任命され、同公使は1919年末に着任されて以来100年がたとうとしています。その間、日本とフィンランド共和国の間には第二次世界大戦の悲しい断絶の一時期がありましたが、第二次世界大戦後、回復した両国関係は次第に活性化し、近年では、経済交流、外交、学術、教育、福祉等の多岐にわたり顕著な交流関係が発展しています。これからの両国関係もますます盛んになると期待されます。本当にうれしいことです。

　ラムステット公使来日前の日本とフィンランドとの関係の歴史を振り返ってみますと、江戸時代に大黒屋光太夫が台風で遭難してカムチャッカ半島に漂流し、フィンランド人植物学者ラクスマンと出会ったことが交流の始まりでしょうか。市民レベルでの深い交流は、帝政ロシアの自治大公国であった独立前の1900年12月13日、フィンランド福音ルーテル教団の宣教師ウェルローズ（Wellroos）一家とエステリ・クルビネン（Esteri Kurvinen）嬢が長崎に上陸し、日本伝道を始めたところから始まったと思います。第二次世界大戦で国交断絶した一時期を除き、フィンランド人宣教師の日本での活動は今日まで続いています。最初の宣教師が1905年長野県下諏訪で始めた宣教活動により、洗礼を受けた方々の中に渡邉忠雄氏がいました。渡邉忠雄氏はその後フィンランドに留学して牧師の資格を取得します。そして、フィンランド人声楽家であったシーリ・ピトゥカネン（Siiri Pitkänen）女史と婚姻し、渡邉忠恕氏と渡邉暁雄氏の2人が誕生し、この2人が日本とフィンランドとの文化的交流の基礎を築かれました。渡邉忠雄氏は初代公使ラムステット博士の公使としての仕事に協力しました。1900年以降、日本とフィンランドとは、深い関係が続いています。

　さて、これから100年の日フィン関係はどうなるでしょうか。世の中の進歩の速度が著しい現在、100年先の将来を想像することはとても難しいことです。フィンランド共和国の柔軟性のあるさまざまな試みや人間の可能性に挑戦してきた姿を知っている者として、また、日本の文化、学術などの水準の高さを知る者

として、両国がさまざまな分野での協力関係を続けることが、両国関係の将来のためだけではなく、人類の将来のためにも多くの寄与ができると確信しています。これからもさまざまな分野でたくさんの挑戦をし、学術文化を深化させ、人類の平和と豊かな暮らしのために貢献できるよう期待しています。

　最近の新聞記事でフィンランドは、ベーシックインカム（最低生活保障）の実験をしていることの紹介がありました。この実験は、将来 AI（人工知能）が普及し多くの失業者が出たり賃金が下がったりした場合に備えるために、危機になってからの変革ではなく、環境変化に対して、今から準備する必要がある、すなわち、中間層の安定雇用が揺らぎ働いて保険料を納めてリスクを分かち合う社会保険中心の社会保障が、機能しなくなった場合に備えての政策を先取り実行しようとしているものだと思います。実験結果は大いに期待したいところです。フィンランドでのネウボラの活動が日本で評価され、地方自治体はこの制度を取り入れたいと試行しているところが出てきています。教育の分野でもフィンランドからたくさんの示唆を受けています。人を大切にする、人が財産という基本的政策が功を奏した結果が現在のフィンランドの教育の姿であると思います。また、フィンランドから学ぶ必要があると思うことは政治の世界の交渉術、他国との交渉の巧みさではないでしょうか。世界平和に貢献するためにはフィンランドからその智恵を学ぶ必要があるでしょう。

　もちろん、フィンランドも日本から学ぶことが多々あると思います。日本語を学ぶフィンランド人がたくさんいらっしゃることは、日本への興味とあこがればかりではなく、日本から学びたいという意欲の表れだと思います。当協会が2016年2月に出版した『日本語フィンランド語辞典』は中級者向けのかなり本格的な辞書ですが、このような辞書を使うフィンランド人がいるという事実はうれしいことです。日本の技術水準の高さ、文化の深さも世界に冠たるものと思います。日本とフィンランドが協力し合っていろいろなことに挑戦し研鑽を積んでいけば、鬼に金棒ですね。

　一方で、両国がともに抱えている高齢化社会という共通の困難への対処が問われています。フィンランドは出生率を回復させましたが、日本は低率のままで推移しています。この点についてフィンランドは教育、福祉、子育てのしやすい環境などで、良いお手本を示してくださっています。フィンランドの人口は日本の

25分の1です。「大型タンカーの方向転換は難しい、小型のカヌーの方向転換は容易」とたとえられるように、国民に行政の中身が見えるから政府への信頼が高い、だから大胆に政策を変更しても協力が得られるという人口の少ない国のメリットは羨ましい限りですが、人口過密国日本として、フィンランドの施策を参考に智恵を絞って問題に挑戦する必要があると思います。

　本書の出版に向けてたくさんの論文が寄せられています。これらの論文が将来の両国の発展に寄与するものであることを心から願っています。

　日フィン修交100年を機に、お互いに智恵を出し合って協力しながら、世界の、ひいては人類の発展に寄与していけるように頑張りましょう。

一般社団法人日本フィンランド協会

理事長　早川　治子

執筆者紹介
(本文執筆順)

オラヴィ・K・フェルト　(Olavi K. Fält)　序章
　オウル大学歴史学科名誉教授。オウル大学で博士号（歴史学）取得。主な研究分野は西洋と日本の関係、日本の天皇制とナショナリズム、イマゴロジー（文学における文化的ステレオタイプ）、グローバル化史。

稲葉　千晴　(Chiharu Inaba)　第1章
　名城大学都市情報学部都市情報学科（国際関係）教授。主な研究分野は国際関係論、国際関係史、西洋史、政治学。

パウリ・ヘイッキラ　(Pauli Heikkilä)　第2章
　ヘルシンキ大学政治史学科特別研究員。トゥルク大学で博士号（現代史学）取得。主な研究分野はフィンランドから見たヨーロッパ統合、冷戦時代の国際機関におけるエストニア移民。

ラウラ・イパッティ　(Laura Ipatti)　第3章
　社会史学修士、トゥルク大学現代史学科博士課程後期学生。研究テーマは冷戦時代以降の日本におけるフィンランド広報外交史。

バート・ガンズ　(Bart Gaens)　第4章
　フィンランド国際問題研究所グローバル・セキュリティ研究部門上席研究員、ヘルシンキ大学兼任教授。主な研究分野は欧州とアジアの関係、アジア欧州会合、日本の外交政策・国際的な役割、アジアにおける地域安全保障。

エルヤ・ケットゥネン　(Erja Kettunen)　第5章
　ヨーテボリ大学ビジネス・経済・法学部准教授、トゥルク大学経済地理学兼任教授。経済学博士。主な研究分野はアジア新興経済国、EUとアジアの経済関係、東・東南アジアの経済統合とビジネス環境。

ユハ・サヒ （Juha Sahi）　第6章
オウル大学東アジア史研究グループ研究員。オウル大学で博士号（歴史学）取得。主な研究分野は国際貿易史、海域史。フィン日貿易にも携わる。

ユハ・サウナワーラ （Juha Saunavaara）　はじめに、第7章
奥付の編者紹介参照。

島本　マヤ子 （Mayako Shimamoto）　第8章
大阪大学招聘研究員。大阪大学で博士号（言語文化学）取得。主な研究分野はアメリカ史、日本原子力政策史。

ミカ・メルヴィö （Mika Merviö）　第9章
吉備国際大学外国語学部外国学科・大学院社会学研究科（博士課程前期・後期）教授。タンペレ大学で博士号（社会科学、国際関係論）取得。主な研究分野は国際関係論、美術、芸術文化論、歴史学、自然保護思想、環境政策。

カイサ・ブロネル－バウエル　（Kaisa Broner-Bauer）　第10章
オウル大学建築学名誉教授。研究者・建築学者としてフィンランド、フランス、アメリカ、日本で活動している。主な研究分野はフィンランドと日本の建築学、現代建築史、建築学論、建築学史、史跡保護。

リトバ・ラルバ　（Ritva Larva）　第11章
トゥルク大学文化史学科博士課程後期学生。研究テーマはマルタ・ケラヴオリを介して見る1940～50年代史。

小川　誉子美　（Yoshimi Ogawa）　第12章
横浜国立大学国際戦略推進機構・教育学研究科教授。慶應義塾大学で博士号（政策・メディア）取得。主な研究分野は日欧言語交流史、日本語教育史、日本語教育学、現代日本語構造論、待遇表現教育。

チェン・イン・シェン　（Ying Hsien CHEN）　第13章
ヘルシンキ大学人文科学科歴史学・文化遺産学博士課程後期学生。主な研究分野はトランスナショナリティ、文化変容、伝統音楽表現。

ナインドルフ 会田 真理矢 （Mariya Aida Niendorf） 第 14 章
　ダーラナ大学助教授。インディアナ大学ブルーミントン校中央ユーラシア学科で博士号（言語学専攻・人類学副専攻）取得。主な研究分野は社会言語学、応用言語学、文化人類学、異文化コミュニケーション。

セイヤ・ヤラギン （Seija Jalagin） 第 15 章
　オウル大学歴史学科講師、トゥルク大学兼任教授。オウル大学で博士号（歴史学）取得。主な研究分野は文化間の相互関係（日本人女性に対する西洋における文化的ステレオタイプ、日本・パレスチナ・イスラエルにおけるキリスト教伝道）。

リーサ‐マリア・リヒト （Liisa-Maria Lehto） 第 16 章
　オウル大学博士研究員、非常勤講師。オウル大学で博士号（フィンランド語）取得。主な研究分野は多言語状況、談話分析、コーパス言語学。

リーッカ・ランシサルミ （Riikka Länsisalmi） 第 17 章
　ヘルシンキ大学日本語学准教授。ヘルシンキ大学大学院修了後、総合研究大学院大学で博士号（比較文化学）取得。主な研究分野は日本語における社会言語学、談話分析、日本語教育。

植松　希世子 （Kiyoko Uematsu） 第 18 章
　横浜国立大学国際戦略室特任助教。博士（教育学）。主な研究分野はグローバル市民教育、グローバル教育、高等教育の国際化、日本とフィンランドの教員養成、比較教育。

永田　忠道 （Tadamichi Nagata） 第 18 章
　広島大学大学院教育学研究科准教授。博士（教育学）。研究分野は教育学、教科教育学、学習開発学、教育史、市民性教育。

ユッカ・シウコサーリ （Jukka Siukosaari） おわりに
　駐日本フィンランド大使、2016 〜 18 年まで在任。

早川　治子 （Haruko Hayakawa） おわりに
　一般社団法人日本フィンランド協会理事長。

■編者紹介

ユハ・サウナワーラ （Juha Saunavaara）

北海道大学北極域研究センター助教、トゥルク大学兼任教授。オウル大学で博士号（歴史学）取得。主な研究分野は北海道の地域開発、日本現代史、パラディプロマシー・自治体国際交流、フィン日関係、北極域における接続性。

鈴木　大路郎 （Ojiro Suzuki）

フリーランス翻訳者。北海道大学で修士号（英語学）取得。専門は認知言語学、機能言語学、比較言語学、翻訳論。

日本とフィンランドの出会いとつながり
—— 100年にわたる関係史 ——

2019年6月20日　初版第1刷発行

■編　　者——ユハ・サウナワーラ・鈴木大路郎
■発 行 者——佐藤　守
■発 行 所——株式会社　大学教育出版
　　　　　　〒700-0953　岡山市南区西市855-4
　　　　　　電話（086）244-1268　FAX（086）246-0294
■印刷製本——モリモト印刷㈱

Ⓒ Juha Saunavaara, Ojiro Suzuki 2019, Printed in Japan
検印省略　　落丁・乱丁本はお取り替えいたします。
本書のコピー・スキャン・デジタル化等の無断複製は著作権法上での例外を除き禁じられています。本書を代行業者等の第三者に依頼してスキャンやデジタル化することは、たとえ個人や家庭内での利用でも著作権法違反です。

ISBN978-4-86692-035-1